HEYNE <

CHRISTOPHER NEHRING

GEHEIMDIENST MORDE

Wenn Staaten töten – Hintergründe, Motive, Methoden

Wilhelm Heyne Verlag
München

Sollte diese Publikation Links auf Webseiten Dritter enthalten, so übernehmen wir für deren Inhalte keine Haftung, da wir uns diese nicht zu eigen machen, sondern lediglich auf deren Stand zum Zeitpunkt der Erstveröffentlichung verweisen.

Penguin Random House Verlagsgruppe FSC® N001967

2. Auflage
Taschenbucherstausgabe 03/2022

Redaktion: Evelyn Boos-Körner
Umschlaggestaltung: Hauptmann & Kompanie Werbeagentur, Zürich, unter Verwendung eines Fotos von © Trevillion Images / Andy & Michelle Kerry
Satz: Satzwerk Huber, Germering
Druck: GGP Media GmbH, Pößneck
Printed in Germany
ISBN: 978-3-453-60591-6

www.heyne.de

Inhalt

Kapitel 3: Wer in wessen Auftrag tötet

Kapitel 4: Wie Geheimdienste töten I: Mordmethoden

Einleitung

Am 12. Februar 2017 spritzten zwei junge Frauen auf dem Flughafen von Kuala Lumpur dem ahnungslosen Kim Jong-nam, Halbbruder des nordkoreanischen Diktators Kim Jong-un, flüssiges VX-Nervengift ins Gesicht. Kim verstarb noch auf dem Flughafen.

Am 4. März 2018 wurde Sergej Skripal, ein ehemaliger Offizier des russischen Militärgeheimdienstes, bewusstlos auf einer Parkbank im englischen Salisbury aufgefunden – mit einer Nowitschokvergiftung. Skripal und seine ebenfalls vergiftete Tochter Julia überlebten den Anschlag. Rund drei Monate später verstarb die 45-jährige Dawn Sturgess im nahe gelegenen Amesbury, nachdem sie einen Flakon berührte, den ihr Lebensgefährte aus einem Mülleimer gefischt hatte. Dessen Inhalt: das Nowitschok, mit dem höchstwahrscheinlich die Skripals vergiftet worden waren.

Am 2. Oktober 2018 betrat der amerikanisch-saudische Journalist Jamal Khashoggi das saudische Konsulat in Istanbul. Dort griff ihn ein Geheimdienstteam an und ermordete ihn. Seine Leiche tauchte nie wieder auf.

Am 23. August 2019 lief Zelimkhan Khangoshvili im Berliner Stadtteil Moabit durch den Kleinen Tiergarten. Nur wenige Meter von der viel befahrenen Turmstraße entfernt schoss ihm ein Fahrradfahrer von hinten in Kopf und Rücken. Khangoshvili war sofort tot, der Täter wurde keine halbe Stunde später verhaftet, als er Fahrrad und Tatwaffe in die Spree warf.

Am 3. Januar 2020 fuhr der iranische General Qasem Soleimani mit seinem Konvoi durch Bagdad. Auf Befehl von US-Präsident

Donald Trump feuerte eine US-amerikanische »Reaper«-Drohne mehrere Raketen auf Soleimanis Wagen ab. Er starb an Ort und Stelle.

August 2020: Im Teheraner Nobelviertel Pasdaran sollen zwei Motorradfahrer plötzlich neben einer weißen Limousine aufgetaucht sein und den Fahrer und seine Begleiterin erschossen haben. Bei dem Fahrer handelte es sich vermutlich um Abu Mohamed al-Masri – die Nummer zwei des internationalen islamistischen Terrornetzwerks al-Qaida. Die mutmaßlichen Täter sollen Agenten des israelischen Geheimdienstes Mossad gewesen sein. Offiziell dementieren sowohl die USA als auch der Iran und Israel diesen Geheimdienstmord.

Am 20. August 2020 flog der russische Oppositionelle Alexej Nawalny vom sibirischen Tomsk nach Moskau. In der Flugzeugtoilette brach er unter Krämpfen zusammen. Wenige Tage später wurde Nawalny für eine Behandlung in der Charité nach Berlin ausgeflogen. Laborproben ergaben eine Vergiftung mit Nowitschok.

Am 27. November 2020 wurde der iranische Wissenschaftler Mohsen Fachrisadeh in Absard, einem Vorort von Teheran, erschossen. Fachrisadeh war einer der Chefwissenschaftler des iranischen Atomprogramms. Entlang seines Weges hatte der israelische Geheimdienst Mossad ein Waffensystem in einem Nissan-Pick-up am Straßenrand positioniert. Agenten bedienten die Waffe per Fernsteuerung und töteten Fachrisadeh in Sekundenschnelle.

Acht spektakuläre Morde in weniger als vier Jahren, vier davon allein 2020. Alle haben zwei Dinge gemeinsam: Sie hatten ein politisches – kein persönliches – Motiv, und sie alle wurden mutmaßlich von Geheimdiensten geplant und ausgeführt. Diese Fälle sind aber nur die Spitze des Eisbergs. Längst hielt die deutsche Öffentlichkeit Geheimdienstmorde für ein Relikt, ein dunkles Flackern aus der fernen Zeit des (Kalten) Krieges. Getötet haben Geheimagenten in Deutschland lange Jahre nur noch auf der Kinoleinwand. Doch auf einmal organisierten gut getarnte Geheimdienstnetzwerke wieder präzise ausgeführte Auftragsmorde, und das nicht weit entfernt in den Krisengebieten der Welt, sondern auch mitten in der deutschen Hauptstadt.

»Staatsterrorismus« titelten manche deutschen Medien nach dem »Tiergarten-Mord« in Berlin 2019; eine »Renaissance der gezielten Tötungen« erkannte nach der Tötung Qasem Soleimanis der Bundestagsabgeordnete Patrick Sensburg (CDU), der als Mitglied des Kontrollgremiums für die deutschen Geheimdienste im Bundestag intensiv mit Geheimdienstfragen zu tun hatte. »Geheimdienstmord«, »gezielte Tötung«, »geheimer Mord«, »politischer Mord«: ein Phänomen mit vielen Namen und vielen Gesichtern. Aber was wissen wir eigentlich vom geheimen Töten der Geheimdienste? Mythen und Faszination umranken dieses Thema – Grund genug für eine Spurensuche!

Die eingangs genannten Beispiele unterstreichen alle Eigenschaften von Geheimdienstmorden:

- Sie drängen seit einigen Jahren in unseren politischen *Alltag*,
- sind streng *geheim*,
- sind politisch *hochsensibel*,
- prägen unsere *Vorstellung* von Geheimdiensten und ihrer Arbeit,
- üben eine morbide *Faszination* aus.

Trotzdem gibt es abseits tagesaktueller Presseberichte über einzelne Mordfälle kein gesichertes Grundwissen zu diesem Thema. Es sind naheliegende Fragen, die bei jedem neuen Geheimdienstmord die Gemüter erhitzen: Was wissen wir wirklich über den Fall, der die Öffentlichkeit elektrisiert, um den Täter und Ermittler aber

Mauern des Schweigens errichten? Was wissen wir über Täter, Opfer und Methoden? Wie oft passiert so etwas? Wie wird gemordet? Gibt es sogar Gesetze, die Geheimdienstmorde erlauben? Wie sicher sind wir? Und wie erfahren wir überhaupt von diesen eigentlich streng geheimen Morden?

Auf diese Fragen verlangen Öffentlichkeit, Politik und Medien Antworten, ohne die sich ein ungutes Gefühl breitmacht: eine unbestimmte Angst oder die Sorge, von diesem aufwühlenden Thema überrumpelt zu werden.

Dieser Angst setzt dieses Buch ein Orientierungswissen über Geheimdienstmorde entgegen. Es bietet einen umfassenden Überblick, begegnet brennenden Fragen, aber auch der Faszination, die von dem Thema ausgeht, mit einfachen Antworten. Dieses Wissen soll das große Mysterium um den Geheimdienstmord ein Stück weit auflösen und zeigen, dass auch zu solch einem hochsensiblen Thema gesicherte Informationen vorliegen. Natürlich hat dieses Buch nicht alle Antworten und kann auch nicht vorhersehen, wann, wo und durch wen der nächste Geheimdienstmord passieren wird. Aber es kann dafür sorgen, dass wir den nächsten Fall besser verstehen und einordnen können. Und damit ist schon viel gewonnen.

Wie geht dieses Buch dabei vor? Eine Forschungsreise in die Welt der Geheimdienstmorde gleicht einer Entdeckungstour durch unbekannte Gefilde, für die es weder Reiseführer noch Landkarten gibt: Man beginnt mit den einfachen Fragen, wo die Reise losgeht und wohin sie gehen soll. Dann werden alle bereits vorhandenen Informationen zu Reiseziel und Umgebung – und seien sie noch so unvollständig oder überholt – geprüft. Anschließend gilt es, Eckpunkte und Orientierungsmarken aufzustellen, damit man sich unterwegs nicht verläuft.

So können für dieses Buch einfache Fragen als Wegmarkierungen dienen, die das Thema strukturieren und uns hindurchleiten:

Was wissen wir über Geheimdienstmorde und woher? Welche Begriffe sind wichtig (Einleitung)? Warum sind Geheimdienstmorde so faszinierend (Kapitel 1)? Wer wird von Geheimdiensten getötet (Kapitel 2)? Wer tötet im Geheimen, welche Täter kennen wir (Kapitel 3)? Welche Mordmethoden nutzen Geheimdienste (Kapitel 4), und wie bereiten sie Tötungen vor (Kapitel 5)? Wie wollen die Täter ihre Tat geheim halten, und wie reagieren sie, wenn sie doch auffliegt (Kapitel 6)? Warum morden Geheimdienste eigentlich (Kapitel 7)? Wie »erfolgreich« sind Geheimdienstmorde (Kapitel 8)? Wie stehen Gesetz und Moral zu Geheimdienstmorden (Kapitel 9)? Wie lange gibt es schon Geheimdienstmorde, und wird es in Zukunft mehr davon geben (Kapitel 10)? Und schließlich: Wie ist die Lage in Deutschland (Kapitel 11)?

Jedes Kapitel geht einer dieser Fragen nach und beantwortet sie anhand von Beispielen. In Unterkapiteln wird jede Fragestellung in übersichtliche Happen unterteilt, und wichtige Aspekte werden näher beleuchtet. Am Ende jedes Kapitels werden die Erkenntnisse zu einer Antwort auf die Ausgangsfrage zusammengeführt. Eine Infobox fasst die Kernaussagen des Kapitels zusammen. So werden die Umrisse des komplizierten Themas der Geheimdienstmorde klar erkennbar – und es wird deutlich, warum dieses Thema in Deutschland so aktuell ist.

»Doch wie kann es dieses Buch überhaupt geben?«, mag sich der eine oder die andere nun denken. Diese Frage zielt auf die Quellenlage ab – woher können wir überhaupt etwas über Tötungen wissen, die im Verborgenen passieren und über die alle Mitwisser Stillschweigen bewahren? Bildlich gesprochen: Wie finden wir den Schlüssel zur dunklen, supergeheimen Kammer, in der diese Staatsgeheimnisse aufbewahrt werden?

Die Frage an sich ist bereits die halbe Antwort: Eben weil der Geheimdienstmord ein Paradoxon und Deep Secret (mehr dazu in Kapitel 1) ist, braucht es eine genaue Analyse. Und ganz so dunkel, wie es die Theorie des Staatsgeheimnisses gerne haben würde, ist es in der dunklen Kammer doch nicht immer: Manchmal bekommen wir einen ortskundigen Reiseführer an die Seite gestellt, der sich schon einmal – meist unfreiwillig – in die dunkle Kammer vorgewagt hat und lebend wieder herauskam. Und manchmal ließ ein Täter, als er seine geheime Schmutzwäsche verschwinden lassen wollte, unterwegs ein paar blutige Handschuhe fallen, die uns Hinweise geben. Auch das geheimste Geheimnis ist nicht immer so undurchdringbar, wie es auf den ersten Blick scheint. Dafür gibt es bei Geheimdienstmorden mindestens *vier gute Gründe*:

1. *Erstens* sind Geheimdienste keineswegs immer Meister der Geheimhaltung und machen bei Tötungsoperationen viele, vor allem menschliche, Fehler. Zusätzlich zu menschlichem Versagen spielt auch »Kommissar Zufall« eine entscheidende Rolle: Angeheuerte Mörder bekommen auf einmal Gewissensbisse und stellen sich selbst; manchmal warnen sie das Opfer und tauchen mit dem Geld unter; manchmal ändern Zielpersonen just am Tag ihrer geplanten Ermordung auf einmal ihre Routine, gehen einen anderen Weg, öffnen ihre Post nicht selbst oder halten sich an einem anderen Ort auf als vermutet; und manchmal versagt die eingesetzte Technik.

   Der im August 2020 mit Nowitschok vergiftete russische Oppositionelle Alexej Nawalny schaffte es zum Beispiel, einen der beteiligten Geheimdienstoffiziere am Telefon reinzulegen und ihm nahezu unglaubliche Details der Operation zu entlocken.[1] Im Falle des mittlerweile berühmt-berüchtigten »Tiergarten-Mordes« an Zelimkhan Khangoshvili 2019 beobachteten zwei Zeugen zufällig die Tat und alarmierten eine Streife der Berliner Polizei, die den Täter nur wenige Minuten später festnehmen konnte. Wir wissen also vor allem von solchen Fehlschlägen. Nicht immer überlebte dabei das Opfer, doch immerhin konnten Spuren gesichert und Erkenntnisse über die

Täter gewonnen werden. Die Anzahl solcher Fälle ist erstaunlich hoch!

2. Ein *zweiter Grund* ist, dass Geheimnisse – selbst im Fall von geheimdienstlichen Tötungsoperationen – in großen bürokratischen Apparaten nicht immer zu 100 Prozent geheim gehalten werden können. Details über Morde sickern nach außen durch, vor allem in die Medien. Bereits wenige Tage nach der Vergiftung Alexej Nawalnys fanden so zum Beispiel Hinweise auf die Anwesenheit eines Überwachungsteams des russischen Inlandsgeheimdienstes FSB ihren Weg in die lokale russische Presse. Und von dem mutmaßlichen Mord an der Nummer zwei des islamistischen Terrornetzwerks al-Qaida, Abu Mohamed al-Masri, im August 2020 erfuhr die Weltöffentlichkeit nur, weil hochrangige anonyme Mitarbeiter der US-Sicherheitsbehörden Journalisten auf den Fall stießen.[2]
3. Bei der Reise in die geheime Dunkelkammer des Staatsgeheimnisses und der Geheimdienstmorde gibt es *drittens* unerwartete Hilfsmittel: digitale Technologien. Der digitale Wandel hat das Staatsgeheimnis in seinen Grundfesten erschüttert. Informationen werden en masse geteilt und schwirren entmaterialisiert als Einsen und Nullen durch die Glasfaserkabel dieser Welt. Geheimdokumente existieren nicht mehr nur in ein- oder zweifacher Ausführung auf Papier, sondern als unzählige digitale Exemplare. Überwachungskameras und Hobbyfotografen stehen und filmen überall, Bilder gehen in rasantem Tempo durch die sozialen Medien und Kreditkartendaten können selbst von Hobbyhackern eingesehen werden. Es ist fast unmöglich, ohne digitalen Fußabdruck über diese Erde zu wandeln. Und manchmal weisen diese Fußabdrücke den Weg zu einem Geheimdienstmord.

Niemals hätten es sich zum Beispiel die russischen Geheimdienste FSB und GRU träumen lassen, dass das Team des vormals arbeitslosen Bloggers und autodidaktischen Digitaljournalisten Eliot Higgins Identitäten, Gesichter, Lebensläufe, ja sogar private Adressen, Telefonnummern und Reiserouten ihrer Killerteams herausfinden und im Internet veröffentlichen könnte. Doch so war es: Die Internetplattform Bellingcat durchstöberte in monatelanger Kleinarbeit Datenbanken, Fotoarchive, Posts, Chats und Messages. Dazu kauften die Mitarbeiter von korrupten russischen Beamten für gerade einmal 20 Euro heimlich Auszüge aus Steuerregistern, Wohnungs- und Kfz-Datenbanken. Und sie wurden fündig. Ein mutmaßlicher Mörder im Geheimdienstauftrag fand sich auf einmal für die ganze Welt einsehbar im Internet wieder![3] So gut waren die journalistischen Recherchen, dass der deutsche Generalbundesanwalt seine Anklageschrift auf deren Ergebnissen aufbaute und Bellingcat-Journalisten vor Gericht als Kronzeugen gegen den Mörder aussagten.[4]

Diese Leistungen wiederholte das Team von Bellingcat – mittlerweile ein erklärter Erzfeind der russischen Geheimdienste, die zum Beispiel mit Cyber-Operationen gegen die Journalisten vorgehen[5] – in mehreren Fällen. Es scheint nur ein Vorgeschmack darauf zu sein, was uns in der Zukunft erwartet. Nichtsdestoweniger waren die Methoden und Möglichkeiten der Online-Journalisten auch im Jahr 2020 immer noch etwas Neues für die russischen Geheimdienste, wie der FSB-Offizier Konstantin Kudrjawzew, der an einem Mordanschlag mit dem Nervengift Nowitschok beteiligt war, einräumen musste.[6]

Digitale Überwachungssoftware hat nicht nur den privaten Datenschutz, sondern auch das Staatsgeheimnis in eine Krise gestürzt.[7] Die Geheimdienstmorde der letzten Jahre und die Menge öffentlich zugänglicher Informationen über sie sind der beste Beweis dafür.

4. Der *vierte und letzte Grund*, warum wir eben doch viel über Geheimdienstmorde erfahren, ist der, dass absolute Geheimhaltung nicht immer das Ziel ist. Manche Tötungen, zum Beispiel hochrangiger Politiker, sind so heikel, dass sie unter allen Umständen geheim gehalten werden sollen. Andere jedoch, wie zum Beispiel bei Geheimdienstüberläufern oder Terroristen, sollen eine strategische Botschaft senden und brauchen deswegen eine gewisse Öffentlichkeit. Bei solchen Tötungsoperationen wird nur eine »nachlässige Geheimhaltung« und manchmal auch eine gezielte Indiskretion betrieben. Hier geht es darum, dass die Tat bekannt und von einem bestimmten Publikum, etwa den Mitgliedern einer Terrorgruppe, verstanden wird und gleichzeitig die Spuren der Tat gerade so gut verwischt werden, dass die Täter unerkannt entkommen und ihre Auftraggeber jede Verwicklung halbwegs glaubwürdig abstreiten können.[8]

   Ein Beispiel für diese »nachlässige Geheimhaltung«, die in Kapitel 6 und 7 ausführlich beschrieben wird, ist der Mord des israelischen Geheimdienstes an Fathi Schakaki, dem Gründer des »Islamischen Dschihad in Palästina«. Zwei Mossad-Agenten der Kidon-Einheit sollen Schakaki am 26.10.1995 in Malta von einem Motorrad aus erschossen haben, doch auch zwei Tage nach der Tat gab es in der Presse keine Meldung. Der Mossad selbst ließ daraufhin Informationen über die Tötung an internationale Journalisten durchsickern, um die Terroristen einzuschüchtern.[9]

Insgesamt werden in diesem Buch 123 Fälle von Tötungen mit geheimdienstlichem Hintergrund analysiert. Einige davon sind nicht nur besonders aktuell, sondern können auch in erstaunlicher Dichte und Tiefe betrachtet werden. Deshalb stehen manche Fälle, wie zum Beispiel die Serie mutmaßlicher russischer Geheimdienstmorde seit

Mitte der 2010er-Jahre, mehrfach im Fokus. Das Bestreben dieses Buches ist es, die Schilderung der Fälle so in die verschiedenen Kapitel einfließen zu lassen, dass einzelne Abschnitte problemlos für sich allein oder quergelesen werden können. Am Ende des Buchs findet sich dann eine tabellarische Liste aller behandelten Fälle.

Zu den einzelnen Fällen stehen unterschiedliche Quellen zur Verfügung: Presseberichte und Videoaufnahmen, polizeiliche Untersuchungen, Gerichtsprozesse, Augenzeugenberichte, Memoiren und wissenschaftliche Forschungen. Manchmal geben sogar originale Geheimdienstakten Auskunft über gezielte Tötungen, wie etwa bei den Mordplänen der CIA gegen Fidel Castro. Hin und wieder enthüllten Überläufer oder reuige Täter die dunklen Geheimnisse. Und manchmal lüfteten Geheimdienste selbst den Schleier und bekannten sich zu ihren Taten. Darüber hinaus führte der Autor dieses Buches im Laufe von mehreren Jahren zahlreiche Hintergrundgespräche mit deutschen und ausländischen Geheimdienstmitarbeitern.

Der Fokus des Buches ist ein analytischer, kein investigativer: Wer spektakuläre Enthüllungen aus dem Maschinenraum der Geheimdienste erwartet, wird enttäuscht werden. Dieses Buch will zeigen, was wir über Geheimdienstmorde wissen können. Viele Einzelfälle bleiben ein Mysterium, zu dem es immer wieder neue Spuren, Fragen und Antworten gibt. Legt man jedoch über hundert dieser Einzelfälle nebeneinander, ergibt sich ein deutliches – wenngleich unvollständiges – Bild. Und dieses Bild verrät die Antworten auf die brennendsten Fragen.

Bevor die Reise in die Dunkelkammer der Geheimdienste aber richtig losgehen kann, ist es hilfreich, sich einmal die verschiedenen Begriffe für Geheimdienstmorde anzusehen – davon gibt es nämlich so einige – und wer sie wie benutzt. Das verdeutlicht nicht nur, was dieses Buch unter einem Geheimdienstmord versteht, sondern schafft auch etwas Ordnung im Begriffschaos, das einem in den Medien begegnen kann. »Geheimdienstmord« ist ein Ausdruck, den Geheimdienste nicht benutzen – jedenfalls nicht, wenn es um sie selbst geht. Mord ist natürlich etwas, was nur ein böser politischer Gegner tun würde. Und »Mord« klingt ja nicht nur illegal – er ist es auch, in jedem Land, überall. Daher haben Geheimdienste viele Euphemismen dafür, was in diesem Buch als »Geheimdienstmord« bezeichnet wird.

Doch was ist unter dem Begriff zu verstehen? Der erste Wortteil zeigt den Täter an: Es ist zunächst einmal natürlich ein Mord, der von Geheimdiensten ausgeführt oder in Auftrag gegeben wird. So weit, so gut, doch der zweite Bestandteil ist wesentlich komplizierter, denn nicht jede Tötung ist auch tatsächlich ein Mord. Der Unterschied liegt – wie so oft – in rechtlichen Details und Spitzfindigkeiten.

In Deutschland ist Mord nach Paragraf 211 Strafgesetzbuch definiert und unterscheidet sich vom (vorsätzlichen) Totschlag durch neun Merkmale:

1. Mordlust
2. Habgier
3. Befriedigung des Sexualtriebes
4. andere niedere Beweggründe
5. Heimtücke
6. Grausamkeit
7. gemeingefährliche Mittel
8. Ermöglichung einer anderen Straftat
9. Verdeckung einer anderen Straftat

Diese Merkmale eines Mordes sind unterteilt in drei Gruppen: Verwerflicher Beweggrund (1 bis 4), verwerfliche Begehungsweise (5 bis 7) und verwerflicher Zweck (8 bis 9). Wenn eines dieser Merkmale erfüllt ist, handelt es sich um Mord – und damit um die schlimmste Art der Tötung.

Mindestens eines (manchmal auch mehrere) dieser Merkmale trifft auf jede geheimdienstliche Tötung zu, die in diesem Buch behandelt wird. Dies gilt vor allem für die heimtückische Tatausführung und/oder die gemeingefährlichen Mittel, oftmals aber auch für die besonders verwerflichen Motive der Tat. »Geheimdienstmord« kann also mit gutem Recht als Oberbegriff für geheimdienstliche Tötungen verwendet werden.

Es ist allerdings kein Begriff, der im internationalen Verkehr zwischen Staaten benutzt wird. Mord ist eine rechtliche Kategorie, die Staaten nur für private, also nicht-staatliche Täter und nur im nationalen Kontext bzw. vor Gericht verwenden. Töten aber staatliche Institutionen wie Geheimdienste, werden intern andere Begriffe verwendet.

»Gezielte Tötung« ist einer dieser Begriffe, der seit Beginn der 2000er-Jahre in Mode gekommen ist. Zuerst gebrauchte der Staat Israel diesen Ausdruck, als er seine »Politik der gezielten Tötungen« mutmaßlicher Terroristen proklamierte. Im »Krieg gegen den Terrorismus« übernahmen auch die USA diesen Begriff. Gezielte Tötung ist allerdings nicht genau definiert, stattdessen ist das »gemeinsame Element in all diesen Fällen [...], dass tödliche Gewalt absichtlich und bewusst, mit einem bestimmten Grad des Vorsatzes, gegen eine oder mehrere von dem Täter im Voraus bestimmte Personen angewendet wird. Bei einer gezielten Tötung ist das konkret angestrebte Ziel die Anwendung tödlicher Gewalt.«[10]

Gezielte Tötungen unterscheiden sich – vor allem in den Augen der ausführenden oder beauftragenden Staaten – von Morden, Attentaten oder Anschlägen: Sie sollen zumindest eine legitime, wenn nicht sogar legale, Art der Tötung darstellen.[11] Dazu haben Staaten seit der Jahrtausendwende zahlreiche Rechtsgutachten und Auffassungen hervorgebracht, die zum Beispiel den Einsatz tödlicher Gewalt in Form von gezielten Tötungen einzelner Terroristen legitimieren und rechtlich absichern sollen. Dies wird in Kapitel 9 ausgeführt.

Der Begriff der gezielten Tötung als Bezeichnung für legale und legitime Tötungen ist jedoch genauso umstritten wie ihre Praxis.

Dieser vor allem von ausführenden Staaten gebrauchte Begriff wird von Menschenrechtsorganisationen und dem Menschenrechtsrat der Vereinten Nationen ergänzt durch den Begriff der »außergerichtlichen (oder: extralegalen) Hinrichtung«. Dabei handelt es sich nach der Menschenrechtsorganisation Amnesty International um »eine willkürliche und vorsätzliche Tötung eines Menschen, meistens ausgeführt auf Anordnung, unter Beteiligung oder mit Duldung von Regierungen, ohne dass ein ordentliches Gericht eine Todesstrafe verhängt oder die Hinrichtung angeordnet hat«.[12] Außergerichtliche Hinrichtung und gezielte Tötung sind dabei zwei Seiten einer Medaille: Es handelt sich stets um staatlich organisierte Tötungen. Wie in Kapitel 9 dargelegt wird, können gezielte Tötungen unter bestimmten, von der UN festgehaltenen Kriterien durchaus legal, das heißt im Einklang mit dem Internationalen Recht sein. Erfüllt eine (gezielte) Tötung diese Kriterien nicht, was laut UN bei den meisten Fällen zutrifft, handelt es sich um eine außergerichtliche Hinrichtung. Außergerichtliche Hinrichtungen sind immer ein Verstoß gegen die Menschenrechte.

Vermehrt in Mode gekommen ist auch der Begriff »Staatsterrorismus«. Zuerst nur von einigen Journalisten und Experten benutzt, verwendet ihn seit 2020 auch zum Beispiel der deutsche Inlandsnachrichtendienst BfV. Laut Verfassungsschutz ist dies der »von Staaten ausgeübte oder gesteuerte Terrorismus, der dazu dient, außen- oder innenpolitische Ziele zu verfolgen«.[13]

»Das war Staatsterrorismus!«, so urteilte auch Olaf Arnoldi, Vorsitzender des 2. Strafsenats des Berliner Kammergerichtes, Ende 2021 im Prozess über den Mord an Zelimkhan Khangoshvili. Leicht übersehen wird dabei jedoch, dass es für den Begriff des Terrorismus nach wie vor keine allgemeingültige wissenschaftliche oder rechtliche Definition gibt.[14] Davon hängt jedoch auch das

Verständnis von »Staatsterrorismus« ab. Abgrenzungen und Abstufungen zwischen den Parteien eines gewaltsamen Konfliktes, der sich unterhalb der Schwelle eines militärischen Konfliktes bewegt, sind hier ein Problem. Überspitzt ausgedrückt ist der Unterschied zwischen »Freiheitskämpfer« und »Terrorist« vor allem eine Frage der Perspektive. Der Begriff »Staatsterrorismus« ist also aufgrund der enormen politischen Aufladung problematisch sowie der offensichtlichen Willkür, mit der verschiedene Staaten für sich auslegen, wer oder was als Terrorist und Terrorismus zu gelten hat. Wenn Staaten bei der Bekämpfung von Terrorismus zu denselben Mitteln greifen wie Terroristen – dann ist überall Terrorismus. Die Vereinten Nationen lehnen deshalb den Begriff »Staatsterrorismus« für gezielte Tötungen und Geheimdienstmorde ab. Ob also jeder Geheimdienstmord auch Staatsterrorismus ist und ob dieser ungleich dramatischere Begriff bei der Einordnung und Bewertung wirklich hilft, ist zumindest zweifelhaft.

Terrorismus und Geheimdienstmorde beziehungsweise gezielte Tötungen sowie außergerichtliche Hinrichtungen – die von der ausführenden Seite oftmals als Terrorismusbekämpfung deklariert werden – unter dem Hut des Staatsterrorismus zu vermischen hat einen besonders emotionalisierenden Effekt. Allerdings verstellt der Ausdruck den Blick auf die Ursachen, Täter, Arten und Motive von Geheimdienstmorden. Der Terrorismus unserer Zeit, vor allem islamistischer oder rechter Terrorismus, zeichnet sich dadurch aus, dass kleine, nicht-staatliche Gruppen Gewaltakte gegen Einzelpersonen oder Ziele wie Menschenansammlungen begehen. Machtdemonstration, Demoralisierung und Psychoterror sind wesentliche Ziele dabei. Damit unterscheiden sich terroristische Aktionen maßgeblich von Geheimdienstmorden: Einerseits werden diese eben nicht von kleinen, nicht-staatlichen Gruppen begangen, andererseits sind geheimdienstliche Tötungen wesentlich zielgerichteter und auf einen spezifischen Effekt beziehungsweise ein konkretes Ziel ausgerichtet.[15]

Die Geheimdienste selbst benutzen von diesen Begriffen nur den der gezielten Tötung. Dieser Ausdruck ist erst seit dem »Krieg gegen den Terror« aufgekommen und wird vor allem in der Öffentlichkeit und im internationalen Verkehr von Staaten verwendet. Intern benutzen Geheimdienste gänzlich andere Formulierungen. Dieser Geheimdienstjargon offenbart die Neigung, Begriffe wie Tötung oder Mord zu vermeiden und neutrale oder beschönigende Ausdrücke zu verwenden. Die israelischen Geheimdienste, die seit dem Jahr 2000 den Begriff der gezielten Tötung in ihrer öffentlichen Kommunikation verwenden, sind ein hervorragendes Beispiel dafür: Im internen Sprachgebrauch von Mossad, Schin Bet und Aman, so zeigen die Recherchen des Journalisten Ronen Bergman, wird lieber von »negativen Behandlungen« oder »Verhinderungsmaßnahmen« gesprochen.[16]

Damit sind die israelischen Geheimdienste keineswegs allein. Die Geheimdienste der Sowjetunion und ihre Verbündeten verwendeten während des Kalten Krieges Begriffe wie »Liquidierung« oder »physische Entfernung«. Wenn die Mitarbeiter besonders salopp sein wollten, sprachen sie von »nassen Sachen« (russisch *mokrye dela*), die auch im Englischen ihre Entsprechung in den sogenannten *wet jobs* haben.[17] Zudem gehörten keine Entführungen oder Verschleppungen zu ihrem Instrumentarium, sondern »Rückführungen« oder »Verbringungen«.[18] Als Oberbegriff für alle gewaltsamen Aktionen wie Mord, Entführung, Sprengstoffanschläge oder Sabotage verwendeten die sozialistischen Geheimdienste unter Führung des KGB die Ausdrücke »Sonderaktionen«, »Spezialaufgaben« oder »scharfe Maßnahmen«. Bis in die 1960er-Jahre wurden »Sonderaktionen« mitunter auch noch als »aktive Maßnahmen« (russisch *aktivnoe meroprijatie*) bezeichnet, da sie sich vom passiven Sammeln von Informationen durch ihre aktive Einwirkung auf den Gegner unterschieden. Ab den 1960ern war dieser Begriff ausschließlich für Einflussoperationen, verdeckte Propaganda und Desinformation reserviert.[19]

Zu guter Letzt haben auch die US-amerikanischen Geheimdienste ihr eigenes Vokabular, wenn es um Mord, Umsturz, Einflussnahme oder Sabotage geht: Als Oberbegriff dient hier der Ausdruck »verdeckte Aktionen« (englisch *covert actions*).[20] Als die CIA in den 1950er- und 1960er-Jahren eine ständige Kapazität zur Durchführung von Morden und Anschlägen im Ausland aufbauen wollte, sprach sie von »exekutiven« beziehungsweise »ausführenden Aktionen« (englisch *executive actions*).[21] Darunter verstand die CIA »ein breites Spektrum an Aktionen, um die Effektivität ausländischer Anführer zu eliminieren, wobei Mordanschläge die extremste Aktion sind«.[22] Seit den frühen 2000er-Jahren, als die CIA mit ihrem verdeckten Drohnenprogramm begann, benutzt auch sie den Begriff der gezielten Tötung.

Die Begriffe und Ausdrücke, mit denen geheimdienstliche Tötungen bezeichnet werden, sind also genauso vielfältig wie politisch, gesellschaftlich und rechtlich umstritten. Die wenigsten Bezeichnungen sind eindeutig, viele hingegen sind verharmlosende Kunstbegriffe. Dieses Buch verzichtet daher auf die Verwendung von Euphemismen und juristische Haarspalterei. Stattdessen wird der Oberbegriff Geheimdienstmord genutzt, da er die Natur von planmäßigen, staatlichen Tötungen durch Geheimdienste am besten charakterisiert. Dabei ist jedoch zu bemerken, dass es einen Unterschied gibt zwischen sogenannten gezielten Tötungen in militärischen Konflikten und der gezielten Ermordung von Einzelpersonen. Im Kontext militärischer Konflikte wird in diesem Buch daher auch der Ausdruck geheimdienstliche Tötung oder Tötungsoperation verwendet.

KAPITEL 1:

Die Lizenz zum Töten? Faszination Geheimdienstmord

Detektive und Ermittler, Krimis und Thriller haben – vor allem in Deutschland – immer Hochkonjunktur. Warum aber zieht uns das Thema Mord so in seinen Bann, was macht die Faszination von Morden, die im Verborgenen geschehen, aus? Mindestens drei Faktoren spielen dabei eine Rolle.

Faktor 1: James Bond und die Macht der Spionagefiktion

James Bond, 007 – der beste Geheimagent Ihrer Majestät, im Auftrag des britischen Auslandsgeheimdienstes MI6 unterwegs mit der »Lizenz zum Töten«. Davon macht er, wie jeder Roman und Film der Bond-Reihe demonstriert, ausgiebig Gebrauch. Genau genommen ist dies sogar das einzige Mittel, mit dem Bond und durch ihn der britische Geheimdienst aktiv auf seine Gegner einwirkt. Was Spionage in den Bond-Filmen ausmacht, lässt sich auf einen einfachen Nenner bringen: Geheimagenten mit falschen Identitäten und fantastischen technischen Hilfsmitteln, unterwegs, um zu töten.

Wie wirkmächtig diese Fiktion ist, lässt sich auch an einem anderen Beispiel ablesen: Spionagemuseum Berlin, 8. März 2018, wenige Tage nach dem Mordanschlag auf Sergej Skripal. Eine Berliner Tageszeitung will dringend ein Statement, und als Erstes kommt die Frage aller Fragen zur Welt der Spione: »Ist das eigentlich wirklich so wie bei James Bond, mit der ›Lizenz zum Töten‹?« Der fiktionale Kinoheld wird zum Vergleichsrahmen für die reale Welt. Aber warum?

In James Bond hat sein Schöpfer, der britische Geheimdienstler, Journalist und Autor Ian Fleming der Welt den Prototyp dessen geliefert, was wir uns unter einem Geheimagenten vorstellen wollen. James Bond ist eine Projektionsfläche für alles, was wir von der Welt der Geheimdienste erwarten, was wir fürchten, hoffen oder träumen. Das gilt auch für die Morde, die er begeht. Denn Bond bekommt von seinen Bossen und von seinen Fans die berühmte »Lizenz zum Töten«: Er darf, was alle anderen nicht dürfen, natürlich nur zum guten Zweck (worüber er sich immer wieder aus niederen, persönlichen Motiven hinwegsetzt). Der tödliche Schuss zwischen die Augen des Gegners gehört nicht nur zum Bond-Intro, sondern zum Kern der Marke James Bond. Es ist das Töten des Bösewichts, worauf das Publikum wartet, der unbestrittene Höhepunkt jedes Bond-Films.

Damit ist James Bond bei Weitem nicht allein. Die Verfilmungen der *Jason-Bourne*-Reihe machen dies noch deutlicher: Hier geht es um ein spezielles CIA-Programm, mit dem »perfekte Killer« geschaffen wurden. Dass einer von ihnen, mit dem Decknamen Jason Bourne, aufgrund von Gewissensbissen erst seine eigene Lebensgeschichte vergisst und sich dann in den mittlerweile fünf Filmen gegen die Agency selbst wendet, geht dabei fast unter. Der morbiden Faszination, die Geheimdienstmorde ausüben, tut das in der Filmreihe angedeutete Szenario keinen Abbruch. Sie stehen für das Geheimnis im Geheimnis, den dunkelsten, dreckigsten und am stärksten unter Verschluss gehaltenen Bereich der Geheimdienstarbeit. Diese Faszination teilen sich Spionagefilme und Spionagerealität.

Kaum eine reale Person oder ein reales Ereignis beeinflusst unsere Vorstellung von Geheimdiensten so sehr wie die fiktionale Welt der Superspione und -agenten. Wer kennt schon den letzten Jahresbericht des Parlamentarischen Kontrollgremiums für die Nachrichtendienste? Richtig: so ziemlich niemand. Den letzten Bond-Film aber sahen Millionen Menschen weltweit.

Wie realistisch die Filme und Bücher dabei sind, spielt kaum eine Rolle. Denn wie es Alexis Albion vom Spy Museum in Washington zusammenfasste: »Spionage ist nicht wie Bond, aber für Millionen von Menschen überall auf der Welt ist Bond gleich Spionage.«[23] Diese Macht der Spionagefiktion, die unser Denken und unsere Vorstellungen schon lange infiltriert und geprägt hat, wird von Politikern und Geheimdienstlern immer wieder abgetan und unterschätzt. Sie ist jedoch sehr real.

Denken wir an die eingangs erwähnte Frage nach dem Anschlag auf Sergej Skripal zurück: »Ist das eigentlich wirklich so wie bei James Bond, mit der ›Lizenz zum Töten‹?« Egal wie unsinnig diese Frage Politikern, Polizisten und Geheimdienstmitarbeitern erscheint (und das tut sie!) – sie hat eine Antwort verdient. Der Tötungswahn des James Bond, auf dessen Konto bereits über 400 fiktive Menschenleben gehen, ist ein Spiegelbild unserer Vorstellung von Geheimdiensten und ihren Machenschaften. Immer wieder stellen wir alle – ob Kinobesucher, Journalisten oder Kommentatoren – uns vor, die Welt von James Bond sei die Realität – oder die Realität sei wie die Welt von James Bond. Gezielte Tötungen sind in dieser Welt die extremste und zugleich ultimative Form von Geheimdienstarbeit. Ob dem tatsächlich so ist und dass die reale Welt der Geheimdienstmorde sogar um einiges spannender ist als im Film, zeigt dieses Buch.

Faktor 2: Das politische Geheimnis und die Welt der Deep Secrets

Der zweite Faktor der besonderen Faszination von Geheimdienstmorden ist so banal wie einleuchtend: Es ist das Geheimnis. Geheimnisse beflügeln und reizen die menschliche Neugier und Fantasie. Vor allem, wenn es um die Geheimnisse eines anderen geht, und noch mehr, wenn dieser andere ein ganzer Staat mit Institutionen ist, die im Verborgenen arbeiten.

Im Verborgenen verübte Attentate gehören zu den dunkelsten Geheimnissen des modernen Staates. Planung, Ausführung, Anzahl, Erfolge, Misserfolge und Motive – alles topsecret. Staaten und Regierungen lassen Geheimdienstmorde natürlich nicht ohne Anlass ausführen, sondern um ein bestimmtes Ziel zu erreichen. Während Tötungen bis ins 19. Jahrhundert ein mehr oder weniger legitimes Mittel der Politik waren, sind sie heute in den meisten Teilen der Welt illegal und geächtet – eigentlich. Und weil dem so ist, müssen Tötungen, wenn sie doch angeordnet werden, oft im Verborgenen passieren. Geheimdienstmorde sind immer Staatsgeheimnis Nummer eins.

Gehörte das Staatsgeheimnis von der Antike bis zum Ersten Weltkrieg noch zur legitimen und allgemein anerkannten Regierungskunst, ist es in der modernen, digitalen Demokratie anrüchig und verdächtig geworden. Ein faszinierender Widerspruch wohnt dem Staatsgeheimnis heute inne: Einerseits stabilisiert Geheimhaltung den demokratischen Staat, indem sie zum Beispiel das Entstehen von Gesetzen bis zu einem gewissen Zeitpunkt vor äußeren Einflüssen wie Lobbyismus oder wirtschaftlichen Interessen schützt. Oder indem zum Funktionieren der Versorgung (der sogenannten kritischen Infrastruktur) notwendige Informationen geheim gehalten werden. Jede Macht, jeder Staat und jede Regierung hat legitime »Betriebsgeheimnisse«.[24]

Andererseits hat das Staatsgeheimnis eine dunkle Seite: Indem Staat, Regierung und Behörden bestimmte Bereiche der öffentlichen Kenntnis entziehen, entsteht ein Raum für unbeobachtete und illegale Handlungen. Hier, so vermutet die kritische Öffentlichkeit, soll versteckt werden, was eigentlich gar nicht sein darf. Die Schmutzwäsche der Macht soll in der dunkelsten Kammer eines verstecken Labyrinths vor der Enthüllung bewahrt werden.

Es gibt also gute und schlechte Geheimnisse. Geheime Morde gehören natürlich in die zweite Kategorie. Sie sind aber nicht »einfach nur schlecht«, sondern auch sogenannte Deep Secrets – man könnte auch sagen: besonders geheime Geheimnisse. Was zunächst etwas seltsam klingt, bedeutet nichts anderes, als dass es bei derartigen Geheimnissen schwierig bis unmöglich ist abzuschätzen, was alles geheim gehalten wird. Wir wissen also nicht, was wir nicht wissen und nicht wissen können. Bildlich gesprochen: Man schaut nicht nur in eine dunkle Kammer in einem schier endlosen Labyrinth; man schaut in ein dunkles Nichts, in dem Licht nicht vorgesehen und deshalb nicht angebracht wurde. Und genau deswegen werden Geheimdienste mit solchen Aktionen beauftragt: Sie haben die notwendigen finanziellen, personellen und technischen Ressourcen und vor allem das Know-how, um solche Aktionen durchzuführen, während gleichzeitig Geheimhaltung ihr ureigenstes Geschäft ist.

Der Ex-Präsident des deutschen Auslandsnachrichtendienstes BND, Gerhard Schindler, meinte auf die Frage nach einer ungefähren Anzahl von Geheimdienstmorden im Januar 2020: »Wie sollen wir die denn bitte zählen? Wenn ein Geheimdienstmord gelingt, ist er ja gar nicht zu erkennen.«[25] Wenn also zum Beispiel der russische Geheimdienstüberläufer Sergej Skripal wie geplant zu Hause still an Herzversagen verstorben wäre, statt halbtot auf einer Parkbank gefunden zu werden, stünden die Chancen recht gut, dass der Todesfall niemals mit einer Vergiftung in Verbindung gebracht worden wäre – und die globale Öffentlichkeit niemals auch nur ein Sterbenswörtchen davon gehört hätte. Den Toten als Opfer und den Tod als Mord zu erkennen und dann auch noch einem Täter zuzuschreiben ist eine große und manchmal unüberwindbare Herausforderung. Und genau diese Undurchschaubarkeit ist es, die stark zum morbiden Reiz des geheimen Mordes beiträgt.

Faktor 3: Psychologie und Tötungstrieb

Der letzte Faktor der morbiden Faszination von geheimen Morden sind psychologische, tief im Menschen verankerte Aspekte: Mord beziehungsweise Töten ist eine Grenzerfahrung, ist extrem, endgültig – und eigentlich wider die menschliche Natur. Und doch gibt es anscheinend eine verborgene, dunkle Seite tief in uns, die der »Übervater« der Psychologie, Sigmund Freud, den Todestrieb nannte, der dem Lebenstrieb des Menschen entgegengesetzt sei.[26] Nach dieser – in der Psychologie nicht unumstrittenen – Theorie Freuds ist der Todestrieb in jedem Menschen unterschiedlich stark ausgeprägt. Nicht jeder wird also zwangsläufig zum Mörder. Aber der verborgene Tötungstrieb weckt unser Interesse an den Morden anderer, egal ob im Film oder in der Realität. Durch Krimis oder Nachrichten über reale Morde stellen wir eine Verbindung mit unserer eigenen dunklen Seite her, vergewissern uns, dass unser Wertekompass intakt ist und wir unseren aggressiven inneren Tötungsdrang weiter effektiv unterdrücken und bekämpfen.

Das alles gilt natürlich nur für den Täter in uns. Doch in uns allen steckt auch ein Mordopfer. Oder besser gesagt: die Angst davor, eines zu werden – denn theoretisch könnte jeder von uns jederzeit ermordet werden. Diese Angst ist ein weiterer Grund für die Faszination von (geheimen) Morden. Wir beschäftigen uns mit den Tötungsdelikten anderer, lesen darüber, schauen sie uns an, verstehen sie und versuchen, sie aufzuklären. Dadurch erlangen wir Kontrolle zurück, befreien uns ein Stück weit von unserer tief sitzenden Angst und können sie wieder in unser Unterbewusstsein verbannen. Angst und Faszination liegen – jeder Horrorfilm singt ein Lied davon – ganz nah beieinander. Und beide Aspekte finden sich auch bei geheimen Morden wieder.

INFOBOX

- Geheimdienste werden weltweit damit beauftragt, geheime Tötungen durchzuführen. Sie haben das Know-how und die personellen und finanziellen Mittel dazu.
- Geheimdienstmorde üben eine besondere Faszination aus: Sie sind ein Rätsel, Geheimnis und Mysterium.
- Spionagefilme, wie die Reihen um James Bond oder Jason Bourne, verdeutlichen und befeuern die Faszination, die von Geheimdienstmorden ausgeht.
- Geheimdienstmorde sind »besonders geheime Geheimnisse«, sogenannte Deep Secrets: Wir wissen nicht, wie viel wir nicht über das Thema wissen.
- Es gibt verschiedene rechtliche und politische Begriffe für Geheimdienstmorde. Geheimdienste selbst verwenden neutral klingende Kunstbegriffe und Beschönigungen.

KAPITEL 2

Wen Geheimdienste töten

Der erste Schritt zur Untersuchung von Geheimdienstmorden ist ihre Kategorisierung. Die grundlegende Frage dabei ist: Welche Arten von Geheimdienstmorden gibt es überhaupt? Das mag zunächst trocken und technisch erscheinen, doch die Antwort darauf ermöglicht es, verschiedene Geheimdienstmorde voneinander zu unterscheiden und einzuordnen.

Viele Beobachter denken vielleicht zuerst an die Mordwaffe als Unterscheidungsmerkmal, also zum Beispiel: Gift, Sprengsätze oder Schusswaffen. Dies mag auf den ersten Blick logisch klingen, allerdings greift der Blick auf die gewählte Waffe zu kurz, denn Geheimdienste wählen ihre Mordwaffen vor allem nach praktischen Gesichtspunkten aus und greifen dabei auf so ziemlich jedes erdenkliche Mordinstrument zurück.

Demgegenüber gibt es aber einen anderen, ganz wesentlichen Punkt, der Geheimdienstmorde voneinander unterscheidet: die Opfer. Dieses Kriterium ermöglicht eine genauere Kategorisierung. Es gibt acht Personengruppen, die Opfer von Geheimdienstmorden werden. Daraus lassen sich dann vier Arten von Geheimdienstmorden ableiten, die am Ende des Kapitels vorgestellt werden.[27] Diese Gruppen der Opfer sind:

1. Machthaber, Politiker und Amtsträger
2. Oppositionelle und Dissidenten
3. Wissenschaftler
4. Militärische Gegner

5. Terroristen
6. Waffenhändler
7. Geheimdienstmitarbeiter
8. Unbeteiligte Zivilisten

Sehen wir uns jede dieser Gruppen zunächst einmal genauer an, um herauszufinden, warum sie zum Ziel von Geheimdienstmorden werden.

Machthaber, Politiker und Amtsträger

Sie sind wichtige – und besonders spektakuläre – Ziele geheimdienstlicher Mordaktionen. Das Motiv dabei ist zumeist ein Regierungswechsel oder eine grundlegende (außen-, innen- und wirtschafts-)politische Richtungsänderung eines Landes. Deshalb werden Personen aus dieser ersten Gruppe oft, wenn auch nicht ausschließlich, im Zuge von Putschs, militärischen Interventionen oder Umstürzen Opfer von gezielten Tötungen.

Oft sind es die globalen Supermächte USA und Russland, die zu diesem Mittel greifen. Legendär sind zum Beispiel die Pläne der USA, den kubanischen »Revolutionsführer« Fidel Castro zu töten. Über 600 verschiedene Arten und Pläne soll die CIA dazu geschmiedet haben (mehr dazu in Kapitel 5). Und der »Comandante« Castro war keineswegs der einzige Staatsmann, den die CIA umbringen wollte. Auch der erste Ministerpräsident des aus dem belgischen Kolonialregime entlassenen Kongo, Patrice Lumumba, sollte 1960 von der CIA vergiftet werden. Anders als Castro starb Lumumba tatsächlich, allerdings wurde er von durch die USA und Belgien unterstützten Putschisten getötet.[28]

Bis auf den heutigen Tag umstritten ist hingegen die Rolle der CIA bei der Ermordung von Rafael Trujillo, der die Dominikanische

Republik zwischen 1930 und 1961 mit brutaler Gewalt regierte. 1961 wurde er von Putschisten erschossen, deren Waffen aus Lieferungen der CIA stammen sollten. Der Untersuchungsausschuss, der 1975 im Auftrag des US-Senates die Mordaktionen der CIA untersuchte – das sogenannte Church Committee –, fand jedoch keine Beweise für eine »aktive Rolle der CIA« bei Trujillos Ermordung.[29]

Mordkomplotte gegen Staatsführer hatten während des Kalten Krieges aber auch bei der zweiten globalen Supermacht, der Sowjetunion, Tradition. In den letzten Lebensjahren des sowjetischen Diktators Josef Stalin bis 1953 war die Ermordung des jugoslawischen Kommunistenführers Josip Brosz Tito eine wichtige Aufgabe des sowjetischen Geheimdienstes. Im Moskauer Exil war Tito ein treuer Gefolgsmann Stalins, als er jedoch 1944 die Macht in Jugoslawien übernahm, wandte er sich von Stalin ab und wollte einen »eigenen Weg zum Kommunismus« finden – für Stalin nichts weniger als Hochverrat. Mehrmals warb der KGB-Vorläufer NKWD Killer an, die Tito in Belgrad umbringen sollten. Einer davon war Josif Grigulewitsch, ein Undercover-Agent des sowjetischen Geheimdienstes, der als »Teodoro Castro« Geschäftsträger der costaricanischen Botschaft in Rom war. Grigulewitsch schlug Ende 1952 vor, Tito in Belgrad mit Lungenpesterregern zu besprühen, ein Schmuckkästchen mit einer Vorrichtung, die Giftgas freisetzen könnte, zu überreichen oder ihn bei einem Empfang in London zu erschießen. Am 1. März schrieb Grigulewitsch jedoch einen enttäuschenden Bericht darüber, dass eine Durchführung des Mordes unmöglich war. Einen Tag später starb Stalin und mit ihm der Plan zur Ermordung Titos.[30]

1979 hatte der KGB mehr Erfolg mit der Beseitigung des afghanischen Präsidenten Hafisullah Amin. Amin hatte sich im September 1979 durch eine blutige Palastrevolte an die Staatsspitze gebracht und in Moskau ersthafte Besorgnis ausgelöst, er könnte das kommunistische Regime in Afghanistan beenden wollen. Nur vier

Monate später startete der KGB unter Federführung der Spezialeinheit »Alfa« mit der »Operation Agat« die Invasion Afghanistans, die in einem mehrjährigen, erfolglosen Krieg enden sollte. Die Ermordung Amins durch die KGB-Spezialeinheiten gehörte dabei von Anfang an zum Operationsplan. Über 700 »Alfa«-Kämpfer stürmten den Palast in Kabul am 27.12.1979 und töteten Amin und seine Familie.[31]

Ein jüngeres Beispiel stammt aus dem Jahr 2004: Wiktor Juschtschenko befand sich im Wahlkampf um das Amt des Staatspräsidenten der Ukraine, als er am 6. September ins Krankenhaus eingeliefert werden musste. Die Diagnose: Vergiftung mit dem Schwermetall Dioxin. Aufgrund der Reinheit und der hohen Konzentration des Giftes in Juschtschenkos Körper schlossen die Ärzte eine zufällige Vergiftung aus. Juschtschenkos Angaben zufolge aß er am 5. September mit dem Chef des ukrainischen Geheimdienstes Ihor Smeschko und dessen Stellvertreter Wolodimir Sazjuk auf Sazjuks Datscha zu Abend. Dort soll ihm das Dioxin ins Essen gemischt worden sein. Hinter dem Attentat sollen mutmaßlich russische Geheimdienste gestanden haben, die eine Präsidentschaft des prowestlichen Juschtschenkos unbedingt verhindern wollten.[32] Juschtschenko überlebte und wurde 2005 zum Präsidenten gewählt.

Dies sind nur einige Beispiele für Geheimdienstattentate auf Staatsmänner und Politiker. Bei manchen handelt es sich um Einzelattentate, mit denen missliebige politische Persönlichkeiten ausgeschaltet werden sollen. Oft spielen emotionale und persönliche Motive mit hinein, wie zum Beispiel bei den »Intimfeinden« der USA (Fidel Castro) oder der Sowjetunion (Tito). In anderen Fällen geht es um Staatsstreichpläne, bei denen das ganze politische System eines Staates zugunsten fremder Interessen verändert werden soll und bei deren Ausführung die vorherige Staatsführung getötet wird. Dabei nutzen Staaten geheime Mordanschläge auf missliebige Politiker, Machthaber und Amtsträger, um die eigenen außen-, wirtschafts- und sicherheitspolitischen Interessen zu festigen.

Was bedeutet das mit Blick auf die Frage, welche Personen zum Ziel von Mordattentaten werden? Zum einen ist zu beobachten, dass Staaten, vor allem die beiden Supermächte, in ihren traditionellen Einflusssphären zu solchen Methoden greifen. Für die USA sind das zum Beispiel Mittel- und Südamerika, für Russland vor allem der Kaukasus und Zentralasien. Dort werden immer wieder solche Politiker und Amtsträger Opfer geheimer Mordanschläge, die zentralen strategischen Interessen Russlands oder der USA gefährlich werden. Besonders in der jüngsten Vergangenheit griffen jedoch auch kleinere Staaten wie der Iran, Saudi-Arabien oder die Türkei zu solchen Mitteln. Sie streben zwar nicht wie die USA, Russland oder China eine Rolle als globale Supermacht an, doch sie befinden sich in Auseinandersetzungen um eine Vormachtstellung in ihrer Region (mehr dazu in Kapitel 9).

Oppositionelle und Dissidenten

Wir alle haben ein bestimmtes Bild im Kopf, wenn wir an Geheimdienstmorde denken: mysteriöse Vergiftungen, verdächtige Selbstmorde oder erschossene Politiker. Doch die häufigste Art von Geheimdienstmorden hat wenig mit vergifteten Kugelschreibern oder elaborierten Spionage-Operationen zu tun, sondern mit dem schmutzigen Geschäft von Geheimpolizeien. Anders als in der Spionage geht es bei dieser Arbeit darum, einen Diktator, eine Partei, eine Militärjunta oder andere autoritäre Machthaber an der Macht zu halten. Dabei spielen Geheimpolizeien eine wichtige Rolle: Sie verhaften politische Gegner, sperren sie ein, foltern und töten sie. Das dient nicht nur dazu, tatsächliche Oppositionelle auszuschalten, sondern hat auch den Zweck, Angst zu verbreiten.

Ein Beispiel dafür sind die Foltergefängnisse des syrischen Geheimdienstes. Nicht erst seit Beginn des Bürgerkrieges 2011 verhaftet der syrische Geheimdienst politische Gegner, sperrt sie in unterirdische Gefängnisse, setzt sie brutaler Folter aus und tötet Häftlinge. Offiziell geht es bei den Befragungen in den vom »Allgemeinen Geheimdienst« betriebenen Foltergefängnissen darum, Netzwerke von Rebellen, kriegerischen Gruppen und angeblichen israelischen Spionen aufzudecken. Tatsächlich jedoch sind die Geheimdienste ein Teil der Maschinerie, die das Regime von Präsident Baschar al-Assad mit brutalen Mitteln an der Macht hält.[33]

Traurige Berühmtheit erlangte auch die »Operation Condor«. Dies war der Deckname für die Kooperation der Geheimpolizeien von Argentinien, Chile, Uruguay, Paraguay, Bolivien und Brasilien nach 1975. Ihr Ziel war es, politische Gegner der konservativen und korrupten, zumeist vom Militär betriebenen Diktaturen der Länder zu unterdrücken. Oppositionelle wurden dabei nicht nur verhaftet und gefoltert, sondern auch über die Grenzen in die Nachbarländer verfolgt. Bekannt wurde zum Beispiel die Mordmethode, Gefangene in Flugzeugen und Helikoptern zu verhören und über dem offenen Meer hinauszuwerfen. Insgesamt sollen während der »Operation Condor« bis zu 400.000 Menschen inhaftiert und mindestens 50.000 getötet worden sein, weitere 30.000 gelten immer noch als vermisst. Dabei leistete die US-amerikanische CIA technische und finanzielle Unterstützung für die südamerikanischen Geheimdienste.[34]

In Deutschland waren es die nationalsozialistischen Geheimpolizeien Gestapo, SA sowie später SD und SS, die Jagd auf politische Gegner machten. Die Gestapo verrannte sich dabei zum Beispiel in die Verfolgung der »Roten Kapelle«, eines vom sowjetischen Geheimdienst unterstützten europaweiten Spionagenetzwerks. Die

Folgen waren immer neue Verhaftungswellen, Folter und Todesurteile. Selbst nach dem Ende des Krieges in den 1950er-Jahren, als einige alte Gestapo-Mitarbeiter in der bundesdeutschen Spionageabwehr unterkamen, jagten sie diesem Mythos weiter hinterher.[35] Hierin zeigt sich ein bemerkenswerter Aspekt dieser geheimpolizeilichen Arbeit: Oftmals erschaffen sich diese Geheimpolizeien ihre Feindbilder selbst, erzwingen unter Druck Bestätigungen für Organisationen und Netzwerke, die es so gar nicht gibt. Die Ermordung von Einzelpersonen ist in der Logik dieser Regime ein probates Mittel, wenn der Widerstand gegen ihre Herrschaft nicht von Organisationen ausgeht, in denen jede Einzelperson durch einen Nachrücker ersetzt werden würde (zum Beispiel bei Parteien), sondern von losen Netzwerken, bei denen sich Unterstützer um einen oder mehrere Anführer organisieren.

Zynisch fasste der sowjetische Diktator Josef Stalin diese Maxime zusammen: »Wo ein Mensch ist, gibt es ein Problem; verschwindet der Mensch, verschwindet auch das Problem.« Politische Gegner aufzuspüren, zu inhaftieren und auch mithilfe von Folter zu Geständnissen und zur Enthüllung von Informationen zu zwingen gehörte bei der Arbeit der kommunistischen Geheimdienste Europas zum Alltag. Vor allem während des Großen Terrors in der Sowjetunion kamen so Millionen zu Tode. Hauptakteur war hierbei die sowjetische Geheimpolizei KGB beziehungsweise ihre Vorläufer.[36]

Fast schon archetypisch war der »Eispickelmord« an Leo Trotzki am 20. August 1940 in Mexiko. Trotzki war kommunistischer Revolutionär der ersten Stunde, Weggefährte von Lenin und Stalin. Als sich Stalin zum alleinigen Machthaber aufschwang und die Sowjetunion mit Säuberungen und Terror überzog, floh Trotzki nach Mexiko. Doch an jenem Tag fand ihn der sowjetische Geheimdienst in Person des spanischen Kommunisten Ramón Mercader, der Trotzki mit einem Eispickel den Schädel einschlug.[37]

Später rückte die sowjetische Führung dann von dieser Praxis ab und versuchte, Dissidenten wie Alexander Solschenizyn oder Andrej Sacharow durch Haft, Einschüchterung und Ausbürgerung loszuwerden. Seit Beginn des neuen Jahrtausends häufen sich auch wieder ungeklärte Todes- oder Vergiftungsfälle, in denen russische Oppositionelle die Opfer sind. Großes Aufsehen erregte etwa die Ermordung der weltbekannten Journalistin Anna Politkowskaja, die am 7. Oktober 2006 im Treppenhaus vor ihrer Moskauer Wohnung erschossen wurde. Die Tat fand am Geburtstag des russischen Präsidenten Wladimir Putin statt. Drei Jahre später verhafteten die russischen Behörden einige Verdächtige, darunter ehemalige Offiziere des Inlandsgeheimdienstes FSB sowie tschetschenische Kriminelle, Politiker und Kriminalpolizisten. Bis auf den heutigen Tag sind die Hintergründe der Tat nicht aufgeklärt.[38]

Ähnliches gilt für den Oppositionspolitiker Boris Nemzow. Er wurde am 27. Februar 2015 auf der Großen Moskwa-Brücke, in Sichtweite zum Kreml, durch vier Schüsse in Rücken und Hinterkopf aus einer Makarow-Pistole getötet. Nur kurze Zeit später verhafteten die Behörden eine Gruppe von sechs Tätern, die dem tschetschenischen Islamistenmilieu zugerechnet wurden. Mindestens einer war ein ehemaliger Offizier einer Spezialeinheit. Nemzows Umfeld bezeichnete die These eines islamistischen Hintergrundes als absurd und schrieb die Tat der Putin-Regierung zu.[39]

Im September 2018 kam Pjotr Wersilow, ein Mitglied der bekannten russischen Punkgruppe Pussy Riot, zur Behandlung in die Berliner Klinik Charité. Er zeigte Vergiftungssymptome und war auf eigenen Wunsch aus Moskau nach Berlin überstellt worden. Dort konstatierten die Ärzte eine Vergiftung, konnten das genaue Gift jedoch nicht identifizieren. Wersilow glaubt, nicht nur wegen der kritischen Auftritte von Pussy Riot, sondern auch wegen seiner Recherchen über russische Privatarmeen in Afrika vom russischen Geheimdienst vergiftet worden zu sein.[40] 2020 stellte er zudem eine

Verbindung zu einem anderen Fall her: Seine Symptome seien laut eigener Aussage ähnlich wie die des berühmten Kreml-Kritikers und Oppositionellen Alexej Nawalny. Dieser brach am 20. August 2020 auf einem Inlandsflug in der Flugzeugtoilette zusammen und wurde zunächst in einem russischen Krankenhaus behandelt. Auf Druck von Nawalnys Familie durfte er wenige Tage später zur Behandlung in die Berliner Charité ausreisen. In Deutschland wiesen Ärzte und Labore eine Nowitschokvergiftung nach. Im Dezember 2020 gelang es Nawalny, einen an der Vergiftung beteiligten Geheimdienstoffizier am Telefon in ein Gespräch zu verwickeln, wobei er ihm die Information entlockte, dass der russische Geheimdienst FSB seine Unterhose mit Nowitschok präpariert hatte.[41]

Diese Art von Einzelattentaten, die oftmals als geheimdienstliche Operationen im Ausland durchgeführt werden, sind also die zweite Art von Geheimdienstmorden an Oppositionellen und Dissidenten. Einer der berühmtesten Fälle der Weltgeschichte ist dafür das beste Beispiel: der »Regenschirmmord« an dem bulgarischen Dissidenten und Schriftsteller Georgi Markow 1978 in London. Markow war Anfang der 60er der Lieblingspoet des bulgarischen Diktators Todor Zhiwkow. 1969 brach er allerdings mit dem kommunistischen Regime in seiner Heimat und floh über Italien nach London. Fortan arbeitete er als Journalist in der bulgarischen Redaktion von BBC, Radio Free Europe und Deutscher Welle. In seinen Berichten griff er Staats- und Parteichef Todor Zhiwkow persönlich an, was diesen in Rage brachte. Spätestens ab 1973 stand Markow auf der Todesliste des bulgarischen Geheimdienstes, der für die Ermordung um Hilfe beim KGB in Moskau ersuchte. Am 7. September 1978 dann schaffte es der bulgarische Geheimdienst DS, Markow eine mit dem Nervengift Rizin gefüllte Kugel aus einer Regenschirmattrappe ins Bein zu schießen. Als mutmaßlicher Täter gilt der Italiener Francesco Gullino, Agent »Piccadilly« der DS. Der 7. September war der Geburtstag von

Staats- und Parteichef Zhiwkow. Markow verstarb nur wenige Tage später.[42]

Auch die Islamische Republik Iran ist immer wieder in die Ermordung von Oppositionellen und Dissidenten im Ausland verwickelt. So zum Beispiel am 17. Dezember 1992 in Berlin. Die vier iranisch-kurdischen Exilpolitiker Sadegh Scharafkandi, Fattah Abdoli, Homayoun Ardalan und Nouri Dehkordi trafen sich im Hinterzimmer des griechischen Restaurants Mykonos in der Prager Straße in Berlin-Wilmersdorf. Gegen 23 Uhr stürmten die beiden Iraner Kazem Darabi und Abdolraham Banihashemi sowie der Libanese Abbas Hossein Rhayel in das Lokal. Sie feuerten 29 Schüsse ab, und die vier Exil-Iraner starben noch am Tatort. Darabi, der Drahtzieher des Attentats, soll den Mordauftrag direkt von den Geheimdiensten des islamistischen Regimes in Teheran erhalten haben.[43]

Wissenschaftler

Auch Wissenschaftler können Opfer geheimdienstlicher Mordanschläge werden. Allerdings handelt es sich dabei nicht um irgendwelche Wissenschaftler, sondern um solche, die an militärischen Geheimprojekten wie Raketen oder Nuklearwaffen forschen. Oder deren Forschung auf keinen Fall in die Hände bestimmter Staaten gelangen soll.

Ein Beispiel dafür ist der geniale Physiker Werner Heisenberg. 1944 entsandte der US-Geheimdienst Office of Strategic Services (OSS) den Agenten Moe Berg nach Zürich, wo Heisenberg Vorlesungen hielt. Berg hatte den Auftrag herauszufinden, ob Heisenbergs Forschungen den Bau einer deutschen Atombombe für das Nazi-Regime möglich machen könnten. Wenn Heisenbergs Vorlesung irgendeinen Hinweis darauf gegeben hätte, hätte Berg ihn noch im Auditorium erschießen sollen.[44]

Deutsche Physiker und Wissenschaftler waren nach dem Ende des Zweiten Weltkrieges äußerst begehrt. Sie hatten in der NS-Zeit jahrelang an wichtigen militärischen Entwicklungen geforscht und waren nach 1945 herren- beziehungsweise staatenlos. Sowohl die USA als auch die Sowjetunion machten sich dies im Rennen um die Atom- und Wasserstoffbombe sowie die Raumfahrt zunutze. Nach dem Krieg konnten sie durch Angebote, gezieltes Abwerben oder Entführungen »gewonnen« werden (Operation Paperclip), Tötungen spielten dabei fast keine Rolle.[45]

Aber eben nur fast: Anders war es bei dem Team ehemaliger deutscher NS-Raketenwissenschaftler um Eugen Sänger, Wolfgang Pilz, Paul Goerke und Heinz Krug. Sie boten sich 1959 dem ägyptischen Militär an, um Boden-Boden-Raketen zu bauen, die Israel erreichen konnten. Über 30 deutsche Wissenschaftler rekrutierte das Team, fast alle hatten wie Sänger, Pilz, Goehrke und Krug unter den Nazis an der Entwicklung der V1- und V2-Raketen mitgearbeitet. Als der israelische Geheimdienst Mossad von den Plänen erfuhr, schrillten alle Alarmglocken. Doch die Agenten konnten Wolfgang Pilz, den wissenschaftlichen Kopf des Programms, nicht ausfindig machen. Sie nahmen dann Heinz Krug, der in München eine Tarnfirma für den Im- und Export benötigter Materialien gegründet hatte, ins Visier. Am 11. September 1962 entführte ein Team von vier Mossad-Agenten – darunter Mossad-Chef Isser Harel persönlich – Krug aus München und brachte ihn über Marseille nach Israel. Dort wurde er wochenlang mit »harten Methoden« verhört, schließlich erschossen und seine Leiche aus einem Flugzeug über dem Mittelmeer geworfen.[46]

In den 1980er-Jahren hielt eine Reihe mysteriöser Todesfälle das Königreich Großbritannien in Atem. Am Dienstag, dem 23. August 1988, wurde der 60-jährige Peter Ferry tot in einer Wohnung in Frimley gefunden. Er starb durch einen Elektroschock, ausgelöst durch Stromkabel, die in seinen Mund gesteckt waren. Ferry arbeitete für die britische Rüstungsfirma Macroni. Am selben Tag starb auch Alistair Beckham, ebenfalls britischer Wissenschaftler und Angestellter einer Rüstungsfirma, durch einen Elektroschock: Er wurde in seinem Garten gefunden, mit Stromkabeln an seiner Brust und einem Taschentuch im Mund. In beiden Fällen lautete das rechtsmedizinische Gutachten »offen«, das heißt, es gab keine Entscheidung für Selbstmord, Unfall oder Tötung.[47] Ferry und Beckham waren nur zwei von mindestens 30 britischen Wissenschaftlern, die zwischen 1982 und 1988 unter mysteriösen Umständen starben. In allen Fällen lautete die offizielle Todesursache Unfall oder Selbstmord oder wurde offen gelassen. Alle Wissenschaftler waren in britischen Rüstungsprojekten aktiv gewesen, unter anderem in britischen Projekten zum sogenannten Star-Wars-Projekt – auch bekannt als Strategic Defence Initiative (SDI) – der US-Regierung.

Am 22. März 1990 erschoss ein Agententrio des israelischen Geheimdienstes Mossad den kanadischen Raketenwissenschaftler Gerald Bull vor seiner Brüsseler Wohnung. Bull hatte zuvor bereits für das amerikanische Militär, die NASA und Israel gearbeitet, Ende der 1980er-Jahre jedoch entwickelte er für den irakischen Diktator Saddam Hussein eine »Superkanone«, die bis Israel feuern sollte. Obwohl es anonyme Warnungen gab, ließ sich Bull nicht von dieser Arbeit abbringen.[48]

Und auch das nächste Beispiel stammt aus den Operationen des Mossad: In den 2000er-Jahren wuchs die israelische Sorge vor einem iranischen Atomwaffenprogramm. Dem Koordinator von Israels Geheimdienstaktionen gegen das iranische Atomprogramm, Tamir Pardo, wird die Entwicklung des folgenden Plans zugeschrieben: Gezielte Tötungen der führenden Wissenschaftler sollten den Fortschritt bremsen und die Kosten in die Höhe treiben. 2009 standen 15 wichtige iranische Wissenschaftler auf dieser Todesliste – und am 12. Januar 2010 starb einer von ihnen, Massud

Ali-Mohammadi, als er kurz nach acht Uhr morgens im Norden Teherans in sein Auto stieg. Der Mossad hatte ein mit Sprengstoff ausgestattetes Motorrad neben seinen Wagen gestellt und zündete die Bombe genau in diesem Moment.

Ein weiteres Todesopfer der israelischen Operationen zur Tötung iranischer Atomforscher war Mostafa Ahmadi Roshan. Er starb am 12. Januar 2012 durch die Explosion einer Haftmine, die ein Motorradfahrer an seinem Auto angebracht hatte. Roshan war ein wichtiger Chemieingenieur in der iranischen Uran-Anreicherungsanlage in Natanz.[49] Am 27. November 2020 wurde dann einer der Chefwissenschaftler des iranischen Atomprogramms, Mohsen Fachrisadeh, in seinem Fahrzeug auf einer Landstraße erschossen.[50] Zuvor hatte bereits im Juli 2020 ein Feuer die Uran-Anreicherungsanlage in Natanz lahmgelegt, bevor es im April 2021 zu einem Stromausfall kam. Beide Male machte die iranische Regierung israelische Cyber-Angriffe verantwortlich.

Wissenschaftler rücken also vor allem dann in den Fokus geheimdienstlicher Mordaktionen, wenn sie an hochsensiblen Rüstungs-, Waffen- und Atomprojekten mitarbeiten, die massive Auswirkungen auf das Mächtegleichgewicht bestimmter Regionen haben können oder signifikante Sicherheitsbedrohungen darstellen.

Militärische Gegner

In militärischen Konflikten unterstützen insbesondere militärische Geheimdienste reguläre Armeen: durch Informationen, durch Bilder und durch gezielte Tötungen. Bereits seit der Antike und im Mittelalter waren Spezialeinheiten, die gezielte Tötungsoperationen im Kriegsgebiet oder hinter feindlichen Linien ausführten, ständiger Bestandteil der Kriegsführung. Der Grund dafür ist einfach: Während Feldzüge und offene Schlachten genauso wie moderne Bombardements darauf aus waren, Gebiete einzunehmen und zu kontrollieren, richteten sich gezielte Tötungen gegen Einzelpersonen und von ihnen abhängige Netzwerke. In traditionellen Gesellschaften, in denen Zusammengehörigkeit und Loyalität auf direkten persönlichen Verbindungen in kleinen Gruppen wie Clans, Stämmen oder Banden beruhten, waren gezielte Tötungen ein wirksames Mittel der Kriegsführung. Banden oder Stämme waren abhängiger von einzelnen Führungspersönlichkeiten als organisierte Armeen. Schaltete man also deren Anführer aus, so das Kalkül hinter dieser Art militärisch-geheimdienstlicher Tötungen, legte man eine ganze Gruppe zumindest zeitweilig lahm.[51]

Ein modernes Beispiel dafür sind die gezielten Tötungen von Anführern der palästinensischen Hamas oder der libanesischen Hisbollah durch die israelischen Geheimdienste und die Armee. Viele Einzelfälle dieses »Programms« werden im Laufe dieses Buchs ausführlich analysiert. Bei allen, so bestätigten mehrere Chefs der israelischen Geheimdienste Mossad, Schin Bet und Aman, galt dasselbe Prinzip wie für Spezialoperationen im Mittelalter: Es ging um gezielte Enthauptungsschläge, nicht unbedingt gegen politische Anführer, sondern vor allem gegen jene Personen, die die operativen Geschäfte leiteten, die also auf die Praxis einer Organisation den größten Einfluss hatten.[52]

Das Drohnenprogramm, das U.S. Air Force und CIA seit 2003 im »Krieg gegen den Terror« betreiben, hat einen ganz ähnlichen Hintergrund: Mittels Geheimdienstinformationen werden Anführer und wichtige Persönlichkeiten von Taliban, al-Qaida oder »Islamischem Staat« lokalisiert und durch unbemannte Luftfahrzeuge, besser bekannt als Drohnen, getötet. Dies vor allem in Regionen wie dem zerklüfteten, von Stämmen kontrollierten Bergland zwischen Pakistan und Afghanistan, in denen reguläre militärische Truppen nur schwer operieren können.[53]

Der geheimdienstliche Drohnenkrieg ist die technische Weiterentwicklung lange bestehender Traditionen von Spezialoperationen in Kriegsgebieten, wie ein Beispiel aus dem Vietnamkrieg verdeutlicht. Als sich U.S. Army und CIA im Guerillakrieg im vietnamesischen Dschungel verrannten, antwortete die CIA mit dem »Phoenix-Programm«: Zwischen 1965 und 1972 wollte die CIA zusammen mit der U.S. Army und der südvietnamesischen Armee die politische Infrastruktur des kommunistischen Nordvietnam zerstören. Die Mittel dazu waren Verhaftungen, Verhöre und Tötungen. Rund eine halbe Million Vietcong sollen in dieser Zeit »ausgeschaltet« und zwischen 25.000 und 50.000 getötet worden sein. Die Frage, inwieweit gezielte Tötungen das eigentliche Ziel von »Phoenix« waren und wer sie durchführte – CIA oder vietnamesische Truppen –, ist bis heute umstritten. Der damalige CIA-Chef William Colby bestritt zeitlebens, dass »Phoenix« ein Tötungsprogramm der CIA war.[54]

Ein anderes Beispiel wurde 2020 publik: Nach Informationen der US-Geheimdienste soll der russische Militärgeheimdienst GRU afghanischen Milizen Kopfgelder für getötete NATO-Soldaten geboten haben. Verantwortlich dafür machten CIA und Co die berühmt-berüchtigte GRU-Einheit 29155, der zahlreiche Tötungen im Ausland zugeschrieben werden (mehr dazu in Kapitel 3). Als Motiv war Vergeltung für in Syrien gefallene russische Soldaten im Gespräch. Ende 2020 sickerte dann eine ähnliche Information in der US-Presse durch: Dieses Mal sollten angebliche Geheimdienstinformationen belegen, dass China dem Haqqani-Netzwerk in Afghanistan Kopfgeld für getötete US-Soldaten geboten habe. In beiden Fällen blieben allerdings der Ursprung der Informationen wie auch deren Zuverlässigkeit unklar.[55]

Terroristen

Für die Sowjetunion war der Ukrainer Ewgen Konowaletz ein Terrorist und musste deshalb sterben. Seit den Tagen des Ersten Weltkrieges, in dem Konowaletz als Offizier Österreich-Ungarns gekämpft hatte, engagierte er sich im bewaffneten Kampf für eine von Moskau unabhängige Ukraine. Konowaletz und seine Ukrainische Militärorganisation wollten die Unabhängigkeit mit Sabotage- und Terroranschlägen in Polen, Litauen und der Ukraine erreichen. Nach 1933 kooperierten sie dazu mit Nazi-Deutschland. Der sowjetische Diktator Stalin stufte Konowaletz deshalb als Terroristen ein und schickte einen Geheimagenten, Pawel Sudoplatow, um ihn zu töten. Am 23. Mai 1938 schickte Sudoplatow Konowaletz eine Pralinenschachtel, als dieser gerade im Restaurant des Hotels Atlanta in der niederländischen Hafenstadt Rotterdam saß. In der Box war ein Sprengsatz, der detonierte und Konowaletz auf der Stelle tötete.[56]

Am 25. September 1997 um zehn Uhr morgens lauerten Agenten des israelischen Mossad Chalid Maschal, einem politischen Führer der palästinensischen Hamas, vor seinem Büro in Jordanien auf. Ein Agent lenkte Maschal ab, während ein anderer ihm ein modifiziertes Fentanyl-Gift ins Ohr sprühte. Die Attentäter wurden jedoch von den Begleitern Maschals gestellt und jordanischen Sicherheitskräften übergeben. Jordaniens König Hussein verlangte von der israelischen Regierung sofort die Herausgabe eines Gegengiftes. Maschal überlebte den Anschlag knapp, und die verhafteten Mossad-Agenten wurden später ausgetauscht.[57]

Akhtar Mohammed Mansur, auch als Mullah Mansur bekannt, starb am 21. Mai 2016 in der pakistanischen Provinz Belutschistan durch zwei »Hellfire«-Raketen, die in den von seinem Fahrer gesteuerten Toyota Corolla auf dem Highway bei Ahmad Wal einschlugen. Amerikanische Geheimdienste hatten zuvor Mansurs

Kommunikation abgefangen und verfolgten so seine Bewegungen, als er unter falschem Namen aus dem Iran nach Pakistan einreiste. Mansur war 2015 zum Anführer der afghanischen Taliban gewählt worden. Die tödlichen Raketen wurden von einer ferngesteuerten »Reaper«-Drohne abgeschossen, den Befehl dazu gab der damalige US-Präsident Barack Obama.[58]

Diese Liste getöteter Terroristen ließe sich endlos fortsetzen. Seit dem Aufkommen des modernen Terrorismus ab den 1970er-Jahren setzen verschiedene Staaten und ihre Geheimdienste gezielte Tötungsoperationen zur Terrorabwehr ein. Seit dem »Krieg gegen den Terror« nach den Anschlägen von 2001 hat die Zahl der Tötungsoperationen gegen Terroristen rapide zugenommen, ob durch Drohnenangriffe in militärischen Konfliktzonen wie Afghanistan, Jemen oder Mali oder durch Erschießungen und Sprengstoffanschläge. Terroristen – oder wer von bestimmten Staaten dazu erklärt wird – sind heutzutage die zahlenmäßig größte Gruppe der Opfer von Geheimdienstmorden.

Waffenhändler

Am 3. März 1959, kurz nach neun Uhr morgens, explodierte in der Frankfurter Guiollettstraße eine Haftmine unter dem Mercedes von Georg Puchert. Puchert war während des Zweiten Weltkrieges in der deutschen Kriegsmarine und begann Ende der 1940er-Jahre eine Karriere als Schmuggler in Nordafrika. In der marokkanischen Hafenstadt Tanger betrieb er die Firma Astramar und schmuggelte während des Algerienkrieges Waffen, Sprengstoff und Kriegsgerät für marokkanische und algerische Kämpfer gegen Frankreich. Die Haftmine tötete ihn sofort, und nur wenige Wochen später machte die Staatsanwaltschaft die Terrororganisation Rote Hand für das Attentat verantwortlich. Die Rote Hand (französisch *La Main Rouge*) soll vom französischen Auslandsgeheimdienst Service de Documentation Extérieure et de Contre-Espionnage (SDECE) gegründet oder zumindest instrumentalisiert worden sein, um während des Algerienkrieges von 1954 bis 1962 Unterstützer der algerischen Freiheitsbewegung in Frankreich und Deutschland zu töten.[59]

Zweimal wurde der bulgarische Waffenhändler Emilian Gebrew im Frühling 2015 mit schweren Vergiftungssymptomen ins Krankenhaus eingeliefert. Gebrew war schon während des Kommunismus im Waffenhandel tätig gewesen, nach 1990 stieg seine Firma Emko zu einem der größten Waffenexporteure in Osteuropa auf. Waffenexporte an Russlands militärische Gegner in Georgien, der Ukraine sowie mehrere afrikanische Staaten führten mutmaßlich dazu, dass der russische Militärgeheimdienst GRU Gebrew ins Visier nahm. Im Zuge dessen kam es auch zu Sprengstoffanschlägen auf Lagerhallen in Tschechien und Bulgarien, in denen Emko seine Exportwaren lagerte.[60] Gebrew wurde vermutlich mit Nowitschok vergiftet. Zu beiden Zeitpunkten reisten GRU-Teams mit insgesamt acht Mann nach Bulgarien. Einer der Agenten, Denis Sergejew alias »Sergej Fedotow«, wurde dabei von einer Überwachungskamera gefilmt, als er Gebrews Mercedes in einer Tiefgarage umkreiste. Am Ende überlebte Gebrew beide Vergiftungen knapp.[61]

Die Beispiele Georg Pucherts und Emilian Gebrews verdeutlichen, wie und warum internationale Kriminelle, insbesondere Waffenhändler, ins Visier geheimdienstlicher Tötungsoperationen geraten: Beliefern sie eine Seite in einem bewaffneten Konflikt oder stehen ihre Tätigkeiten geopolitischen Interessen von Staaten entgegen, erhoffen sich Geheimdienste, dies mithilfe gezielter Mordanschläge entweder durch den Tod von Schlüsselpersonen oder durch Angst und psychischen Druck zu stoppen.

Geheimdienstmitarbeiter

1987: Mit *Der Hauch des Todes* erscheint der neueste James-Bond-Film. Schwerpunkt der Handlung: ein streng geheimes Programm des sowjetischen Geheimdienstes zur Tötung westlicher Agenten – *smert' schpionam*, Tod den Spionen! Spion tötet Spion, Agent tötet Agenten – der Glaube, Geheimdienstmitarbeiter würden sich ständig gegenseitig umbringen, ist weitverbreitet. Doch diese Vorstellung beruht hauptsächlich auf Übertreibungen und populären Vorstellungen. Tatsächlich werden Geheimdienstmitarbeiter nur äußerst selten und unter sehr speziellen Umständen zu Opfern von Geheimdienstmorden.

»Tod den Spionen« war allerdings keine Erfindung von Bond-Vater Ian Fleming oder seiner Produktionsfirma. Tatsächlich existierte eine solche sowjetische Operation – allerdings nicht in den 1980er-Jahren, sondern zu Hochzeiten des Zweiten Weltkrieges. Offiziell gegründet wurde SMERSCH, wie die von Stalin bevorzugte Abkürzung für *smert' schpionam* lautete, im April 1943. SMERSCH wurde als eigenständige Organisation der Roten Armee unterstellt, bestand jedoch zu großen Teilen aus Geheimdienstlern des KGB-Vorläufers NKWD. Die Aufgabe des SMERSCH-Dienstes war es, deutsche Spione, Partisanen, Widerstandsgruppen gegen den Kommunismus, Deserteure und Kollaborateure aufzuspüren. Nach Kriegsrecht stand darauf die Todesstrafe, die die SMERSCH-Gruppen auch oft umsetzten. Allerdings waren die wenigsten Opfer tatsächlich feindliche Agenten, oftmals reichte schon ein kritisches Wort gegen Stalins Diktatur, um in die Hände von SMERSCH zu fallen.[62] Nach dem Ende des Zweiten Weltkrieges 1946 wurde SMERSCH aufgelöst.

In Kriegszeiten leben Spione, Agenten und Geheimdienstmitarbeiter gefährlich. Nach Kriegsrecht werden feindliche Spione erschossen (es sei denn, Kommandeure und Offiziere planen bereits einen Agentenaustausch), und rabiate Methoden der Spionage-, Partisanen- und Sabotageabwehr führen auch dazu, dass Agenten einander umbringen. In Friedenszeiten jedoch sieht das anders aus: »Geheimdienstler töten keine anderen Geheimdienstler, das ist ein ungeschriebenes Gesetz des Metiers!« – Unabhängig voneinander bestätigten sowohl deutsche als auch amerikanische Geheimdienstmitarbeiter die Existenz dieses Gentlemen's Agreement.[63] Wenn Geheimdienstmitarbeiter verschiedener Länder sich gegenseitig bekämpfen würden, böte das für die Beteiligten nämlich vor allem eines: wenig Nutzen. Beamte und Offiziere eines fremden Staates zu töten könnte zu einer ungewollten Eskalation, einem Wettrüsten und verdeckten Krieg der Geheimdienste führen. Und: Der direkte Nutzen der Tötung einzelner Geheimdienstmitarbeiter wäre im Vergleich zu Risiko und Aufwand gering.[64] Ein langjähriger CIA-Mitarbeiter gab zu bedenken: »Geheimdienste wollen, dass das Spiel der Spione weitergeht, nicht sich gegenseitig verletzen. Gewalt ist kontraproduktiv!«[65] Um Eskalation und Gewalt zu verhindern, richteten CIA und KGB beispielsweise in den 1980er-Jahren einen geheimen Kanal ein, inklusive Rotem Telefon. Über diesen – nach einem russischen Dichter benannten – »Gawrilow-Kanal« verabredeten sich Geheimagenten beider Länder zu geheimen Treffen an neutralen Orten wie Helsinki oder Wien, um über Streitfragen zu verhandeln.[66] Ähnliche Treffen hielten auch deutsche Nachrichtendienste mit ihren Gegnern aus dem Osten ab, vor allem in der Spionagestadt Wien. Körperliche Gewalt gegen den geheimdienstlichen Gegner war dabei ein No-Go.[67]

»Tod den Spionen« ist also weitgehend ein Mythos in der populären Vorstellung von Geheimdiensten und Geheimdienstmorden. Einen ständig tobenden, wilden Krieg von Geheimagenten, die sich gegenseitig nach dem Leben trachten, gibt es nicht. Wie belastbar dieses Gentlemen's Agreement der Gewaltlosigkeit allerdings in haarigen Situationen ist, bleibt unklar. »Das klingt mir etwas nach Kalter-Kriegs-Romantik! Ich würde meine Hand jedenfalls nicht dafür ins Feuer legen, schon gar nicht in Krisenregionen«, warnt ein deutscher Geheimdienstmitarbeiter.[68] 1964 zum Beispiel verübte der sowjetische KGB einen Chemiewaffenanschlag auf Horst Schwirkmann, einen Techniker des BND. Schwirkmann sollte die deutsche Botschaft in Moskau auf Abhörtechnik durchsuchen und wurde beim Besuch eines Klosters von einem Unbekannten mit Senfgas angegriffen. Er überlebte knapp.[69] Acht Jahre zuvor, am 9. Dezember 1956, hatte der ungarische Geheimdienst den BND-Agentenführer Sandor Visney bei einem Quellentreff an der österreichisch-ungarischen Grenze entführt. Dort wollte er eigentlich, Monate nach dem niedergeschlagenen Aufstand gegen die Sowjetherrschaft, einen Informanten treffen.[70]

Es ist also so eine Sache mit ungeschriebenen Gesetzen in einem undurchsichtigen Milieu: Es gibt Ausnahmen und Überraschungen! Die betreffen vor allem zwei wichtige Gruppen, die es noch näher zu betrachten gilt.

Überläufer

Eine Gruppe, für die das ungeschriebene Gesetz, keine anderen Geheimdienstmitarbeiter zu töten, nicht gilt, sind Überläufer. Geheimdienstdeserteure werden intern zumeist schlicht »Verräter« genannt. Wenn Mitarbeiter eines Geheimdienstes die Seiten wechseln, machen sie sich zur Zielscheibe. Je größer der Schaden ist, den sie ihrem ursprünglichen Dienst zufügen, desto größer ist die Wahrscheinlichkeit, dass sie auf einer Todesliste landen.

Die russischen und vor ihnen die sowjetischen Geheimdienste sind auf diesem Gebiet besonders aktiv, und die Liste russischer Geheimdienstüberläufer, die ermordet wurden, einen Mordanschlag überlebten oder deren Ermordung geplant war, ist lang. Bereits in den frühen Tagen des Kalten Krieges erhielten diese Aktionen eine große mediale Aufmerksamkeit und wurden zum Gegenstand politischer Auseinandersetzungen.

Schon 1925 ließ der damalige sowjetische Geheimdienst einen Überläufer ermorden – mitten in Deutschland. Das Opfer: Wladimir Nesterowitsch, vormals Leiter der Residentur des sowjetischen Militärgeheimdienstes in der sowjetischen Botschaft in Wien. Er lief 1924 in Deutschland zu den Franzosen über. Diese hatten ihn nach Mainz geschickt, wo er auf Nachricht aus Paris warten sollte. Am 6. August 1925 ging Nesterowitsch spazieren und trank in einem Café mit zwei freundlichen Deutschen ein Bier. Einer der beiden soll Gustav Golke gewesen sein, ein Mitarbeiter der Kommunistischen Internationalen. Es war Nesterowitschs letztes Bier, denn er wurde von Golke und seinem Begleiter vergiftet und kurze Zeit später tot aufgefunden.[71]

Ein anderes Beispiel aus der Zwischenkriegszeit ist der sowjetische Agent Ignaz Reiss. Er spionierte und sabotierte als Mitglied des kommunistischen Untergrundes in Österreich, Deutschland und Frankreich. Am 17. Juli 1937 schickte er einen Brief nach Moskau und brach mit der Sowjetunion unter Stalin – für den großen sowjetischen Diktator, der gerade millionenfach angebliche Spione, Saboteure, Konterrevolutionäre und Verschwörer verhaften und umbringen ließ, nichts weniger als Hochverrat. Reiss floh mit seiner Frau in die Schweiz. Dort kontaktierte ihn kurze Zeit später die deutsche Agentin Gertrude Schildbach und bat ihn um ein Treffen. Was Reiss nicht wusste: Schildbach hatte das Treffen im Auftrag von Roland Abbiate, gleichfalls ein sowjetischer Agent, eingefädelt. Bei dem Treffen lockte sie Reiss in eine Falle, und Abbiate erschoss ihn mit einer Maschinenpistole auf einer Landstraße außerhalb von Lausanne.[72]

Ein ähnliches Schicksal plante der KGB für Juri Nossenko, der fast zehn Jahre für den KGB arbeitete, bevor er 1964 in Genf zur CIA überlief. Fortan stand er ganz oben auf der Liste der für Tötungen zuständigen Abteilung 13 des sowjetischen Auslandsgeheimdienstes. Doch der KGB kam nicht an Nossenko heran. Der Grund: Der Leiter der CIA-Gegenspionage, James Jesus Angelton, hielt Nossenko für einen sowjetischen Doppelagenten, der nur als Köder übergelaufen war. Somit verbrachte Nossenko Jahre in Isolation und unter strenger Bewachung der CIA.[73]

Neben Nossenko stand ein weiterer Name ganz oben auf der Todesliste der Abteilung 13: Oleg Ljalin. Ljalin arbeitete für die KGB-Spionage in London und lief dort 1971 zum MI5 über. Er sollte vom KGB auch dann noch getötet werden, als dessen Leitung eigentlich keine Morde im Westen mehr genehmigen wollte. Doch auch Ljalin erwischte der KGB nicht.[74]

Stattdessen tötete der sowjetische Geheimdienst einen Überläufer, den er eigentlich gar nicht töten wollte. 1975 starb Nicholas George Shadrin, geboren als Nikolai Fjodorowitsch Artamonow, in einem Auto auf der Fahrt von Österreich nach Prag. Shadrin war in den 1950er-Jahren Kapitän eines Zerstörers der sowjetischen Marine gewesen und in Schweden zu den USA übergelaufen. 1975 hatte ein Drei-Mann-Team des KGB Shadrin in Wien betäubt und wollte ihn in die Sowjetunion entführen. Nach Darstellungen eines hochrangigen KGB-Offiziers hatten die drei Agenten das Betäubungsmittel überdosiert, und Shadrin verstarb noch auf der Fahrt an einem Herzstillstand.[75] Einige CIA-Mitarbeiter hatten jedoch ihre Zweifel an der Zufälligkeit seines Todes.[76]

In den 1980er- und 1990er-Jahren war es dann still um gezielte Tötungsaktionen russischer Geheimdienste gegen Überläufer. Obgleich auch für diese Zeit eine Dunkelziffer nicht erkannter Fälle anzunehmen ist, strahlte erst 2006 wieder der Scheinwerfer des öffentlichen Interesses auf sie: Der ehemalige KGB- und FSB-Mitarbeiter Alexander Litwinenko wurde in London mit der radioaktiven Substanz Polonium vergiftet. Zwei ehemalige Geheimdienstkollegen, mit denen sich Litwinenko in einem Londoner Hotel getroffen hatte, hatten ihm das tödliche Polonium in seinen Tee gemischt.[77]

Im März 2018 kam es dann zu einem neuen Höhepunkt: der Vergiftung von Sergej Skripal und seiner Tochter Julia mit Nowitschok. Skripal war Offizier des russischen Militärgeheimdienstes GRU, wurde in den 1990er-Jahren jedoch vom britischen Geheimdienst MI6 angeworben. In den folgenden Jahren verriet er den Briten hochbrisante Informationen des russischen Dienstes.[78] Mit dem Giftanschlag auf Skripal brach die GRU ein ungeschriebenes Gesetz des Geheimdienstmetiers: Einerseits war Skripal kein Überläufer, sondern eigentlich ein Maulwurf. Andererseits wurde Skripal entdeckt, verurteilt und nach Jahren der Haft schließlich bei einem Agentenaustausch freigelassen. Dass ein bereits ausgetauschter Agent dennoch Opfer eines Mordversuchs wird, ist bis heute einmalig! Einmal ausgetauscht, gelten selbst »Verräter« in den meisten Geheimdiensten eigentlich als uninteressant. Doch ungeschriebene Gesetze, so zeigt der Fall Skripal, sind in der Geheimdienstwelt mitunter nur wenig wert.

Nahezu alle »Bruderdienste« des KGB in den anderen Ländern des Ostblocks versuchten sich während des Kalten Krieges an einer ähnlichen Jagd auf Überläufer. Die Anzahl der Fälle war jedoch deutlich geringer. Der bulgarische Geheimdienst zum Beispiel versuchte 1978 – nur einen Monat vor dem spektakulären Regenschirmattentat auf Georgi Markow in London –, den Überläufer Wladimir Kostow in Paris zu töten. Kostow arbeitete jahrelang für den Militärgeheimdienst und die Auslandsaufklärung und lief von seinem Posten in der Pariser Botschaft zu den Franzosen über. Im August 1978 stand Kostow in einer vollen Pariser Metro und hörte ein leises Zischen. Hinter ihm stand ein Mann mit einem Regenschirm. Und kurze Zeit später fanden Ärzte eine winzige Metallkugel unter Kostows Haut, die mit dem Gift Rizin gefüllt war. Doch die Kugel hatte sich nicht geöffnet, und Kostow überlebte.[79]

Wenig Aufmerksamkeit erregen in Europa die Fälle iranischer Überläufer.

Ein jüngerer Fall ist der von Masoud Molavi Vardanjani. Vardanjani war jahrelang einer der Top-Hacker der Cyber-Spionage des iranischen Verteidigungsministeriums. Dann lief er in Istanbul über und kritisierte fortan das iranische Regime und dessen Revolutionsgarden. Am 2. November 2019 wurde Vardanjani in Istanbul erschossen. Die türkischen Behörden veröffentlichten die Namen zweier iranischer Konsulatsmitarbeiter, die für den Mord verantwortlich sein sollen.[80]

Bei Überläufern gibt es eine Alternative zum Mord: Entführung. Diese Variante wurde zum Beispiel für nahezu alle KGB-Überläufer in den USA durchgespielt. Oftmals – so erscheint es zumindest den planenden Geheimdienstoffizieren – ist eine Entführung allerdings noch schwieriger umzusetzen als ein Mord(versuch). Denn wie schafft man einen entführten Überläufer unauffällig zurück in die Heimat? Gerade auf der Route von den USA nach Russland beziehungsweise in die Sowjetunion war dies ein großes Problem. In Europa hingegen wurden während des Kalten Krieges, vor allem über die Drehscheiben Berlin und Wien, viele solcher Aktionen unternommen.[81]

Entführungen von Überläufern und »Verrätern« gehören bei vielen Geheimdiensten zum Instrumentarium. So entführten US-Dienste 1992 den Überläufer Jeffrey »Jens« Carney auf offener Straße in Berlin-Friedrichshain und brachten ihn in die USA. Carney hatte sich als Soldat der U.S. Air Force in West-Berlin erst der DDR-Spionage als Quelle angeboten und war dann 1985 über Mexiko in die DDR übergelaufen. Dort lebte er mit deutschen Papieren als Jens Karney bis zu seiner Entführung. Danach wurde er in den USA schuldig gesprochen und zu 38 Jahren Haft verurteilt, 2003 jedoch vorzeitig entlassen.[82]

Im August 2017 entführte der vietnamesische Geheimdienst den ehemaligen Wirtschaftsfunktionär Trinh Xuan Thanh am helllichten Tag aus dem Berliner Tiergarten. Thanh wurde in Vietnam wegen der Veruntreuung mehrerer Hundert Millionen Dollar gesucht und hatte in Deutschland Asyl beantragt. Für seine Entführung mieteten Geheimdienstoffiziere der vietnamesischen Botschaft in Prag einen Lieferwagen und fuhren damit zusammen mit dem stellvertretenden Leiter des Geheimdienstes, General Duong Minh Hung, der eigens aus Vietnam angereist war, nach Berlin. Dort zerrten sie Thanh in den Lieferwagen, fuhren mit ihm nach Bratislava, von wo aus er mit dem Flugzeug über Moskau nach Vietnam gebracht wurde.[83]

Überläufer leben gefährlich, und die Dunkelziffer unerkannter Mordanschläge auf sie ist sehr hoch. Vor allem autoritäre Regime versuchen, Überläufer mit dem Tod zu bestrafen. Je wichtiger beziehungsweise gefährlicher die Informationen sind, die ein Überläufer enthüllt, desto eher wird er zur Zielscheibe für Mordanschläge. Das gilt umso mehr, wenn der Überläufer, wie zum Beispiel Alexander Litwinenko, durch öffentliche Auftritte oder politisches Agitieren auf sich aufmerksam macht oder wenn er, wie etwa Sergej Skripal, für die gegnerischen Geheimdienste in Form von Schulungen aktiv ist. Durch diese Form des öffentlichen Auftretens exponieren sich die Überläufer und machen es leichter, ihrer habhaft zu werden. Neue Identitäten, Wohnortwechsel und eine unauffällige Existenz ohne jegliche Bindungen zu ihrem früheren Leben sind hingegen die Vorkehrungen, die Überläufer schützen können.

Die Bestrafung von Überläufern und »Verrätern« mit dem Tod hat besonders bei den russischen Geheimdiensten Tradition und ist in ihrer Organisationskultur tief verankert. Das hat viel zu tun mit dem Selbstverständnis und dem Ursprung der russischen Geheimdienste als Hüter der Russischen Revolution, als Schutzschild von

Partei, Ideologie und heutzutage von Nation und Staat, worauf Kapitel 10 näher eingehen wird. Die russischen Morde an Überläufern eignen sich gut als Beispiele, um die Besonderheiten zu verdeutlichen, die es im Zusammenhang mit dieser Zielgruppe gibt: Morde an Überläufern haben zum einen emotionale Motive wie Bestrafung und Rache. Andererseits haben sie eine symbolische Funktion: Durch drakonische Maßnahmen sollen Nachahmer abgeschreckt werden. Allerdings gelingen Mordanschläge auf Überläufer seltener, als es den Anschein hat. Die magere »Erfolgsbilanz« dieser Geheimdienstmorde wird in Kapitel 8 ausführlich aufgezeigt.

Verurteilte Spione

Diese Gruppe ist eine Sonderkategorie. Viele verurteilte Spione sind keine Mordopfer, denn sie durchlaufen mehr oder weniger ordentliche Gerichtsprozesse, an deren Ende ihre Hinrichtung steht. Nichtsdestoweniger müssen sie aufgrund ihrer Arbeit für einen Geheimdienst sterben. Spionage und Landesverrat sind eines der Vergehen, auf das jahrhundertelang die Todesstrafe stand. Besonders in Kriegszeiten hatten Spione und Agenten kaum Chancen, mit dem Leben davonzukommen. Das galt auch in Europa bis zum Ende des Zweiten Weltkrieges. In West-Europa wurde die Todesstrafe – auch für Spione – nach 1945 jedoch sukzessive abgeschafft. Aber eben nur in West-Europa! Sowohl die sozialistischen Staaten als auch die USA hielten weiter an der Todesstrafe für Spione fest.

1951 wurde das der Weltöffentlichkeit schlagartig bewusst. Hunderte Politiker, Intellektuelle und bekannte Persönlichkeiten, darunter Papst Pius XII. und Albert Einstein, protestierten gegen die Verurteilung des Ehepaars Ethel und Julius Rosenberg in New York. Julius Rosenberg war Teil des sowjetischen Spionagerings in den USA, der Geheimnisse des US-Atomwaffenprogramms an die Sowjetunion weitergab. Seine Frau Ethel, deren Bruder ebenfalls Teil des Netzwerks war, war zwar lediglich Mitwisserin, wurde jedoch zusammen mit ihrem Mann zum Tode verurteilt. Alle Proteste halfen nichts, die Rosenbergs wurden am 19. Juni 1953 im New Yorker Gefängnis Sing Sing auf dem elektrischen Stuhl exekutiert.[84]

Im selben Jahr wurde die Todesstrafe auch an dem deutschen Juristen Walter Linse vollstreckt – allerdings weder in der Bundesrepublik noch in der DDR, sondern im Moskauer Militärgefängnis Butyrka. Linse war 1949 aus Chemnitz nach West-Berlin geflohen und als Mitglied des mit der CIA kooperierenden Untersuchungsausschusses Freiheitlicher Juristen aktiv. Zusammen mit seinen Mitstreitern prangerte er Menschenrechtsverletzungen in der DDR und UdSSR an. Daraufhin entführte ihn der DDR-Geheimdienst aus West-Berlin und brachte ihn nach Moskau. Dort wurde er wegen »Spionage, antisowjetischer Propaganda und Bildung einer antisowjetischen Organisation« zum Tode verurteilt und am 15. Dezember 1953 erschossen.[85]

Genauso wie Linse endete Oleg Wladimirowitsch Penkowski in einem anonymen Massengrab auf dem Moskauer Donskoi-Friedhof. Penkowski arbeitete seit 1953 als Offizier beim sowjetischen Militärgeheimdienst GRU. Ab 1960 spionierte er sowohl für den britischen SIS als auch für die CIA, wobei er Informationen über den Bau der Berliner Mauer im August 1961 wie auch über die sowjetischen Raketen auf Kuba im Herbst desselben Jahres lieferte. 1962 enttarnte die sowjetische Spionageabwehr Penkowski, der schließlich zum Tode verurteilt und erschossen wurde.[86]

Und auch das letzte Opfer der Todesstrafe in Deutschland war ein Geheimdienstler. 1981 wurde Werner Teske im Leipziger Gefängnis hingerichtet. Er war ein Offizier des DDR-Auslandsgeheimdienstes, der Hauptverwaltung A (HV A), und zuständig für

Wirtschaftsspionage in der Bundesrepublik. 1978 plante Teske seine Flucht aus Ost-Berlin in die Bundesrepublik und stahl geheime Akten und Gelder aus der Geheimdienstzentrale. 1980 kam ihm die Spionageabwehr auf die Schliche, und Teske gestand. Am 26. Juni 1981 vollstreckte Hermann Lorenz, der letzte Henker auf deutschem Boden, das Todesurteil durch einen Kopfschuss, hinterrücks und ohne Vorwarnung.[87]

Eine Parallele gibt es dabei zum eingangs geschilderten Fall Rosenberg: Julius und Ethel Rosenberg waren die letzten Personen, an denen die Todesstrafe wegen Spionage in den USA vollzogen wurde. Obgleich die Todesstrafe für Spionage dort theoretisch auch heute noch möglich ist, hat sie seitdem keine Anwendung mehr gefunden.[88] Selbst dann nicht, als sie von Hardlinern im Fall des FBI-Mitarbeiters Robert Hanssen 2002 gefordert wurde.[89] Hanssen hatte über 15 Jahre lang für die Sowjetunion und später für Russland spioniert und Informationen über zahlreiche wichtige Aktionen der US-Spionageabwehr enthüllt. Er wurde zu einer lebenslangen Haftstrafe ohne Möglichkeit auf vorzeitige Entlassung verurteilt.

Unbeteiligte Zivilisten

»Kollateralschäden« heißen sie in der Sprache des Militärs. Sie sind eigentlich gar nicht als Opfer oder Zielpersonen vorgesehen, aber dennoch fallen unbeteiligte Zivilisten immer wieder geheimdienstlichen Mordanschlägen zum Opfer. Etwa weil sie zur falschen Zeit am falschen Ort sind oder unabsichtlich in Kontakt mit tödlichen Substanzen kommen. Obgleich sie durch Zufall und unglückliche Umstände zu Opfern werden, machen unbeteiligte Zivilisten zahlenmäßig eine große Gruppe aus. Das zeigt auch: »Geheimdienstmord« oder »gezielte Tötung« mag vielleicht präzise klingen, in der

Praxis aber operieren Geheimdienste nicht immer mit einem Skalpell, sondern oft genug mit dem Holzhammer.

Ein Beispiel dafür liefern israelische Tötungsoperationen: 1973 brachte die Caesarea-Einheit des Mossad eine falsche – und damit völlig unschuldige – Person um. Am 21. Juli sprangen mehrere Mossad-Agenten neben Ahmed Bouchiki aus einem Auto vor seiner Wohnung im norwegischen Lillehammer und erschossen ihn. Fälschlicherweise hielten sie ihn für einen der Beteiligten des Attentats auf die israelische Olympia-Mannschaft in München 1972, genauer den palästinensischen Terroristen Ali Hassan Salameh.[90]

Als Reaktion wurden in den israelischen Geheimdiensten die Identifizierungsmechanismen und Vorgaben, wann Tötungen aufgrund möglicher Fehler bei der Identifikation der Zielperson abzubrechen sind, geändert und verschärft. Weniger Aufwand hingegen steckten Mossad und Co in die Vorsorge, dass generell keine Unbeteiligten zu Schaden kommen. Der Fall von Salah Schehade, einem hochrangigen Mitglied der palästinensischen Hamas und Anführer der Kassam-Brigaden, aus dem Jahr 2002 machte dies überaus deutlich: Über Monate hatten die israelischen Geheimdienste Schehade im Visier, verschoben die geplante Bombardierung seines Hauses in Gaza-Stadt jedoch immer wieder – unter anderem, weil er zum geplanten Zeitpunkt in Begleitung seiner Frau war. Nachdem in der Zwischenzeit von Schehade ausgesandte Selbstmordattentäter israelische Zivilisten in die Luft gesprengt hatten, wuchs die Ungeduld. Am 22. Juli 2002 bombardierte ein F16-Jet der israelischen Luftwaffe dann Schehades Haus in Gaza-Stadt, wobei nicht nur er selbst, sondern auch seine Frau und Tochter sowie mindestens sieben unbeteiligte Nachbarn getötet und mehrere Hundert in der Nachbarschaft verletzt wurden.[91]

Wie schnell es selbst bei minutiöser Planung und Vorbereitung zu unerwarteten Opfern bei Geheimdienstaktionen kommen kann, führte der französische Geheimdienst Direction Générale de la Sécurité Extérieure (DGSE) 1985 mit seiner »Opération Satanique« vor Augen: Ein achtköpfiges Agententeam zündete am 10. Juli um 23.38 Uhr eine Haftmine an dem Greenpeace-Schiff »Rainbow Warrior«, als es im neuseeländischen Auckland vor Anker lag. Der Operationsplan sah vor, dass die erste Explosion die Besatzung von Bord treiben sollte, bevor eine zweite Haftmine das Schiff zehn Minuten später versenken sollte. Das Motiv: Die »Rainbow Warrior« wollte zu Protesten gegen den französischen Atombombentest am Mururoa-Atoll aufbrechen. Doch der Plan schlug katastrophal fehl: Nach der ersten Explosion kehrte der portugiesische Fotograf Fernando Pereira, der die Crew begleitete, zurück an Bord, um seine Fotoausrüstung in Sicherheit zu bringen. Dann erwischte ihn die zweite Detonation, und er versank zusammen mit dem Schiff.[92]

Und auch der Giftanschlag auf den ehemaligen russischen Geheimdienstmitarbeiter Sergej Skripal 2018 war kein Meisterstück geheimdienstlicher Präzision. Skripal und seine Tochter Julia überlebten den Anschlag dank hervorragender medizinischer Betreuung. Trotzdem forderte der Anschlag Todesopfer: Rund drei Monate später starb die 45-jährige Dawn Sturgess. Sie wohnte im 15 Kilometer entfernten Amesbury und hatte nie etwas mit den Skripals oder dem russischen Geheimdienst zu tun. Stattdessen hatte ihr Lebensgefährte Charlie Rowley einen Flakon des Parfüms »Premier Jour« der Marke Nina Ricci aus einem öffentlichen Mülleimer gefischt. Doch darin hatte sich kein Parfüm befunden, sondern Nowitschok. Ohne es zu ahnen, hatte Rowley den Transportbehälter des Giftes gefunden, das Sergej Skripal hätte töten sollen. Rowley und Sturgess kamen zur Behandlung ins Krankenhaus, doch Dawn Sturgess überlebte die Nowitschokvergiftung nicht.[93]

Menschen wie Fernando Pereira oder Dawn Sturgess machen statistisch gesehen eine geringe Anzahl ziviler Opfer bei Geheimdienstaktionen aus. Wesentlich höher ist die Zahl unbeteiligter beziehungsweise ziviler Opfer dort, wo Bomben oder Raketen eingesetzt werden. Das gilt insbesondere auch für moderne Drohnentötungen. Als nach dem Rückzug der USA aus Afghanistan im Sommer 2021 ein Selbstmordanschlag 13 US-Soldaten und 169 Afghanen tötete, flogen die US-Streitkräfte Ende August einen folgenschweren Drohnenangriff in der Hauptstadt Kabul. Über acht Stunden wurde ein verdächtiges Fahrzeug überwacht und anschließend von einer Drohne aus mit Raketen beschossen. Kurze Zeit später musste die US-Regierung einräumen, einen Fehler begangen zu haben. In dem Fahrzeug saßen offenbar keine Selbstmordattentäter. Mindestens zehn Zivilisten, darunter sieben Kinder, starben.[94]

Die Gesamtzahl ziviler Opfer des US-Drohnenprogramms in Afghanistan, Pakistan und dem Nahen Osten ist hoch umstritten. Vor allem die CIA legte dazu – anders als das US-Militär – keine Zahlen vor. Diese Geheimhaltung mag einer der Gründe sein, warum die Agency zeitgleich mit der U.S. Air Force ein eigenes Drohnenprogramm unterhält. Während der Präsidentschaft Barack Obamas zwischen 2009 und 2017 sollen insgesamt 542 Drohneneinsätze mit 3797 Todesopfern durchgeführt worden sein. Bei 324 Opfern soll es sich um Zivilisten gehandelt haben.[95] Menschenrechtsorganisationen gehen allerdings von bis zu 22.000 getöteten Unbeteiligten aus.[96]

Diese Gruppe der zivilen, unbeteiligten Opfer verdeutlicht ein zentrales Dilemma geheimdienstlicher Tötungen: Präzision ist oft mehr Wunschdenken als Realität. Die Geheimdienste selbst sind sich dieser Tatsache bewusst – nehmen zivile Opfer, insbesondere bei Bomben-, Raketen- und Drohnenangriffen, aber oftmals billigend in Kauf. Ranghohe Mitarbeiter des israelischen Inlandsgeheimdienstes Schin Bet umschrieben die gängige Praxis zur Vermeidung ziviler Opfer so: Wenn es keine sicheren Informationen über Zivilisten im Zielgebiet gibt, wird daraus: Dort sind keine.[97] Oft genug ist diese Logik jedoch falsch – und kostet Menschenleben. Unbeteiligte Zivilisten sterben bei Geheimdienstmorden dann vor allem aufgrund von Zeitdruck, Sorglosigkeit oder Nachlässigkeit.

Arten von Geheimdienstmorden

Wie dieses Kapitel gezeigt hat, gibt es acht Personengruppen, die von geheimdienstlichen Tötungsaktionen getroffen werden können. Die Gruppe der Geheimdienstmitarbeiter unterteilt sich dabei in die Untergruppen der Überläufer, der Doppelagenten und der zum Tode verurteilten Spione. Die Unterscheidung von Geheimdienstmorden nach ihren Opfern zeigt auch: Geheimdienste töten nicht wahllos oder willkürlich, sondern suchen sich ihre Opfer gezielt aus. Das Risiko für die allgemeine Bevölkerung, Opfer eines Geheimdienstmordes zu werden, ist also außerhalb militärischer Krisengebiete äußerst gering.

Anhand dieser Opfergruppen lassen sich nun vier Arten von Geheimdienstmorden ableiten, die sich in ihren Gründen und Zielen unterscheiden:

1. *Politische Attentate*
   Zu dieser Gruppe gehören Mordanschläge auf Politiker und Amtsträger, auf Oppositionelle und Dissidenten sowie Wissenschaftler.
2. *Gezielte Tötungen in militärischen Konflikten*
   Sie sind insofern eine Sonderkategorie, als dass sie alle Arten von Mordanschlägen umfassen, die im Kontext militärischer Konflikte verübt werden. Dazu zählt auch die jüngste Welle geheimdienstlicher Tötungen im »Krieg gegen den Terrorismus«.

3. *Tötungen von Geheimdienstmitarbeitern*
   Diese Kategorie ist die seltenste – wenngleich auch oftmals spektakulärste – Art von Geheimdienstmorden. Sie umfasst sowohl das gegenseitige Töten von Mitarbeitern anderer Geheimdienste während militärischer Konflikte als auch Mordanschläge auf Überläufer oder Doppelagenten und die Hinrichtung verurteilter Agenten und Spione.
4. *»Kollateralschäden«*
   Die letzte Art von Geheimdienstmorden ist die unbeabsichtigte Tötung von Unbeteiligten und Zivilisten. Dazu kommt es oftmals infolge von technischen oder sonstigen Fehlern, Ungenauigkeiten oder Nachlässigkeit bei der Planung oder Ausführung von Tötungsoperationen.

INFOBOX

- Es gibt acht Gruppen von Opfern geheimdienstlicher Tötungen:
  1. Machthaber, Politiker und Amtsträger
  2. Oppositionelle und Dissidenten
  3. Wissenschaftler
  4. Militärische Gegner
  5. Terroristen
  6. Waffenhändler
  7. Geheimdienstmitarbeiter
  8. Unbeteiligte Zivilisten
- Es gibt vier Arten von Geheimdienstmorden, die sich von den Motiven ableiten lassen, eine Person aus der jeweiligen Gruppe zu töten:
  1. Politische Attentate
  2. Geheimdienstliche Tötungen in militärischen Konflikten

3. Tötungen von Geheimdienstmitarbeitern
4. »Kollateralschäden«

- Es ist ein ungeschriebenes Gesetz, dass sich Geheimdienstmitarbeiter nicht gegenseitig umbringen. Jedoch gibt es Ausnahmen, wie zum Beispiel Überläufer.
- Die größte Gefahr für die Allgemeinheit geht von »Kollateralschäden« aus – der ungeplanten Tötung von unbeteiligten Zivilisten aufgrund von Fehlern, Zufällen und Ungenauigkeiten in der Planung.

KAPITEL 3

Wer in wessen Auftrag tötet

Täter zu ermitteln ist eine Grundaufgabe der Kriminalistik. Bei kriminellen Morden ohne politische Motive und staatliche Verwicklungen ist mit der Identifizierung des Mörders und seiner Verhaftung die Ermittlung abgeschlossen. Geheime politische Morde hingegen sind komplizierter: Allein die Identifizierung des Täters ist aufgrund des hohen Aufwandes zur Verschleierung der Tat, der langen Planung und der zumeist professionellen Ausführung wesentlich schwieriger. Aus denselben Gründen ist auch die Wahrscheinlichkeit, dass der Mörder überhaupt verhaftet werden kann, geringer als bei kriminellen Morden.

Die Aufklärung geheimer politischer Morde und damit die Frage nach den Tätern hat aber noch eine weitere Komponente, die bei kriminellen Morden keine Rolle spielt: die Attribution, sprich Zuschreibung der politischen Verantwortung für die Tat. Bei einem Geheimdienstmord gibt es nicht nur den einen Täter, der den Mord an einem konkreten Ort ausführt. Stattdessen hat der Täter Auftraggeber in Geheimdiensten und Regierungen, die den Mord angeordnet haben. Diese zu ermitteln ist heikel. Wird ein Politemigrant, wie im Falle des bulgarischen Dissidenten Georgi Markow, just am Geburtstag des Diktators seines Heimatlandes mit einer Giftkugel beschossen, klingt der Fall recht eindeutig. Doch obwohl die Hintergründe auf der Hand zu liegen scheinen, bedeutet die öffentliche Beschuldigung eines Staates, mit all ihren politischen, diplomatischen und wirtschaftlichen Konsequenzen, ein erhebliches politisches Risiko.

Der Weg zu den Auftraggebern und zur Enthüllung der politischen Hintergründe eines geheimen Mordes führt oft (wenngleich nicht immer) über den ausführenden Täter. Eine andere Möglichkeit zur Aufklärung sind Geheiminformationen, die von Überläufern, angeworbenen Quellen oder Datenleaks stammen. Hier ist die aufklärende Seite allerdings auf viele Zufälle angewiesen.

Den Täter und seine Auftraggeber zu ermitteln und die politischen Hintergründe eines Geheimdienstmordes aufzuklären ist also eine hochkomplexe Aufgabe, für die dieses Buch keine endgültige Lösung vorstellen kann. Trotzdem ist es möglich, aus den Fällen der Vergangenheit zu lernen und sich wiederholende Muster zu erkennen. Diese können Anhaltspunkte und einen Vergleichsrahmen bieten, um zukünftige Fälle besser einsortieren zu können.

Zunächst einmal ist es hilfreich, sich die Hierarchie vor Augen zu führen, innerhalb derer sich die Täter bewegen. Gut verbildlichen kann man sie in Form einer Pyramide:

1. *Länder und Staaten* stehen an der Spitze. Nicht alle Staaten werden gemeinhin mit Geheimdienstmorden assoziiert, nicht alle Staaten führen heute noch Geheimdienstmorde aus (auch wenn sie es in der Vergangenheit taten). Und obwohl Staaten geheime Morde zumeist abstreiten oder unkommentiert lassen, bekennen sich manche dazu, geheime Tötungsprogramme zu unterhalten. Andere Staaten wiederum finden sich – ohne öffentliches Bekenntnis – verdächtig oft in der Situation wieder, geheime Morde abstreiten zu müssen.
2. Einzelne *Geheimdienste* bilden die zweite Stufe der Pyramide. Dieser Punkt wird einen Überblick über die Geheimdienste geben, die sich entweder offen zu Tötungsprogrammen bekennen oder denen in der Vergangenheit Tötungsoperationen nachgewiesen werden konnten.
3. Spezielle *Abteilungen* oder *Einheiten* sind innerhalb der Geheimdienste wiederum für die Ausführung von Tötungen

zuständig. Allein deren Existenz war jahrzehntelang ein streng gehütetes Geheimnis.

4. Die *Killer* selbst, also die ausführenden Täter geheimer Tötungen, bilden schließlich die letzte Stufe.

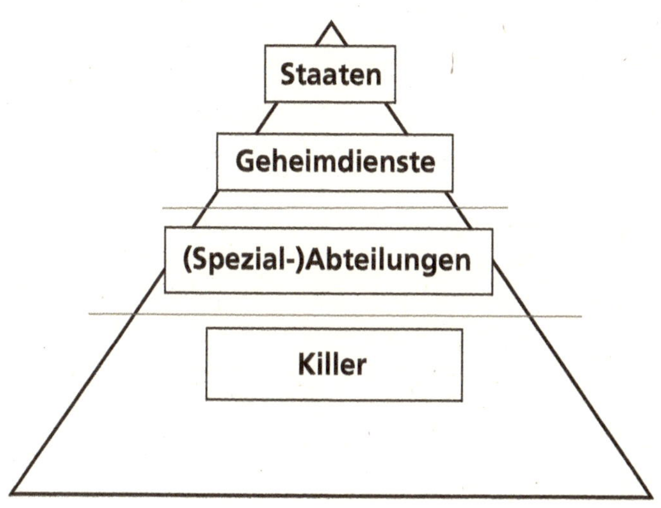

Die Auftraggeber: Staaten

Pauschale Beschuldigungen gegen einzelne Staaten sind politisch heikel – umso mehr dann, wenn statt Beweisen nur Indizien für Geheimdienstmorde vorliegen und die Taten nicht öffentlich kommentiert werden. Dennoch gibt es eine kleine Reihe von Staaten, die mehr oder weniger regelmäßig in die Situation geraten, ihre Beteiligung an Geheimdienstmorden und gezielten Tötungen entweder abstreiten oder rechtfertigen zu müssen. Diese Länder sind:

1. USA (Beispiel: Drohnenprogramm der CIA)
2. Russland (Beispiel: Tötung von Geheimdienstüberläufern)

3. Israel (Beispiel: Tötung von iranischen Wissenschaftlern)
4. Iran (Beispiel: Anschlagspläne auf Oppositionelle in Villepinte 2018)
5. Nordkorea (Beispiel: Tötung von Kim Jong-nam 2017)
6. Saudi-Arabien (Beispiel: Tötung von Jamal Khashoggi, einem kritischen Journalisten 2018)

Die Auswahl dieser kurzen Liste ist vor allem auf die Gegenwart gerichtet. Auf den ersten Blick mutet es erstaunlich an, dass sich hier keineswegs nur Diktaturen oder »Schurkenstaaten« wiederfinden. Im Gegenteil: Etablierte Demokratien wie die USA oder Israel unterhalten besonders aktive geheimdienstliche Tötungsprogramme. Im Gegensatz zu den anderen aufgezählten Staaten jedoch bekennen sich beide seit den 2000er-Jahren öffentlich zu diesen Programmen und versuchen sich an rechtlichen (und moralischen) Legitimationen. Zugleich ist es journalistischen und parlamentarischen Untersuchungen zu verdanken, dass auch vergangene illegale Tötungsaktionen öffentlich gemacht wurden.

Zwei besonders prominente Länder fehlen in der Liste: die alten Geheimdienstnationen Frankreich und Großbritannien. Was ist der Grund für diese Lücke?

Die britische Regierung bezeichnete 2016 die Frage des Menschenrechtsausschusses im Parlament, ob sie im Kampf gegen den Terror eine *kill list* habe, als »geheimdienstliche Angelegenheit«, zu der sie keine Stellung nehme.[98] Spezialoperationen haben bei den britischen Geheimdiensten und militärischen Spezialeinheiten aber eine lange Tradition. 1953 zum Beispiel unternahmen sie gemeinsam mit der CIA den Versuch, den iranischen Premierminister Mohammed Mossadegh zu stürzen, nachdem dieser die Ölquellen des Landes verstaatlichen wollte. Und auch gezielte geheimdienstliche Tötungsoperationen waren zu dieser Zeit noch fester Bestandteil britischer Planungen: Als der ägyptische Präsident Gamal Abdel

Nasser 1956 den für den Welthandel so wichtigen Suez-Kanal verstaatlichte, war der britische Premierminister Anthony Eden so wütend, dass er den britischen Auslandsgeheimdienst MI6 mit einem Mordkomplott beauftragte. Ein Plan sah vor, Nasser während eines Treffens in einem geschlossenen Raum mit Giftgas umzubringen. Doch der Plan wurde nie ausgeführt.[99]

Mit den Jahrzehnten jedoch scheint im britischen Sicherheitsapparat eine strengere Arbeitsteilung und Kontrolle eingeführt worden zu sein: Die Geheimdienste MI5 und MI6 sind für die Informationsbeschaffung verantwortlich, und sollte es tatsächlich zu Tötungsoperationen kommen, werden diese von militärischen Spezialeinheiten ausgeführt. Das Beispiel der »Operation Flavius« von 1988 verdeutlicht diese Art der Arbeitsteilung: Der Inlandsgeheimdienst MI5 erfuhr von Plänen der sogenannten Irisch-Republikanischen Armee (IRA), einen Bombenanschlag beim Wachwechsel an der Residenz des britischen Gouverneurs der ehemaligen Kolonie Gibraltar zu verüben. Zur Verhinderung des Anschlags wurden Mitglieder des Special Air Service (SAS) entsandt. Am 6. März 1988 erschossen SAS-Soldaten in Zivil die drei IRA-Mitglieder Séan Savage, Daniel McCann und Mairéad Farrell an einer Shell-Tankstelle in der Winston Churchill Avenue in Gibraltar. MI5 und SAS gingen davon aus, die drei hätten die Bombe bereits platziert und wollten sie während der geplanten Verhaftung zünden; doch wie sich herausstellte, hatten die drei sowohl den Sprengstoff als auch weitere Waffen noch in ihrem Wagen und wurden also voreilig getötet.[100]

Im Dezember 2019 gab die französische Regierung unter Emmanuel Macron bekannt, dass ihre Armee einen tödlichen Drohnenangriff in Mali durchgeführt habe. Der Drohneneinsatz soll dabei französische Bodentruppen bei einem Feuergefecht mit Islamisten unterstützt haben. Insgesamt seien 40 islamistische Terroristen getötet worden.[101] Über Morde und Anschläge der französischen Geheimdienste hingegen ist wenig bekannt.

Eine Ausnahme sind zahlreiche Morde und Mordanschläge, die der damalige französische Geheimdienst SDECE mutmaßlich während des Algerienkrieges von 1954 bis 1962 verübte. Eine Spezialeinheit des SDECE soll etwa 1956 ein mit einer Sprengfalle versehenes Funkgerät im algerischen Aurès-Gebirge abgeworfen haben, das wie geplant in das Versteck des Gründers und Anführers der Nationalen Befreiungsfront, Mostefa Ben Boualaïd, gebracht wurde und ihn bei der Explosion tötete. Bis zu 200 weitere Opfer während des Algerienkrieges sollen auf das Konto des französischen Geheimdienstes gehen.[102]

Zur Tötung von algerischen Kämpfern, Waffenhändlern oder Anwälten, die die algerische Unabhängigkeitsbewegung in Europa unterstützten, soll der französische SDECE eine Terrororganisation – die Rote Hand (La Main Rouge) – als Tarnorganisation gegründet haben. Rund 20 Anschläge auf Einzelpersonen und Schiffe, die Waffen nach Algerien schmuggeln sollten, werden der Roten Hand zugeschrieben. Besonders aktiv war sie dabei in Deutschland.[103] Einige dieser Fälle werden in den folgenden Kapiteln im Detail vorgestellt.

Als der Nachfolger des SDECE, der heutige französische Auslandsgeheimdienst DGSE, 1985 das Greenpeace-Schiff »Rainbow Warrior« versenkte, warf das die Frage auf, wie oft der französische Geheimdienst zu ähnlichen Mitteln und Aktionen griff, ohne dass die Öffentlichkeit davon Kenntnis erlangte.

Sowohl Großbritannien als auch Frankreich weisen also eine lange Tradition von Geheimdiensttötungen auf, zudem das notwendige Know-how, die politische Bereitschaft und eine direkte Beteiligung an den gefährlichsten Konflikten dieser Welt. Doch in den vergangenen Jahrzehnten konnte kein Geheimdienstmord belegbar mit einem der beiden Länder in Verbindung gebracht werden. Dies bedeutet – gerade im Zeitalter des »globalen Krieges gegen den Terror« – nicht, dass ihnen dieses Mittel fremd wäre. Gezielte

Tötungen mittels Kampfdrohnenangriffen, wie zum Beispiel durch die britische Armee in Afghanistan und Syrien oder die französische Armee in Mali, werden vom Militär beider Länder durchgeführt.[104] Ein geheimdienstliches Drohnenprogramm wie jenes der USA ist aber weder für Frankreich noch für Großbritannien belegt. Gleichwohl liefern französische und britische Geheimdienste Informationen, die für die Durchführung von Drohnentötungen durch ihre Armeen eingesetzt werden.

Nicht nur Großbritannien und Frankreich sind große Unbekannte in der Welt der Geheimdienstmorde. Erstaunlich wenig weiß man immer noch über den Einsatz gezielter Tötungen durch die »neuen Großmächte« China und Indien, was nicht unbedingt bedeuten muss, dass dieses Mittel nicht zum Instrumentarium der Geheimdienste dieser Länder gehört. Stattdessen ist es durchaus möglich, dass – vor allem in Europa – viel zu wenig Aufmerksamkeit auf sie gerichtet wird, weil ihre Hauptziele (etwa die USA und Pakistan) weit entfernt sind.[105]

Die Geheimdienste der Türkei sind zwar in Europa wesentlich präsenter, scheinen jedoch bei der Verfolgung von politischen Gegnern und angeblichen Terroristen und Putschisten hauptsächlich auf Entführungen zu setzen.[106] Eine Ausnahme wäre die Erschießung von Fidan Doğan, Sakine Cansız und Leyla Şaylemez, alle drei militante Aktivistinnen der verbotenen kurdischen Arbeiterpartei PKK, in Paris 2013. Französische Behörden machten den türkischen Geheimdienst MIT für die Tat verantwortlich, der jedoch jede Verwicklung in die bis heute nicht aufgeklärte Tat dementierte.[107] In der Türkei und vor allem an ihren umkämpften Grenzregionen zu Syrien oder dem Irak soll der MIT allerdings immer wieder gemeinsam mit der türkischen Armee in gezielte Tötungen von PKK-Mitgliedern und anderen als »Terroristen« eingestuften Personen verwickelt sein.[108]

Nicht in der Liste der Staaten, die heute Geheimdienstmorde begehen oder beauftragen, befinden sich auch zahlreiche Diktaturen dieser Welt, die ihre Geheimdienste einsetzen, um politische Gegner und Oppositionelle reihenweise zu verhaften, zu foltern und in Gefängnissen zu töten. Der Grund dafür ist einfach: Dadurch würde die Liste auf eine unbrauchbare Länge heranwachsen. Nahezu jede Diktatur der Menschheitsgeschichte setzte – und setzt weiterhin – geheime Polizeidienste oder Spezialabteilungen zu diesem Zweck ein. Das seit Jahren vom Bürgerkrieg zerrüttete Syrien oder das Duterte-Regime auf den Philippinen wären nur zwei von zahlreichen aktuellen Beispielen. Grundsätzlich folgen derartige Tötungen dem Muster, das Kapitel 2 unter dem Punkt »Oppositionelle und Dissidenten« beschreibt.

Ebenso aus der Liste fallen die zahlreichen Geheimdienste der ehemaligen sozialistischen Staaten Europas. Sowohl der DDR-Geheimdienst als auch seine »tschekistischen Brüder« in Bulgarien, Polen, der Tschechoslowakei oder Jugoslawien verübten zwischen 1945 und 1990 zahlreiche Mordanschläge. Diese außerordentlich gut dokumentierten Fälle werden im Laufe dieses Buchs immer wieder als Beispiele herangezogen. Mit dem politischen Umbruch in diesen Ländern verloren Geheimdienstmorde jedoch – zumindest im außenpolitischen und internationalen Maßstab – ihre Bedeutung.

Mit Mord beauftragt: Geheimdienste, Spezialabteilungen und Co

Wenn Regierungen beschließen, gezielte Tötungen als Mittel ihrer Innen- oder Außenpolitik einzusetzen, gibt es in der Regel nur wenige Optionen, wer solche Operationen ausführen kann: Spezialeinheiten des Militärs, Geheimdienste oder private Sicherheitsfirmen. Jede dieser drei Optionen hat in den Augen der Auftraggeber bestimmte Vor- und Nachteile.[109]

Militärische Spezialeinheiten

Militärische Spezialeinheiten verfügen zweifellos über die größten Ressourcen und das notwendige Know-how zur Ausführung gezielter Tötungen. Das Problem ist jedoch: Der Einsatz offizieller Truppenteile ist an das internationale Kriegsrecht und heimische Gesetze gebunden. Was als geheimdienstliche Tötungsoperation begann, könnte so schnell zu einem ungewollten militärischen Konflikt und politischen Skandal ausarten. Rein militärische Spezialeinheiten sind daher eher für offizielle Spezialeinsätze geeignet, die auch öffentlich bekannt gegeben werden. Dabei greifen militärische Spezialkräfte auf geheimdienstlich beschaffte Informationen, etwa zum Aufenthaltsort oder zu den Gewohnheiten von Zielpersonen, zurück. Beispiele dafür sind die gezielten Tötungen Osama bin Ladens durch Navy Seals der US-Marine in Pakistan 2011 oder des selbst ernannten Anführers des »Islamischen Staates«, Abu Bakr al-Baghdadi, in Syrien 2019 durch die Delta-Force-Spezialeinheit der U.S. Army.[110] In beiden Fällen wurden die Opfer als militärische Feinde der USA betrachtet und »tot oder lebendig« gesucht, einem offiziellen Militäreinsatz stand also wenig entgegen.

Geheimdienste und ihre Abteilungen für »Spezialaufgaben«

Die Trennlinie zwischen militärischen und geheimdienstlichen Tötungen ist allerdings nicht immer klar zu ziehen. Geheimdienstinformationen sind ohnehin meist die Grundlage für Planung und Konzeption geheimdienstlicher, aber auch militärischer Tötungsoperationen. Seit Beginn des »Krieges gegen den Terrorismus« verfließen die Grenzen zwischen beiden Akteuren respektive zwischen militärischen Kommandounternehmen und verdeckten Geheimdienstaktionen zusehends. Ein gutes Beispiel für diese Überschneidungen ist das Drohnenprogramm der USA. Sowohl U.S. Air Force als auch CIA unterhalten jeweils ein Drohnenprogramm, das tödliche Einsätze im Kampf gegen den Terrorismus fliegt.

Die finale Autorisierung bei solchen Einsätzen wechselte seit den frühen 2000er-Jahren immer wieder zwischen CIA und dem Verteidigungsministerium. 2017 ging sie auf Befehl von Präsident Trump wieder zur CIA über.[111] Noch tiefer in der Grauzone zwischen Militär und Geheimdienst liegen Militärgeheimdienste wie die US-amerikanische *Defense Intelligence Agency* (DIA) oder die russische Hauptverwaltung für Aufklärung (*Glavnoe Raswedywatelnoje Upravlenie*, kurz: GRU). Letztere wird später in diesem Kapitel noch eine Rolle spielen.

Geheimdienste bieten – anders als militärische Spezialeinheiten – den Vorteil, dass sie nicht nur über Ressourcen und Knowhow verfügen, sondern geheimes Operieren zudem ihr grundlegendes Arbeitsprinzip ist. Damit sind sie natürlich prädestiniert, genau solche Aktionen auszuführen, mit denen ein Staat und seine Regierung nicht offiziell in Verbindung gebracht werden möchten. Darüber hinaus verfügen Geheimdienste durch ihre Aufklärungsarbeit über Kontakte, die für die Ausführung geheimer Morde nützlich sind: zu Kriminellen und Auftragsmördern, Schmugglern, Söldnern oder Militärs. Mit diesen Voraussetzungen bieten sich zum Beispiel die verschiedenen russischen Geheimdienste immer wieder ihrer politischen Führung an, um als kompetente und zuverlässige »Problemlöser« zu agieren.[112] Umgekehrt nehmen sie ihre Regierungen aber auch mitunter in »Geiselhaft« und fordern ihrerseits Freigaben für geheime Morde, die außerhalb der Geheimdienstwelt keinen politischen Nutzen haben. Ein Beispiel dafür sind die zahlreichen Mordkomplotte der russischen Geheimdienste gegen Überläufer aus den eigenen Reihen.

Innerhalb von Geheimdiensten sind zumeist spezialisierte Sonderabteilungen für Tötungsoperationen zuständig. Diese Abteilungen werden auf Befehl der obersten Leitung ins Leben gerufen und sind nur ihr und den dort tätigen Mitarbeitern bekannt. Dieses »Schottenprinzip«, bei dem Informationen nur im unbedingt notwendigen Rahmen fließen, soll einerseits operative Geheimhaltung und Erfolg gewährleisten und andererseits für glaubwürdige Dementis sorgen.

In der CIA arbeitete zum Beispiel ab 1961 das Projekt »ZR/RIFLE« daran, ständig bereitstehende Kapazitäten für sogenannte *executive actions* (etwa: »exekutive Aktionen«) aufzubauen. *Executive actions* war ein Euphemismus für die Tötung, Entführung oder den Sturz missliebiger Politiker im Ausland.[113] Im sowjetischen Geheimdienst KGB war es Abteilung 13 der für das Ausland zuständigen Ersten Hauptverwaltung, die diese Funktion erfüllte. Sie war aus der ehemaligen Abteilung für Sonderaufgaben hervorgegangen und spezialisiert auf Gewaltausübung, Entführungen und Tötungen.[114] Dem sowjetischen Vorbild wiederum eiferte zum Beispiel der bulgarische Geheimdienst nach und gründete 1963 erst eine Spezialabteilung in seiner Abteilung VIII der Auslandsaufklärung, die nach 1973 als eigenständige Abteilung XVI operierte. Die wenigen erhaltenen Akten dieser Abteilungen zeugen davon, in welch geringem Maßstab die Bulgaren hierbei planten: Gestartet war die Abteilung mit gerade einmal acht Mitarbeitern, die alle aus militärischen Spezialabteilungen kamen. Und auch in den 1970ern arbeiteten weniger als 20 Mitarbeiter an der Entführung oder Ermordung von acht Zielpersonen.[115]

Große Aufmerksamkeit erregen seit 2018 die auf Mordanschläge spezialisierten Einheiten der russischen Geheimdienste. Besonders ins Rampenlicht geriet dabei der russische Militärgeheimdienst

GRU. Dieser verfügt gleich über mehrere Strukturen, die Auftragsmord zu ihren Aufgaben zählen. Einige Bekanntheit erreicht haben die sogenannten Speznas (von russisch *spetsialnoe naznatschenie*, etwa: »zur besonderen Verwendung«). Diese über 17.000 Mann starke Spezialeinheit ist in sich ein Hybrid aus klassischen militärischen Spezialeinheiten und Geheimdienst.[116] Tötungsoperationen gehören im militärischen Umfeld zu ihren Aufgaben, an politischen Aktionen wie Umsturzplanungen ist sie jedoch kaum beteiligt.

Neben den Speznas rückte in den 2010er-Jahren die GRU-Einheit 29155 in den Vordergrund: Sowohl Einsätze im Ukrainekonflikt 2014 als auch Sprengstoffanschläge auf Waffenlager in Tschechien und Bulgarien sowie die Vergiftung des bulgarischen Waffenhändlers Emilian Gebrew 2015 und die Vergiftung des Ex-GRU-Offiziers Sergej Skripal und seiner Tochter Julia 2018 sollen von dieser Einheit ausgeführt worden sein. Investigativen Recherchen ist es dabei zu verdanken, dass der mutmaßliche Leiter der Einheit 29155, Andrej Wladimirowitsch Awerjanow, zehn seiner rund 300 Mitarbeiter sowie der Sitz der Einheit im Hauptquartier der 161. Spezial-Trainingseinrichtung im Osten Moskaus öffentlich gemacht wurden.[117] Laut Angaben der Investigativplattform Bellingcat wurde die Spezialabteilung mittlerweile aufgelöst und die Mitarbeiter in entlegene Gebiete Russlands verbannt. Darauf ließen zumindest Kommunikationsdaten bekannter Mitarbeiter schließen, so Bellingcat-Gründer Eliot Higgins.[118]

Auch der russische Inlandsgeheimdienst FSB hat ein »Zentrum für Spezialaufgaben«: Dieses besteht aus der Abteilung A und der Abteilung V. Abteilung A wurde Mitte der 1970er-Jahre als KGB-Spezialeinheit »Alfa« gegründet und war beispielsweise für die Durchführung des Putsches in Afghanistan 1979 und die Tötung des afghanischen Präsidenten Hafizullah Amin und seiner Familie verantwortlich. Seit den 1990er-Jahren ist die offizielle Hauptaufgabe von Abteilung A die geheimdienstliche Terrorismusabwehr.

Dies schließt zahlreiche Tötungsoperationen mit ein, vor allem im Kaukasus und in Zentralasien.[119]

Demgegenüber wurde die FSB-Abteilung V (»Vympel«) 1985 gegründet und hat eine große Bandbreite von Aufgaben, die von Terrorabwehr, Spionage, Geiselbefreiung, paramilitärischen Aktionen, Ausbildungsaufträgen und Bewachung von Regierungseinrichtungen bis hin zu Attentaten und Morden reichen. In den 2010er-Jahren machte die Abteilung V zum Beispiel durch ihre mutmaßliche Planung und Beauftragung von Mordanschlägen auf Abdulwachid Edilgeriew 2015 in Istanbul und den ehemaligen Tschetschenienkämpfer Zelimkhan Khangoshvili 2019 in Berlin von sich reden.[120]

Im Zuge des Mordversuchs an dem russischen Oppositionellen Alexej Nawalny im Sommer 2020 kam eine weitere FSB-Einheit zum Vorschein, die bei Mordanschlägen eine wichtige Rolle spielt: das 1977 vom KGB ins Leben gerufene »Kriminalistische Institut«, das dem FSB-eigenen »Zentrum für Spezialtechnologie« unterstellt ist. Dieses Institut forschte verdeckt an chemischen Kampfstoffen und anderen tödlichen Substanzen, die für Mordanschläge eingesetzt werden können. Mitarbeiter dieses FSB-Instituts waren offenbar Teil von Agententeams, die Mordanschläge durchführten.[121]

Die Einheiten der israelischen Geheimdienste und des israelischen Militärs, die Tötungsoperationen ausführen, unterliegen nach wie vor besonderer Geheimhaltung. Dabei führen sowohl der Auslandsgeheimdienst Mossad, der Inlandsgeheimdienst Schin Bet und der Militärgeheimdienst Aman als auch die Spezialeinheiten des Militärs (»Sayeret Matkal«) und der Marine (»Flotilla 13«) solche Einsätze durch. Bekanntheit erlangte die Caesarea-Einheit des Mossad, die als Reaktion auf den palästinensischen Terroranschlag bei den Olympischen Spielen 1972 in München gegründet wurde und rund 20 der beteiligten Terroristen getötet haben soll. Der erste Leiter von Caesarea war Michael Harari, dem in den 1970er-Jahren zwischen 15 und 36 Agenten zur Verfügung gestanden haben sollen, die erst fünf Drei-Mann-Teams und später drei Zwölf-Mann-Teams bildeten. Die Caesarea-Einheit soll in der Mossad-Abteilung Kidon (hebräisch für »Bajonett«) aufgegangen sein, die mutmaßlich bis heute aktiv ist.[122] Manche Experten sprechen aber auch von Kidon als Spezialeinheit innerhalb von Caesarea und manche wiederum davon, dass Kidon von Anfang an die wahre Spezialeinheit war – ein typisches, geheimdienstliches Verwirrspiel.[123]

Sicherheitsfirmen und War Contractors

Neben militärischen Spezialeinheiten, Militär- und zivilen Geheimdiensten gibt es noch eine weitere Gruppe von Organisationen, die gezielte Tötungen im staatlichen Auftrag ausführen: halb staatliche oder private Sicherheitsfirmen. Diese »Sicherheitsdienstleister« – häufig mit dem englischen Begriff *war contractors* bezeichnet – befinden sich in einer Grauzone: Formal sind sie private Firmen oder sogar Vereine und damit keine staatlichen Akteure; dennoch ist die Schnittmenge zwischen ihrem Personal und dem der militärischen oder geheimdienstlichen Spezialeinheiten enorm groß. Ehemalige Soldaten und Geheimdienstler besetzen – oftmals bei wesentlich besseren Bezügen – hier nicht nur die Leitungsposten. Und auch ihr größter Auftraggeber ist in der Regel der Staat, der manchmal sogar spezielle Trainings, Ausbildungen und Vorbereitungen in regulären Trainingseinrichtungen von Polizei, Geheimdienst und Militär organisiert. Die Übergänge zwischen Staat, Militär, Geheimdienst und diesen privaten Organisationen sind also fließend.

Organisationen dieser Art sind vor allem in den großen drei Geheimdienstnationen – USA, Russland und Israel – zu finden. Besonders israelische Software-Firmen wie die NSO Group kamen zu einiger Berühmtheit: Hier entwickeln ehemalige Geheimdienstler Überwachungssoftware, wie die berühmt-berüchtigte Spionagesoftware »Pegasus«, und verkaufen sie an staatliche Akteure weltweit.[124] Dass auch gezielte Tötungen durch private israelische Institutionen ausgeführt werden, wurde bislang jedoch nicht bekannt.

Im Gegensatz dazu machten mehrere halb staatliche russische Akteure durch ihre Verwicklung in geheime Morde von sich reden: So existieren etwa direkte Verbindungen zwischen Vadim Krasikov (alias »Vadim Sokolov«), dem verurteilten Mörder Zelimkhan Khangoshvilis beim »Tiergarten-Mord« in Berlin 2019, und Eduard Benderski und dessen Sicherheitsfirma »Vympel-A«. Benderski, selbst ein ehemaliges Mitglied der FSB-Abteilung V beziehungsweise »Vympel«, tritt im russischen TV gerne als inoffizieller Sprecher von »Vympel« auf und besitzt mehrere Sicherheitsfirmen. Diese bekamen zum Beispiel vom russischen Staat das Exklusivrecht für den Schutz russischer Ölfirmen im Irak. Krasikov stand in regelmäßigem Kontakt mit Benderski, seinen Firmen und anderen FSB-Veteranen. Darüber hinaus legen Krasikovs Handydaten nahe, dass er sich mehrfach auf einem offiziellen Trainingsgelände des FSB im Moskauer Vorort Balaschicha (Deckname: »Einheit 35690«) aufhielt.[125]

Ein anderes russisches Beispiel ist die »Gruppe Wagner«, eine private militärische Firma, die im Auftrag des russischen Staates in zahlreichen militärischen Konflikten, etwa in Syrien, Libyen oder Zentralafrika, kämpft – und tötet. Dabei kursieren jedoch auch Spekulationen, dass die Firma eigentlich eine reguläre Einheit der Armee sei, die als Militärdienstleister getarnt auftrete.[126] Im Dezember 2021 belegte die EU die »Gruppe Wagner« mit Sanktionen.

Auch die USA kennen diese Art von Akteuren: Das bekannteste Beispiel ist der War Contractor Blackwater, der seit 2011 Academi heißt. Gegründet von ehemaligen Navy Seals und anderen Veteranen von US-Spezialeinheiten, kämpfte Blackwater in nahezu allen »Kriegen gegen den Terror« seit 2001 und wurde dabei auch für Tötungsoperationen eingesetzt.[127] Verstärkt wurden die Reihen von Blackwater durch ehemalige Geheimdienstmitarbeiter.

Private beziehungsweise halb staatliche Organisationen und Sicherheitsfirmen bieten für das Ausführen gezielter Tötungen vor allem den Vorteil, dass staatliche Auftraggeber notfalls jede Kenntnis abstreiten und »wild gewordene« Söldner oder Einzeltäter verantwortlich machen können. Gleichzeitig jedoch sind halb staatliche Organisationen und Firmen weniger koordiniert und steuerbar, gerade bei Einzelaktionen wie Tötungsoperationen. Auch die Loyalität und Geheimhaltung bezahlter Söldner wird oftmals infrage gestellt.

Die ausführenden Organe: Auftragsmörder

Neben Know-how, Ressourcen, Informationen und Planung brauchen Geheimdienste natürlich auch jemanden, der Tötungen in die Tat umsetzt, sprich: einen Killer. Doch wer ist bereit, einen Auftragsmord zu begehen, und was wissen wir über die Killer der Geheimdienste? Hier lohnt es sich, zunächst einige bekannt gewordene Beispiele zu betrachten.

Francesco Gullino war ein italienischer Kleinkrimineller, laut einem Eintrag seines bulgarischen Führungsoffiziers ein »kleiner internationaler Schwindler, der an Geschäften von hohem Risiko und geringem Profit« teilnahm.[128] Doch Gullino war offenbar eine Nummer größer, als es dem bulgarischen Geheimdienst bewusst war: Insgeheim nämlich schmuggelte der bekennende Faschist Kunst durch halb Europa. Einen echten Beruf hatte Gullino nie gelernt, mit Schmuggel, Fälschungen und Handel verdiente er seinen Lebensunterhalt. Doch 1978 bildete die bulgarische Staatssicherheit ihn offenbar zum Killer aus: Gullino wurde zu »Agent Piccadilly« – und ist bis heute der Hauptverdächtige im Fall des »Regenschirmmordes« an Georgi Markow.

Josef Tuszynski verdingte sich eher schlecht als recht in der Kölner Unterwelt. 1957 ging er mit einem Bekannten nach Ost-Berlin und ließ sich vom DDR-Geheimdienst anwerben. Anfang der 1970er-Jahre bildete die Staatssicherheit (kurz: Stasi) den begeisterten Kampfsportler, der nur wenig mehr als eineinhalb Meter groß war, sogar im Gebrauch von Schuss-, Schlag- und Stichwaffen sowie Handgranaten aus. Seinem Decknamen »IM Karate« – wobei IM für »Inoffizieller Mitarbeiter« stand – wollte Tuszynski 1975 alle Ehre machen, als er den Fluchthelfer Siegfried Schulze in seinem Berliner Treppenhaus mit einem Handkantenschlag hinterrücks zu töten versuchte. Doch er überschätzte seine Fähigkeiten, Schulze überlebte.

Robert A. Maheu arbeitete erst für das FBI und machte sich dann 1954 als Privatdetektiv selbstständig. 1960 kontaktierte ihn sein Ex-Partner, der nun für die CIA arbeitete, mit dem Auftrag, aus den Kreisen der Mafia Killer für ein Mordkomplott gegen den kubanischen Revolutionsführer Fidel Castro zu finden. Nur wenige Wochen später hatte Maheu den Las-Vegas-Mobster John Roselli, genannt »Handsome Johnny« (»der hübsche Johnny«), gefunden, der wiederum die Chicagoer Gangster Momo Salvatore Giancana alias »Sam Gold« und Santo Trafficante alias »Joe« rekrutierte. Beide hatten beste Verbindungen nach Kuba, wo sie eine unbekannte Person im direkten Umfeld Castros anwarben, die Castro giftige Tabletten in sein Glas mischen sollte.[129] Nachdem mehrere Versuche gescheitert waren, arbeiteten Roselli und seine CIA-Kontakte bis weit in die 1960er-Jahre hinein an unzähligen weiteren Mordplänen gegen Fidel Castro.

Bogdan Staschinskis Karriere beim sowjetischen Geheimdienst KGB begann damit, dass er 1950 beim Schwarzfahren erwischt wurde. In Verhören erpresste ihn der KGB, um ihn zu einer Mitarbeit als Agent zu zwingen. Staschinski gewöhnte sich sehr gut an das Agentenleben, spionierte ukrainische Widerstandsgruppen aus und ließ sich schließlich mehre Jahre lang auf einem Einsatz in Deutschland ausbilden. 1957 tötete er erst Lew Rebet, 1959 dann Stepan Bandera in München mit Blausäuregas – beides ukrainische Nationalisten, die 1941 nach dem Einmarsch Deutschlands in der Sowjetunion mit ihrer »Organisation Ukrainischer Nationalisten« eine antisowjetische Regierung ausgerufen hatten. Nach ihrer Verhaftung und Internierung in Auschwitz beziehungsweise Sachsenhausen waren sie 1945 über Wien nach München geflohen. Nach dem Mord an Bandera verschwand Staschinski zunächst nach Moskau, flüchtete jedoch am 12. August 1961 – nur wenige Stunden vor dem Bau der Berliner Mauer – mit Inge Pohl, einer Friseurin, die er bei seinem Vorbereitungseinsatz in der DDR kennengelernt hatte, nach West-Berlin. Dort gestand er seine Taten und wurde im Gegenzug zu einer milden Strafe verurteilt.[130]

Marita Ilona Lorenz, Tochter einer amerikanischen Tänzerin und eines Bremer Schiffskapitäns, kam nur wenige Wochen nach der kubanischen Revolution 1959 mit ihrem Vater in Havanna an. Dort lernte sie den jungen Fidel Castro kennen, der sie heftig umwarb. Kurz nach dem Ende ihrer Affäre trat Frank Sturgis alias »Francisco Fiorini«, ein Undercover-Mitarbeiter der CIA und 1972 einer der »Watergate«-Einbrecher, mit einem Mordauftrag an Lorenz heran: Sie sollte nach Kuba zurückkehren und Castro bei einem gemeinsamen Essen Gift verabreichen. Lorenz sagte zu und nahm die Giftpillen an sich, doch anstatt Castro bei dem Essen zu vergiften, warnte sie ihn und verließ Kuba.[131]

Am 13. Juli 1979 wurde Alexander Mischkin in dem Dorf Lojga im äußersten Norden Russlands geboren. Seine Großmutter war die einzige Ärztin in der Umgebung, und Mischkin selbst ging Ende der 1990er-Jahre zum Medizinstudium an die Militärmedizinische Akademie Kirow in St. Petersburg. Von dort ging es von 2007 bis 2010 zum Militärgeheimdienst GRU nach Moskau, wo Mischkin eine neue Identität als »Alexander Petrow« bekam. Laut Moskauer Datenbanken residierte er offiziell bis 2014 in der Choroschewskoe Chaussee 76B – dem Hauptquartier der GRU. »Alexander Petrow« reiste zwischen 2010 und 2013 mehrfach in die Grenzregion zur umkämpften Ukraine sowie die an Rumänien grenzende, nicht anerkannte Republik Transnistrien und in den nächsten Jahren auffallend häufig in die Schweiz, die Niederlande, nach Israel und England. 2014 erhielt Alexander Mischkin die Auszeichnung »Held der Russischen Föderation« – aus den Händen des russischen Präsidenten Wladimir Putin persönlich und streng geheim. Die Auszeichnung ging einher mit einem Wohnortwechsel zu einer wesentlich luxuriöseren Adresse. 2018 schließlich – Mischkin musste mittlerweile zum Major aufgestiegen sein – reiste »Alexander Petrow« nach England und besuchte die Stadt Salisbury. Just an dem Tag, an dem Sergej Skripal mit Nowitschok vergiftet wurde.[132]

Jaakov Meidad wurde 1919 als Sohn eines Arztes der kaiserlichen Armee in Breslau (Wrocław) im heutigen Polen geboren. Nach der Machtergreifung der Nazis schickten seine Eltern, die beide im KZ starben, Jaakov nach Palästina, wo er sich erst der gegen die Briten gerichteten Terrororganisation Haganah anschloss und später für die Royal Army und dann die Israeli Defense Forces kämpfte. Anschließend ging er zum Mossad, wo er im Programm zur Entführung und Tötung von NS-Kriegsverbrechern arbeitete. 1960 war er Teil des Teams, das Adolf Eichmann, einen der Hauptorganisatoren des Holocausts, aus Buenos Aires entführte. 1965 lockte er als »Anton Künzle« den »Henker von Riga«, NS-Kriegsverbrecher Herberts Cukurs, nach Montevideo in Uruguay, wo ihn ein Mossad-Team tötete.[133]

Brandon Bryant wurde 1985 in der Weite des US-Bundestaates Montana geboren und ging mit 19 Jahren zur U.S. Air Force. Dort wurde er innerhalb eines Jahres zum Airman ausgebildet, obwohl er nie ein Flugzeug betreten hatte. Von einem Container in der Wüste Nevadas aus steuerte er unbemannte Drohnen im Irak und Jemen, in Afghanistan, Pakistan und Somalia. Bryant war dabei sowohl für Beleuchtung als auch für die Lasermarkierung der Ziele für die Raketenangriffe verantwortlich. Bis 2011 soll er an 13 von insgesamt 1626 gezielten Tötungsoperationen seiner Einheit teilgenommen haben. Dann wurde er zum Whistleblower und enthüllte öffentlich Details zum US-Drohnenprogramm.[134]

Die Liste der hier vorgestellten Geheimdienstkiller mag auf den ersten Blick zufällig und ungeordnet wirken. Tatsächlich jedoch lässt sie **vier verschiedene Tätergruppen** bei Geheimdienstmorden erkennen:

1. Kriminelle, Berufsverbrecher und Mitglieder des organisierten Verbrechens
2. angeworbene Agenten
3. Stellvertreterorganisationen
4. offizielle Geheimdienstmitarbeiter, Offiziere und Militärs

Alle vier Gruppen bieten für die auftraggebenden Geheimdienste bestimmte Vorteile, denen spezifische Risiken gegenüberstehen.

Kriminelle und Berufsverbrecher

Bei einem Täter aus dem Umfeld der organisierten Kriminalität lässt sich der politische Bezug und staatliche Auftrag hinter einem Mord gut verwischen. Dies bietet einen besonderen Schutz und hilft der Geheimhaltung. Andererseits ist diese Tätergruppe oft unzuverlässig, hat nur eine geringe Loyalität ihrem Auftraggeber gegenüber und fühlt sich nicht immer an Absprachen gebunden. Das Hauptrisiko besteht hier also darin, dass die Tat überhaupt nicht ausgeführt wird oder der Täter, wenn er gefasst wird, die Identität seiner Hintermänner im Gegenzug für eine mildere Strafe preisgibt.

Angeworbene Agenten

Sie sind ebenfalls geeignet, um einen Mord gut zu tarnen. Darüber hinaus bieten sie für Geheimdienste den Vorteil, dass ihre Loyalität dem Dienst und Auftrag gegenüber im Idealfall deutlich höher ist als bei Tätern aus dem kriminellen Milieu. Das gilt vor allem für solche Agenten, die schon jahrelang geheimdienstliche Aufträge ausgeführt haben.

Das große Problem mit ihnen: geeignete Agenten und Täter zu finden. Zwar verfügen Geheimdienste über eine Vielzahl von angeworbenen Agenten, aber nur die wenigsten davon sind für einen Mord einsetzbar und überhaupt bereit, einen Menschen zu töten. Und selbst wenn: Auch sie gehören nicht offiziell dem Geheimdienst an und können jederzeit die Seiten wechseln. Bogdan Staschinski, der bereits sieben Jahre im Dienst des KGB stand, bevor er zum Mörder wurde, verdeutlicht dieses Dilemma: Er schien ein überzeugter und gefestigter KGB-Agent zu sein, der im Namen der Sowjetunion zu töten bereit war. Doch kurz nach seinem zweiten Mord lief er, aus Liebe zu einer Frau, in den Westen über und stellte sich. Da Staschinski nicht nur die Morde gestand, sondern auch operative Details und andere Agenten verriet, war sowohl der operative als auch der Imageschaden des KGB gewaltig.

Die beiden ersten Kategorien von Geheimdienstkillern werden also vor allem deshalb geschätzt und eingesetzt, weil sie gute Voraussetzungen für ein glaubhaftes Dementi bieten: Geht etwas schief, streitet der Auftraggeber jegliche Verbindung ab.[135] Sowohl Kriminelle als auch angeworbene Agenten werden mitunter abschätzig als »nützliche Idioten« bezeichnet. Das kommt daher, weil sie, wie oft in der Geheimdienstarbeit, aus ideologischer Überzeugung oder aufgrund finanzieller Anreize das Geschäft der Geheimdienste besorgen, selbst das Hauptrisiko tragen und immer Gefahr laufen, von heute auf morgen aufs Abstellgleis geschoben zu werden.

Stellvertreterorganisationen

Die dritte Gruppe ist sicherlich eine der kompliziertesten. Stellvertreterorganisationen lassen sich in mindestens zwei Gruppen unterteilen, zwischen denen jedoch fließende Grenzen bestehen:

1. Exil- und Widerstandsgruppen
2. Terrororganisationen

Die CIA und auch israelische Geheimdienste haben zum Beispiel in der Vergangenheit mit Exil- und Widerstandsgruppen zusammengearbeitet. So soll die Gruppe der Volksmudschahedin im Iran bereits seit Jahrzehnten in geheimem Kontakt mit der CIA und dem Mossad stehen. Vor allem der Mossad soll bei seinen Mordanschlägen im Iran stets auf die Unterstützung lokaler Gruppen, die wohl auch die Durchführung von Anschlägen selbst übernahmen, zurückgegriffen haben.[136] Der Vorteil dabei: Mitglieder solcher Gruppen können leichter in gefährlichen Regionen und solchen, in denen fremde Agenten aufgrund kultureller Unterschiede stark auffallen, operieren. Darüber hinaus verfügen sie über eine gute logistische Infrastruktur und Know-how. Und sie bieten eine gute Tarnung für Tötungsoperationen, denn werden die Täter gefasst, liegt vordergründig ein anderer Tathintergrund nahe. Gefährlich ist diese Zusammenarbeit mit Stellvertretern jedoch allemal: Sie kann zu dramatischen internationalen Verwicklungen führen und – wie etwa die Unterstützung Osama bin Ladens durch die CIA während des Afghanistankrieges in den

1980ern zeigte – auch zur Unterstützung von Terrororganisationen beitragen.[137]

Allerdings werden Terroristen von Geheimdiensten ebenso als Stellvertreter zur Ausführung von Mordaufträgen eingesetzt. So soll zum Beispiel der Geheimdienst des sozialistischen Rumänien 1980 dem international gesuchten Terroristen Ilich Ramírez Sánchez, genannt »Carlos der Schakal«, eine Million US-Dollar gezahlt haben, um den in die USA übergelaufenen ehemaligen Geheimdienstchef Ion Mihai Pacepa zu töten. Nachdem er Pacepa, der nach zwei Todesurteilen in Rumänien sein Leben lang im Verborgenen lebte, nicht finden konnte, verübte er am 21. Februar 1981 einen Bombenanschlag auf den antikommunistischen Radiosender Radio Free Europe in München.[138]

Ein anderes Beispiel ist die bereits zuvor erwähnte Terrororganisation Rote Hand, die der französische Geheimdienst SDECE gegründet oder zumindest instrumentalisiert haben soll: 1960 verübte sie ein Attentat auf Wilhelm Beisner in München. Beisner war im Zweiten Weltkrieg Angehöriger der Waffen-SS und für das »Reichssicherheitshauptamt« mit nachrichtendienstlicher Aufklärung auf dem Balkan und in Nordafrika betraut gewesen. Ende der 1940er-Jahre ging er nach Kairo, bildete dort Geheimdienste und Kämpfer aus und war einer der Waffenlieferanten der algerischen Unabhängigkeitsbewegung. 1957 warb ihn auch der deutsche Auslandsnachrichtendienst BND als Quelle an und bekam von ihm Informationen aus Nordafrika. Am 16. Oktober 1960 dann startete Beisner sein Auto in München-Schwabing, als eine Bombe detonierte. Beisner und seine Frau überlebten die Explosion, er verlor jedoch ein Bein. Bei den Ermittlungen verweigerte er die Aussage, die Tat wurde jedoch schnell der Roten Hand zugeschrieben, die ihn wegen seiner Waffengeschäfte ins Visier genommen hatte. Das Beisner-Attentat war nur einer von mindestens acht Mordanschlägen der Roten Hand in Deutschland.[139]

Terroristen und Terrorgruppen werden mitunter als Stellvertreter für Geheimdienstmorde genutzt, da sie umfassendes Know-how und Ressourcen mitbringen, wenig Skrupel haben und dem Staat, der den Mord beauftragt, ein glaubwürdiges Dementi ermöglichen. Das Problem dabei: Terroristen verfolgen stets eine eigene Agenda und eignen sich nicht als willige Befehlsempfänger. Stattdessen versuchen sie, Staaten und Geheimdienste für ihre eigenen Ziele einzuspannen und zu nutzen. Kooperieren also Geheimdienste mit Terroristen gegen einen Gegner, lassen sich Hintermänner und Täter sowie deren Motive oftmals nur schwer unterscheiden.

Eine weitere Möglichkeit ist, dass Geheimdienste Methoden von Terrorgruppen kopieren, um zu verschleiern, dass sie hinter einem Attentat stehen. Der Minister für Staatssicherheit und damit oberster Geheimdienstchef der DDR, Erich Mielke, gab zum Beispiel 1982 die Weisung aus, die Stasi solle die Taktiken und Methoden von Terrorgruppen, insbesondere der linksextremistischen Rote-Armee-Fraktion (RAF), genau studieren und bei möglichen Anschlägen kopieren. Dadurch sollte ein falscher Verdacht erzeugt und vom geheimdienstlichen Hintergrund des jeweiligen Anschlags abgelenkt werden.[140]

Geheimdienstmitarbeiter, Offiziere und Militärs

Nur diese vierte Gruppe befindet sich in einem regulären Verhältnis zu ihrem Staat und handelt offiziell in seinem Auftrag. Diese Täter sind ihrem Staat und oftmals auch der herrschenden Partei oder Ideologie verpflichtet. Als großer Vorteil für den beauftragenden Geheimdienst sind ihre Loyalität und die spezielle Ausbildung zu sehen. Das Beispiel des KGB-Offiziers Nikolaj Chochlow belegt jedoch, dass auch bei dieser Gruppe die Loyalität nicht in Stein gemeißelt ist: 1954 sollte Chochlow in Frankfurt den Vorsitzenden der antikommunistischen Emigrantenorganisation Bund der russischen Solidaristen, Georgij Okolowitsch, vergiften, warnte diesen jedoch stattdessen und lief in die USA über.[141]

Der Einsatz offizieller Geheimdienstmitarbeiter für Auftragsmorde birgt noch weitere Risiken: Werden sie bei einem Mord im Ausland erwischt, ist die Tat für den Staat und seinen Geheimdienst kaum mehr glaubhaft abzustreiten. Die politischen Folgen und der Imageschaden sind dann enorm. Gleichzeitig sind die »Legenden«, also Tarnidentitäten, die für solche Mitarbeiter kreiert werden müssen, in der Regel um einiges aufwendiger als für angeworbene Agenten, da ihre tatsächliche Identität besser geschützt werden muss. Darüber hinaus gilt: Werden die Geheimdienstmörder enttarnt, werden auch die Mittel, die der Geheimdienst für ihre »Legende« eingesetzt hat, öffentlich. Die Folge ist, dass in Zukunft für alle Mitarbeiter und Agenten des Geheimdienstes neue Mechanismen zur Tarnung gefunden werden müssen, was mit viel Aufwand und hohen Kosten verbunden ist. Die Mossad-Agenten, die 2010 den Waffenhändler Mahmoud Abdel Rauf al-Mabhouh in Dubai töteten, oder das GRU-Team, das mutmaßlich Sergej Skripal 2018 in England und 2015 Emilian Gebrew in Bulgarien vergiftete, sind beste Beispiele dafür: In beiden Fällen gingen sowohl Fotoaufnahmen der Täter als auch detaillierte Angaben über ihre gefälschten Pässe und Identitäten um die Welt. Im Falle der Mossad-Agenten protestierten mehrere Staaten, darunter Deutschland und Großbritannien, dagegen, dass ihre Pässe für staatliche Tötungsoperation gefälscht wurden. Im Fall der GRU-Agenten wurde gar deutlich, dass der russische Militärgeheimdienst recht schlampig bei der Konstruktion seiner Tarnidentitäten vorging: Über geleakte Datenbanken gelang es den Journalisten von Bellingcat, zahlreiche Tarnidentitäten anhand ihrer – fortlaufenden! – Seriennummern zu enthüllen. Dies führte schlussendlich sogar zur Auflösung einer ganzen GRU-Spezialabteilung.

Auswahlkriterien

Wie wählen Geheimdienste nun aus, wen sie mit einer gezielten Tötung beauftragen? Es gibt tatsächlich gewisse Regelmäßigkeiten, die damit zusammenhängen, wer die Zielperson ist:

- Bei politischen Führungspersonen und anderen herausragenden Persönlichkeiten werden in der Regel Personen aus deren unmittelbarem Umfeld als Agenten angeworben. Das hat mit praktischen Erwägungen zu tun, da eigene Geheimdienstmitarbeiter oder Kriminelle zumeist keine Möglichkeit haben, sich dem Opfer unauffällig zu nähern.
- Überläufer, Verräter und generell andere Geheimdienstler hingegen werden häufig von offiziellen Geheimdienstmitarbeitern aus den eigenen Reihen getötet. Dies hat zum einen mit Geheimhaltung zu tun und zum anderen mit der psychologischen Botschaft, die durch den Mord ausgesandt werden soll.
- Sonstige Opfer und unliebsame Personen werden oftmals durch Täter aller drei Kategorien getötet. Hier kamen in der Vergangenheit besonders oft Täter aus dem kriminellen Milieu zum Einsatz.

Allerdings gilt auch bei dieser Täter-Opfer-Kategorisierung: Es handelt sich um Anhaltspunkte, keine Gesetzmäßigkeiten. Oft geben die Faktoren, auf die Kapitel 4 und 5 näher eingehen, und damit zusammenhängende praktische Erwägungen den Ausschlag für die Wahl des Täters.

Gemeinschaftsaufgabe Mord

Als Josef Tuszynski alias »IM Karate« vom DDR-Geheimdienst 1975 versuchte, den Fluchthelfer Siegfried Schulze im Treppenhaus seiner Berliner Wohnung hinterrücks zu töten, war er nicht allein. Ein zweiter IM – »Rennfahrer« – stand zunächst Wache, musste dann aber eingreifen, als sich das Opfer wehrte.[142]

Jaakov Meidad, Mossad-Agent im Programm zur Entführung und Tötung von untergetauchten NS-Kriegsverbrechern, war Teil mehrerer Teams. In Gruppen zu je mindestens vier Agenten entführten sie Adolf Eichmann in Argentinien, töteten Herberts Cukurs in Uruguay und bliesen die zeitgleiche Tötung von Walter Rauff und Klaus Barbie in Chile beziehungsweise Bolivien erst in letzter Sekunde ab.[143]

Ein anderes Beispiel für geheimdienstliches Teamwork bei Auftragsmorden ist der Fall des 2018 in Istanbul vom saudi-arabischen Geheimdienst ermordeten Journalisten Jamal Khashoggi. Kurz nachdem er das Gebäude des saudischen Konsulats in Istanbul betrat, soll ihn ein extra aus Riad eingeflogenes Team von 15 Personen angegriffen und getötet haben. Darunter war ein Arzt, Salah Muhammed al-Tubaigy, der den Tod der Zielperson wie auch eine »fachgerechte« Entsorgung der Leiche überwachen sollte.

Als Mahmoud Abdel Rauf al-Mabhouh, Waffenkäufer der palästinensischen Hamas, 2010 in seinem Hotelzimmer in Dubai durch das muskellähmende Mittel Suxamethoniumchlorid zum Ersticken gebracht wurde, war das ebenso wenig die Tat eines Einzelnen. Insgesamt organisierte der israelische Mossad die Tötung Mabhouhs durch zwei Teams mit 27 Agenten: Ein Team war für die Observation und Auskundschaftung der Zielperson verantwortlich, das andere führte am 18. Januar 2010 den Mord aus, bei dem mindestens drei Agenten Mabhouh in seinem Zimmer überwältigten, während der Rest auf verschiedenen Stationen im Hotel Wache hielt.[144]

Diese beachtliche Teamstärke und Aufgabenteilung scheint für die Tötungsmissionen des israelischen Mossad charakteristisch: Die fast schon legendäre Caesarea- beziehungsweise Kidon-Abteilung des Mossad soll bei ihren Mordaktionen einer ähnlichen Aufgabenteilung gefolgt sein:

- zwei Killer
- zwei Agenten, um diese abzuschirmen, zu bewachen und zu observieren
- zwei Agenten für die logistische Organisation (Hotels, Reisen et cetera) am Zielort
- bis zu acht Agenten für die Observation der Zielperson und der Fluchtrouten
- zwei Agenten für die Kommunikation des Teams untereinander und mit der Zentrale

Insgesamt macht das bis zu 16 Agenten, deren Aufgaben in die Bereiche Logistik, Kommunikation, Observierung und Tötung unterteilt waren. Die meisten Agenten waren dabei mit dem Observieren betraut.

Ein Geheimdienstmord ist also fast immer Teamarbeit. Die Größe der Teams variiert dabei von zwei bis hin zu 20 oder mehr Agenten vor Ort. Nur selten erreichen die Teams jedoch solch eine Stärke wie bei der Tötung Mahmoud al-Mabhouhs in Dubai durch 27 Agenten. Deutlich häufiger, wie vor allem jüngere Tötungsaktionen der russischen Geheimdienste nahelegen, ist eine Teamstärke von circa vier bis acht Agenten.

Mitunter teilen sich Teams bei Tötungsoperationen nach Aufgaben auf, was wie folgt aussehen kann:

- Lokalisierung und Identifikation der Zielperson ist der erste Schritt, gefolgt von ihrer Observierung, die immer mit mehreren Personen durchgeführt wird.

- Schreiten die Agenten zur Ausführung der Tat, sind es meist nur ein bis zwei, die die tödliche Handlung vollziehen.
- Zeitgleich jedoch überwacht mindestens ein Agent den Tatort und signalisiert gegebenenfalls Gefahr.
- Mindestens ein weiterer Agent überwacht entweder den Fluchtweg oder wartet mit einem Transportmittel.
- Gilt es, Spuren zu verwischen und Mordwaffen oder sonstige Objekte zu entsorgen, wäre dies idealerweise eine Aufgabe für ein bis zwei weitere Agenten.

Diese Zahlen und Aufgaben gelten natürlich nicht für Tötungen aus der Luft wie etwa bei geheimdienstlichen Drohnenoperationen.

Diese Arbeitsteilung soll einerseits die Geheimhaltung gewährleisten und andererseits sicherstellen, dass die Tat wie geplant ausgeführt werden kann und alle Mitglieder des Teams entkommen. In vielen populären Spionagefilmen und -büchern werden alle diese Aufgaben von ein und derselben Person ausgeführt, einem »einsamen Wolf« oder Draufgängeragenten wie James Bond. In der Realität jedoch ist dieses Vorgehen höchst riskant und kaum durchführbar.

Nichtsdestotrotz gibt es Fälle, bei denen ein einzelner Täter einen Geheimdienstmord ausführte – so etwa viele der Mordpläne der CIA gegen Fidel Castro. Und auch die KGB-Killer Pawel Sudoplatow, Nikolaj Chochlow und Bogdan Staschinski schritten allein zur Tat. Jedoch stammen alle diese Beispiele aus bereits länger zurückliegenden Zeiten, und nicht durch Zufall blieben viele der Mordpläne, die ein Einzeltäter durchführen sollte, erfolglos. Auch handelte es sich bei den Zielpersonen dieser Anschläge oft um herausragende, bekannte oder besonders gefährdete Personen. In diesen Fällen ist es oft unmöglich, unauffällig ein ganzes Team von Agenten in die Nähe des Opfers zu bringen. Geht ein Geheimdienst, wie zum Beispiel die CIA im Falle Fidel Castros, dann das

Risiko ein, einen auf sich allein gestellten Agenten zu beauftragen, muss die Operation besonders dringend sein. Letztlich entscheiden also sowohl die operativen Umstände im Zielland und die Umgebung der Zielperson als auch Überlegungen zur Geheimhaltung und Risikobereitschaft über die Anzahl der Agenten, die an einer Tötung beteiligt sind.

Eine Männerdomäne? Frauen im tödlichen Geschäft der Geheimdienste

Polizei, Militär und Geheimdienst sind seit jeher männlich beherrschte Domänen. Dies gilt umso mehr für Geheimdienstmorde. Sowohl deren Planung als auch die Ausführung – so legen jedenfalls die meisten bekannten Fälle nahe – sind Männersache. Und auch die Opfer sind fast ausnahmslos Männer.

Doch Vorsicht: Auch hier kommt Bewegung in althergebrachte Verhältnisse. Der moderne Geheimdienst wird – zumindest in der westlichen Welt – weiblicher und diverser.[145] Trotzdem werden Frauen in diesem Metier nach wie vor unterschätzt – und gerade dies ist ihr größter Vorteil: Wo männliche Stereotype die Erwartungen an Geheimagenten (und geheime Mörder) prägen, sind Frauen unauffälliger.[146] Diesen Vorteil nutzen Agentinnen vor allem bei grundlegenden geheimdienstlichen Tätigkeiten wie Informationsbeschaffung oder Observation. Solche Aufgaben und Rollen können sie auch als Teil eines Teams für gezielte Tötungen übernehmen. Demgegenüber galten Frauen aufgrund geringerer physischer Kraft im Vergleich zu Männern lange als ungeeignet für militärische, polizeiliche und auch geheimdienstliche Spezialaufgaben. In der Welt des (geheimen) Mordes glichen Frauen ihre geringeren physischen Kräfte jedoch oft durch den »Mord von zarter Hand« mittels Gift aus (mehr dazu in Kapitel 4).

Die Annahme jedoch, dass Geheimdienstmörder immer Männer sein müssen und Frauen »zu schwach« für geheime Tötungen seien, gehört ins Reich der Mythen. Tatsächlich nämlich hat die Geschichte des Geheimdienstmordes auch eine weibliche Seite.

Die britische Geheimagentin Vera Atkins ist ein gutes Beispiel: Mord, Sabotage, Propaganda und militärische Aufklärung waren ihr tägliches Geschäft.[147] Atkins, 1908 als Vera Maria Rosenberg in Rumänien geboren, schloss sich Anfang 1941 der Frankreich-Abteilung der britischen Special Operations Executive (SOE) an. Es war die kritischste Zeit des Zweiten Weltkrieges für Großbritannien und – ausnahmsweise – spielte das Geschlecht für Geheimdienstmitarbeiter nur eine untergeordnete Rolle. Winston Churchill persönlich hatte die SOE als Spezialabteilung gründen lassen und ihr den Auftrag gegeben, »Europa in Brand zu setzen«. Mord, Sprengstoffanschläge, Partisanenkriegsführung, Entführung, Demoralisierung und Informationsbeschaffung waren die Methoden dafür. Hauptschauplatz für SOE-Aktionen war das von Nazi-Deutschland besetzte Frankreich, wo beinahe täglich Agenten und Militärgerät mit dem Fallschirm abgeworfen wurden. Atkins, formal erst Sekretärin und dann Assistentin des Leiters der SOE-Frankreich-Abteilung, war unter anderem zuständig für die Rekrutierung, Ausbildung, Vorbereitung, Einschleusung und Betreuung weiblicher SOE-Agentinnen, die Einsätze hinter feindlichen Linien ausführen sollten. Insgesamt über 400 Agenten betreute Atkins bis zum Ende des Zweiten Weltkrieges, darunter mindestens 37 Frauen.

Obwohl diese Frauen vor allem als Kurierinnen, Funkerinnen oder Fluchthelferinnen vorgesehen waren, scherten sich manche davon ebenso wenig um Rollenbilder wie Vera Atkins selbst. Eine davon war Nancy Wake, die als Fluchthelferin von der Gestapo in Marseille verhaftet wurde, nach England flüchtete und als SOE-Agentin von Atkins zurück nach Frankreich geschleust wurde.[148]

Dort koordinierte sie das Untergrundnetzwerk »Maquis«, mit dem sie deutsche Waffendepots in die Luft sprengte. Wake selbst tötete bei diesen Einsätzen mehrere Soldaten und gegnerische Agenten – mit Handgranaten, Maschinengewehren und einmal angeblich auch durch einen Genickschlag.

Auch der israelische Mossad setzt seit Langem Agentinnen in seinen Mordkommandos ein. Eine davon war die in Südafrika geborene Sylvia Rafael. Der Mossad rekrutierte Rafael Ende der 1960er-Jahre und stellte ihr Jaakov Meidad als Ausbilder zur Seite, der zuvor an Entführungen und Tötungen von NS-Verbrechern beteiligt gewesen war. Nach ihrer Ausbildung ging Rafael nach Paris, hatte ihren folgenschwersten Einsatz jedoch 1973 im norwegischen Lillehammer. Dort war sie Teil des Mossad-Teams, das fälschlicherweise den marokkanischen Kellner Ahmed Bouchiki tötete, weil es ihn mit Ali Hassan Salameh verwechselte, dem Kopf der Terrorgruppe, die das Attentat auf die israelische Olympia-Mannschaft 1972 in München ausgeführt hatte. Rafael wurde bei der Aktion verhaftet, was ihre Karriere beim Mossad beendete.[149]

Dominique Prieur, geboren 1949 im französischen Besançon, war angeblich die erste französische Geheimdienstoffizierin – und Komplizin einer geheimdienstlichen Tötung. Prieur meldete sich 1974 zur Armee und ging 1977 zum französischen Auslandsgeheimdienst DGSE. 1985 schließlich war sie Teil des sechsköpfigen Teams, das eine verdeckte Aktion gegen das Greenpeace-Schiff *Rainbow Warrior* durchführte: Prieur und Alain Mafart gaben sich als Schweizer Ehepaar auf Hochzeitsreise aus, wobei Prieur Seeminen an Kampftaucher übergab. Prieur und Mafart wurden als einzige Mitglieder des Teams verhaftet und zu zehn Jahren Haft verurteilt, von denen sie allerdings nur ein Jahr in Neuseeland und zwei weitere auf der Insel Hao absaßen. Zurück in Frankreich wurde Prieur ausgezeichnet und befördert.[150]

Geheimdienste und von ihnen ausgeführte Tötungen sind ein männlich dominiertes Metier. In den Teams, die mit gezielten Tötungen beauftragt werden, gibt es allerdings viele Aufgaben, die immer öfter von Frauen ausgeführt werden. Diese haben tendenziell seltener mit Nahkampf oder tödlichen Schüssen zu tun – auch wenn Nancy Wake hier vielleicht widersprechen würde. Der ehemalige Chef des israelischen Mossad Tamir Pardo ging sogar so weit, Frauen spezielle Vorteil im »geheimen Krieg« zu attestieren: die Fähigkeit zum Multitasking, ein überzeugendes Rollenspiel, Situationen und Menschen zu erfassen oder ihr Ego hintanzustellen.[151] Inwieweit diese Feststellung zutrifft, sei dahingestellt. Andere Geheimdienstler halten Frauen in Undercover-Einsätzen hingegen schlichtweg für unauffälliger.[152]

Die finanzielle Seite: was ein Geheimdienstmord kostet

Der geheimdienstliche Mord in all seinen Varianten ist nicht nur zeitaufwendig und bedarf ausgeklügelten Equipments – er braucht auch einiges an Geld. Doch wie viel genau kostet ein Geheimdienstmord? Die Antwort darauf ist keineswegs einfach. Unterschiedliche Täter, Mordarten und Opfer führen zu sehr variablen Kosten.

Beauftragen Geheimdienste kriminelle Killer aus dem Umfeld des organisierten Verbrechens, gibt es oft einen fest vereinbarten Preis. Die CIA zum Beispiel war 1960 bereit, 150.000 US-Dollar an die Mafiosi Salvatore Giancana und Santo Trafficante zu zahlen, damit sie den Mord am kubanischen Staatsoberhaupt Fidel Castro organisierten. Heute würde diese Summe mehr als einer Million US-Dollar entsprechen. Ausgezahlt wurde sie jedoch nie zur Gänze, stattdessen wurden immer nur Anzahlungen in Höhe einiger

Tausend Dollar an willige kubanische Killer gezahlt, die jedoch keinen Erfolg hatten und dementsprechend auch nie die volle Bezahlung erhielten.[153]

Auch in den 1970er-Jahren schien diese Summe für einen geheimdienstlichen Auftragsmord mit Mafia-Verwicklungen in den USA immer noch üblich. Einem Überläufer zufolge bot der sowjetische Geheimdienst KGB 1975 einem Gangster, der durch einen KGB-Kontakt in der russisch-orthodoxen Kirche in den USA rekrutiert wurde, 100.000 US-Dollar, um den KGB-Überläufer Juri Nosenko zu töten. Auch diese Summe musste jedoch nie gezahlt werden, da der rekrutierte Mörder wegen anderer Vergehen verhaftet wurde, bevor er seinen Geheimdienstauftrag ausführen konnte.[154]

Im selben Jahr bezahlte auch der DDR-Geheimdienst MfS für einen Auftragsmord. Josef Tuszynski alias »IM Karate« erhielt 10.000 D-Mark für den Mord an dem Fluchthelfer Siegfried Schulze, obwohl Schulze den Anschlag überlebte. Tuszynski arbeitete jedoch jahrelang für das MfS und bekam somit auch regelmäßig Agentenlohn. Richtig teuer wurde es für den Geheimdienst allerdings erst, als Tuszynski 1983 in der DDR untertauchte, eine Neubauwohnung geschenkt bekam sowie 1200 DDR-Mark monatliche Rente.[155]

Francesco Gullino, Agent »Piccadilly« des bulgarischen Geheimdienstes und mutmaßlicher »Regenschirmmörder« Georgi Markows, bekam nachweislich im Zusammenhang mit der Tat 1978 ein Handgeld von 2000 britischen Pfund. In der gesamten Periode zwischen 1976 und 1990 erhielt »Piccadilly« 3350 Pfund, 20.865 US-Dollar, 28.800 Dänische Kronen, 360 Bulgarische Lewa und 100 D-Mark in bar.[156]

In den Schatten gestellt werden alle Honorare für geheimdienstliche Auftragsmörder jedoch, wenn man sie mit den astronomischen Summen vergleicht, die für moderne Drohnenprogramme gezahlt werden: Eine einzelne Kampfdrohne vom Typ »General Atomics MQ-9 Reaper« kostete den US-amerikanischen Steuerzahler 2019 genau 15,9 Millionen US-Dollar.[157] Dazu kommen natürlich noch die Kosten für Munition und Raketen, Wartung und das Personal, das die Drohne bedient (auch gezielte Tötungsoperationen per Drohne werden im Team ausgeführt). Die Gesamtkosten für das Drohnenprogramm der USA wurden 2012 offiziell mit 11,9 Milliarden US-Dollar beziffert.[158]

Die Kosten eines Geheimdienstmordes hängen also vor allem vom Täter ab. Einmalig engagierte kriminelle Auftragsmörder sind in der Regel teuer. Dies gilt umso mehr, wenn es sich bei dem Opfer um eine herausragende Persönlichkeit oder eine gut geschützte Person handelt. Tatsächlich zahlten sowohl die CIA als auch der KGB in den USA deutlich höhere Summen für Mordaufträge als in Europa.

Werden jedoch angeworbene Agenten für einen Mordauftrag eingesetzt, die langfristig für den Geheimdienst tätig sind, fällt die einmalige Entlohnung in der Regel geringer aus. Dafür jedoch erhält der Agent regelmäßige Zuwendungen und wird zeitlebens von seinem Geheimdienst versorgt.

Handelt es sich bei den Killern aber um offizielle Geheimdienstmitarbeiter und Offiziere, fließen keine großen Summen. Stattdessen erhalten sie Auszeichnungen oder Beförderungen, die oftmals mit kleinen Boni verbunden sind. Jeder Geheimdienst verfügt über eine Art Privilegienprogramm für seine Mitarbeiter: Neben einer lebenslangen Anstellung beinhaltet dies auch Kranken- und Rentenvorsorge, Dienstwagen, staatliche Wohnungen oder Urlaubsprogramme. Im Falle von Alexander Mischkin und Anatoli Tschepiga – Offiziere des russischen Militärgeheimdienstes GRU, die als mutmaßliche Täter des Giftanschlags auf den Überläufer Sergej Skripal gelten – bewiesen Einträge in Moskauer Adressdatenbanken, dass beide im Zuge von Auszeichnungen in bessere Wohnungen umzogen. Diese Wohnungen befinden sich in einer Lage, die dem Bauprogramm des Staates zugeschrieben und für Geheimdienstmitarbeiter reserviert ist, und sollen dabei in einer Preisspanne zwischen 350.000 und 500.000 Euro rangieren.[159]

Abgesehen von allen belegbaren Zahlen gilt: Die Gesamtkosten eines Geheimdienstmordes übersteigen reine Honorare und »Kopfprämien« bei Weitem. Zu bedenken sind auch die unzähligen Arbeitsstunden zahlreicher Geheimdienstmitarbeiter und die Unmengen verwendeter Materialien und Ausrüstung. Diese müssen auch dann aufgewendet werden, wenn der eigentliche Mord von einem einfachen Kriminellen ausgeführt wird. Die Bruttokosten einer geheimdienstlichen Tötung liegen also – nicht nur im Falle sündhaft teurer Drohnenprogramme – um ein Vielfaches höher als die Einmalhonorare, die für Auftragskiller gezahlt werden.

INFOBOX

- Heutzutage geraten nur eine Handvoll Länder im Zusammenhang mit Geheimdienstmorden immer wieder in den Mittelpunkt der Aufmerksamkeit: Die »großen Drei« sind die USA, Russland und Israel. Auch der Iran, Saudi-Arabien und die Türkei werden oft mit Tötungsoperationen in Verbindung gebracht.
- Es gibt vier Personengruppen, die von Geheimdiensten mit Tötungsoperationen beauftragt werden:
  1. Kriminelle, Berufsverbrecher und Mitglieder des organisierten Verbrechens
  2. angeworbene Agenten
  3. Stellvertreterorganisationen
  4. offizielle Geheimdienstmitarbeiter, Offiziere und Militärs

- Geheimdienste unterhalten zur Durchführung von Tötungsoperationen spezielle Abteilungen.
- Seit dem »Krieg gegen den Terror« werden Tötungsoperationen immer öfter an private Sicherheitsfirmen und War Contractors ausgelagert.
- Auftragsmörder im Geheimdienstauftrag handeln so gut wie nie allein, sondern in einem Team.
- Geheimdienstmorde werden vor allem von Männern ausgeführt, doch immer öfter sind auch Frauen Teil solcher Operationen.
- Wie viel Honorar für einen Geheimdienstmord gezahlt wird, variiert je nachdem, zu welcher Gruppe der beauftragte Killer gehört.

KAPITEL 4

Wie Geheimdienste töten I: Mordmethoden

Die Waffenkammer der Geheimdienste, die mehr oder weniger regelmäßig geheime Tötungen durchführen, ist prall gefüllt. Ähnlich wie militärische Ausrüstung sind die Waffen der Geheimdienste an ihren Zweck angepasst. Der Unterschied liegt darin, dass sie selten eine möglichst große Durchschlags- und Zerstörungskraft aufweisen, sondern möglichst präzise sein sollen. Dementsprechend müssen die Mordinstrumente möglichst unauffällig, handlich und vor allem maximal tödlich sein.

Um solche Werkezeuge herzustellen, verfügen alle großen Geheimdienste über eigene Technikabteilungen: Die CIA hat dafür ihr Office of Technical Service, früher auch Technical Service Staff oder Technical Service Division genannt; der sowjetische KGB hatte seine Operativ-technische Abteilung; bei der ostdeutschen Stasi war es der Operativ-technische Sektor, und der deutsche BND sammelt heute seine technische Expertise für Spezialtechnik in der Abteilung Unterstützende Dienste.[160]

Die Techniker und Ingenieure dieser Abteilungen beschäftigen sich ständig mit den neuesten Geheimdienstwaffen: Einerseits geht es darum, beschaffte oder gefundene Waffen zu analysieren, andererseits müssen immer wieder eigene Waffen entwickelt oder bereits vorhandene modifiziert und umgebaut werden. Besonders ausgebuffte Erfindungen der anderen Seite werden mitunter kopiert.

Als zum Beispiel der KGB-Offizier Nikolaj Chochlow 1954 in die USA überlief, brachte er eine besonders raffinierte Mordwaffe aus der Moskauer Geheimdienstzentrale mit: eine Zigarettenschachtel, in die eine elektrische Schusswaffenvorrichtung eingebaut war, um tödliche Zyankalipatronen zu verschießen. Damit sollte Chochlow den Ukrainer Georgij Okolowitsch umbringen, flüchtete stattdessen jedoch in die USA und enthüllte das Mordkomplott samt Tatwaffe auf einer Pressekonferenz. Sogleich machten sich auch die Tüftler des Technical Service Staff der CIA daran, die tödliche Zigarettenschachtel zu untersuchen, nicht nur, um Gegengifte zu entwickeln, sondern auch, um ähnliche Apparate zu bauen.[161]

Der technischen Entwicklung von Spezialwaffen geht natürlich immer die Entscheidung voraus, wozu sie eingesetzt werden sollen. Die Frage ist also: Auf welche Art und Weise soll die Zielperson getötet werden? Sieben Optionen kommen dafür infrage:

1. Erschießen
2. fingierte Unfälle
3. fingierte Selbstmorde
4. Nahkampf
5. Bomben und Sprengstoff
6. Raketen und Drohnen
7. Gift

Wann greifen Geheimdienste nun zu welcher Methode, und welche Instrumente kommen dabei konkret zum Einsatz?

Schusswaffen

Erschießen war die bevorzugte Tötungsmethode des jugoslawisch-kroatischen Geheimdienstes. Über 20 Morde und mindestens ebenso viele Mordversuche werden ihm in Deutschland zwischen

1967 und 1989 zugeschrieben. Die Opfer: allesamt kroatische Politemigranten, besonders die Mitglieder der nationalistischen Kroatischen Revolutionären Bruderschaft (*Hrvatsko revolucionarno bratstvo*, kurz: HRB), die das kommunistische Regime Jugoslawiens mit Terroranschlägen bedrohte.[162] Eines der ersten Mordopfer war das HRB-Mitglied Marijan Šimundić, der 1967 nahe der Bundesstraße 295 bei Stuttgart mit fünf Schüssen getötet wurde. Fünf Jahre später, in der Nacht zum 9. März 1972, wurde Josip Senić, ebenfalls HRB-Mitglied, mit zwei Genickschüssen getötet, als er unter falschem Namen in einer Wieslocher Pension übernachtete. Ähnlich erging es Stjepan Djureković. Der ehemalige Wirtschaftsfunktionär des sozialistischen Jugoslawien hatte seit 1975 für den deutschen Auslandsnachrichtendienst BND spioniert und floh 1982 nach München. Dort veröffentlichte er zusammen mit anderen Exilkroaten regimekritische Schriften, die sie in einer von Djureković gemieteten Garage in der Sauerlacher Straße 1 in Wolfratshausen druckten. Gegen 10.30 Uhr am 28. Juni 1983 wollte Djureković dort ein Manuskript hinterlegen, als drei Männer auf ihn warteten. Sofort eröffneten sie das Feuer, mindestens zwei Schüsse trafen ihn tödlich, bevor ihm die Täter den Schädel einschlugen.[163]

Auch das bereits erwähnte »Mykonos-Attentat« vom 17. Dezember 1992 ist ein eindringliches Beispiel: Hier wurden die iranisch-kurdischen Exilpolitiker Sadegh Scharafkandi, Fattah Abdoli, Homayoun Ardalan und Nouri Dehkordi auf Anweisung aus Teheran in dem griechischen Lokal Mykonos mit 29 Schüssen getötet.[164]

Die Erschießung Mohsen Fachrisadehs, Chef-Wissenschaftler des iranischen Atomprogramms, am 27. November 2020 soll gar ein 20-köpfiges Team durchgeführt haben – allerdings aus der Ferne mithilfe eines ferngesteuerten Waffensystems. Fachrisadeh starb durch zwölf Schüsse in seinem Nissan, während seine neben ihm sitzende Frau und seine zwölf Leibwächter unverletzt blieben.[165]

Ähnliche automatisierte Waffensysteme soll das israelische Militär bereits in der Vergangenheit eingesetzt haben. Sie könnten einen Wendepunkt beim Einsatz von Schusswaffen bei geheimen Tötungen markieren: Anschläge könnten von nun an öfter automatisiert durchgeführt werden, wobei menschliche Agenten die Mordwaffe aus der Distanz steuern.

Diese Liste wäre endlos fortzusetzen. Erschießen ist wohl die klassischste Methode für Geheimdienstmorde, und dafür gibt es mehrere Gründe:

- Ein erschossenes Mordopfer fällt nicht unbedingt durch seine Todesumstände auf, weil auch viele andere Mordopfer, zum Beispiel im Bereich der organisierten Kriminalität, auf diese Art sterben.
- Die Spuren einzelner Handfeuerwaffen verlieren sich immer wieder im Dunkel des florierenden Schwarzmarktes. Erschießen als Todesursache lässt also nur selten zwingend auf einen Geheimdienst schließen.
- Erschießen wirkt somit oft wie ein »normaler« Mord im kriminellen Milieu. Geheimdienste als die tatsächlichen Täter sind somit die sprichwörtliche Nadel im Heuhaufen.
- Einfache oder leicht modifizierte Schusswaffen haben viele Eigenschaften, die sie für geheime Morde interessant machen: Sie sind weit verbreitet, klein, unauffällig und schwer zurückzuverfolgen; ihr Einsatz dauert nur wenige Sekunden und kann schallgedämpft sogar geräuschlos über die Bühne gehen. Und für geübte Schützen wie ausgebildete Geheimdienstoffiziere, ehemalige Militärs oder professionelle Auftragsmörder sind sie entsprechend einfach zu handhaben.

Fingierte Unfälle

Juli 1960: Der Pilot José Raúl Martínez fliegt aus der kubanischen Hauptstadt Havanna nach Prag, um dort Raúl Castro, Vize-Premierminister und Bruder des Kommunistenführers Fidel Castro, abzuholen. Was kaum jemand weiß: Martínez hatte vor seinem Abflug von William J. Murray, einem Agentenführer der CIA in Havanna, den Auftrag bekommen, Raúl Castro umzubringen. Es sollte wie ein Unfall aussehen, wofür Martínez einen Motorschaden beim Start oder eine Wasserlandung drei Stunden Flugzeit von Kuba entfernt vorschlug. Alle Varianten schienen ihm jedoch haarig. Während er bereits in der Luft war, wollte die CIA die Operation abbrechen, doch es gab keine Möglichkeit mehr, Martínez zu kontaktieren. Der entschied selbstständig, keinen Unfall zu inszenieren, da er keine Möglichkeit sah, nur Castro zu töten, ohne das Leben der anderen Insassen (und sein eigenes) zu gefährden.[166] 2006 folgte Raúl Castro seinem schwer erkrankten Bruder Fidel als Staats-, Regierungs- und Parteichef nach.

Anfang Oktober 1978 fand eine Sekretärin der britischen Medienanstalt BBC die Leiche des Bulgaren Wladimir Simeonow in seinem Reihenhäuschen in Plaistow, London. Die Todesursache: Er soll die Treppe hinuntergestürzt und an seinem eigenen Blut erstickt sein. Die Tür zu seinem Haus stand immer noch offen, als ihn die Sekretärin fand. Nur wenige Wochen zuvor wurde ein Kollege Simeonows, der wie er über das kommunistische Regime in Bulgarien und den Diktator Todor Zhiwkow berichtet hatte, in London getötet: Georgi Markow, der durch den berühmten »Regenschirmmord« starb.[167]

Braunschweig, 5. März 1983: Der angetrunkene Fußballspieler Lutz Eigendorf kam gegen 23 Uhr auf regennasser Fahrbahn mit seinem Alfa Romeo GTV6 von der Fahrbahn ab und prallte gegen einen Baum. Dabei soll er 2,2 Promille gehabt haben, obwohl Zeugen aussagten, Eigendorf habe nicht ansatzweise so viel getrunken. Zwei Tage später starb er im Krankenhaus an seinen Verletzungen. Bis heute ist der Fall ungeklärt: Wurde Eigendorf, ehemaliger Nationalspieler der DDR, vom ostdeutschen Geheimdienst umgebracht? Er war 1979 in die Bundesrepublik geflüchtet und spielte für Kaiserslautern und Braunschweig in der Bundesliga – eine Provokation für den SED-Staat. Morduntersuchungen wurden eingeleitet, verschiedene Theorien sprachen von manipulierten Bremsen, davon, dass er geblendet oder unter Drogen und Alkohol gesetzt worden war. Ein Beweis wurde nicht gefunden. Im Oktober 2019 soll ein ehemaliger Stasi-Mitarbeiter der Bürgerrechtlerin Freya Klier am Telefon gestanden haben, dass der DDR-Geheimdienst für Eigendorfs Unfall verantwortlich war.[168] Und Eigendorf war kein Einzelfall, es soll eine ganze Reihe mysteriöser Unfälle gegeben haben.

8. November 1987: Die DDR-Bürgerrechtlerin Freya Klier fuhr mit ihrem damaligen Mann, dem Liedermacher Stephan Krawczyk, von Ost-Berlin nach Stendal. Die beiden wurden von der DDR-Geheimpolizei seit dem Start ihrer Reise verfolgt. Die Fahrt verlief ruhig, doch plötzlich, in einer Linkskurve, ließ sich das Fahrzeug nicht mehr steuern. Nur ein Griff ins Lenkrad durch Krawczyk verhinderte, dass die beiden gegen einen Brückenpfeiler krachten. Sie schleuderten über die Landstraße und kamen irgendwann unverletzt zum Stehen. Seit diesem 8. November fährt Klier kein Auto mehr, das Trauma sitzt immer noch tief. An einen Mordanschlag glaubte sie damals nicht. Im Herbst 2019 ruft sie ein ehemaliger Vernehmer des berüchtigten DDR-Gefängnisses in Hohenschönhausen an und teilt ihr mit: Das Fahrzeug war manipuliert, Klier und Krawczyk hätten sterben sollen.[169]

Im Januar 1987 fanden Angehörige den englischen Computerspezialisten und Experten für elektronische Kriegsführung Richard Pugh tot in seiner Wohnung nahe Oxford. Pugh war von Kopf bis

Fuß in ein Seil eingewickelt, seine Füße aneinandergebunden und er hatte eine Plastiktüte über dem Kopf. Das offizielle Gutachten der Rechtsmediziner vermutete einen Unfall während eines schiefgelaufenen sexuellen Experimentes. Pugh war einer von 30 britischen Wissenschaftlern mit Verbindungen zu militärischen Forschungsprojekten im Rahmen der US-amerikanischen »Star Wars«-Initiative, die in den 1980er-Jahren unter mysteriösen Umständen zu Tode kamen. Keiner der Fälle wurde je aufgeklärt, obwohl zahlreiche Beobachter eine gezielte Operation des sowjetischen KGB vermuteten.[170]

Fingierte Unfälle als Mittel für geheime Morde bieten für die Täter viele Vorteile: Sie müssen nicht am Tatort verweilen und können unerkannt entkommen, noch bevor der Mord überhaupt stattfindet. Auch benötigen die Täter im Regelfall relativ wenig Ausrüstung und nur wenige technische Grundkenntnisse. Und das Offensichtlichste: Die Chancen stehen gut, dass die Tat tatsächlich als Unfall eingeordnet wird. Oftmals werden erst bei konkreten Verdachtsmomenten weitere Untersuchungen veranlasst, kommen dann aber nicht selten zu spät, da wichtige Spuren bereits verwischt und Beweismittel vernichtet sind. Letztlich bleibt es dadurch, selbst wenn ein Verdacht besteht, überaus schwer, nicht nur den Unfall als Mord zu erkennen, sondern auch einem Täter zuzuordnen.

Dem gegenüber stehen jedoch auch einige Risiken und Nachteile. Das größte Problem mit fingierten Unfällen aus Sicht der Täter ist ihre Unzuverlässigkeit. Hier spielen Zufälle und winzige Details eine große Rolle: Bremsen, die doch nicht versagen oder eben nicht zu einem tödlichen Unfall führen; Opfer, die unerwartet geschickt reagieren oder ihre Gewohnheiten ändern; Sprengsätze, die nicht explodieren. Die Liste der unkalkulierbaren Risiken bei fingierten Unfällen ist fast so lang wie die Anzahl der Unfälle, die geheimdienstlichen Mördern zugeschrieben werden. Während des Hergangs kann der Täter aus der Distanz wenig bis keinen Einfluss auf den Lauf der Dinge ausüben. Geht aber ein fingierter Unfall schief, besteht das Risiko, konkrete Spuren wie Fingerabdrücke, technische Gerätschaften oder Sprengsätze zu hinterlassen, die dann in Richtung des Täters weisen.

Fingierte Selbstmorde

Am 4. August 1986 fanden Polizisten die Leiche von Vimal Dajibhai unter der Clifton-Brücke im britischen Bristol. Von dort soll Dajibhai, ein 24-jähriger Softwarespezialist, in den Tod gesprungen sein. Der Fall wurde nie aufgeklärt, und nur wenige Monate später, am 28. Oktober, kam es zu einem weiteren mysteriösen Selbstmord in Bristol: Arshad Sharif, Analyst und Programmierer, wurde tot in seinem Auto gefunden. Ein Ende eines Seils war um seinen Hals gebunden, das andere um einen Baum – er soll mit Vollgas angefahren sein, wobei sein Genick brach. Beide Computerspezialisten hatten im Zuge des »Zeus«-Projektes des britischen Rüstungsunternehmens Macroni an einer Computersimulation für das US-amerikanische »Star Wars«-Rüstungsprogramm der Reagan-Regierung gearbeitet. Beide Fälle wurden nie aufgeklärt, manche Experten vermuteten eine Tötungsoperation des KGB, da Dajibhai und Sharif nur zwei von 30 mysteriösen Todesfällen britischer Wissenschaftler aus dem »Star Wars«-Programm in den 1980ern waren.[171]

Zwei Journalisten des Magazins *Stern* fanden am 11. Oktober 1987 Uwe Barschel – den ehemaligen Ministerpräsidenten Schleswig-Holsteins, der wegen einer politischen Affäre zurückgetreten war – tot in der Badewanne seines Hotelzimmers im Genfer Beau-Rivage. Todesursache: Vergiftung mit Schlafmitteln. In Barschels Körper fanden die Ärzte insgesamt acht Medikamente, vor allem starke Beruhigungsmittel. Der tödliche Medikamentencocktail entsprach dabei einer Anleitung zum Suizid, die von der Deutschen Gesellschaft für Humanes Sterben empfohlen worden war. Die Schweizer Staatsanwaltschaft ordnete den Fall als Selbstmord ein. Jahre später behauptete der ehemalige Mossad-Agent Victor Ostrovsky, der Mossad habe Barschel die Mittel verabreicht und es wie Selbstmord aussehen lassen. Der angebliche Grund: Verschleierung geheimer Waffendeals über deutsche Häfen, in die Barschel verwickelt war. 2010 veröffentlichte der Schweizer Toxikologe Hans Brandenberger ein Gutachten zur Untersuchung des Giftmixes in Barschels Körper. Sein Ergebnis: Die Medikamente seien zeitversetzt eingenommen worden und der von Ostrovsky beschriebene Giftcocktail stimme mit den Tests überein. Die Diagnose: Selbstmord sei unwahrscheinlich. Offiziell gilt dieser umstrittene Fall bis heute als Selbstmord – die von Ostrovsky geäußerten Verdächtigungen gegen den Mossad konnten nie bewiesen werden. Dass der israelische Geheimdienst tatsächlich gewählte deutsche Politiker umbringen würde, ist darüber hinaus eine steile These. Der plötzliche Selbstmord Barschels und die toxikologischen Ungereimtheiten erwecken jedoch bis auf den heutigen Tag Zweifel an einem Selbstmord.[172]

Am 23. März 2013 fanden Hausangestellte den russischen Oligarchen Boris Berezowski tot an einem Strick in seinem Anwesen im britischen Nobelort Ascot – seit über 300 Jahren Heimat eines der bekanntesten Pferderennen der Welt. Todesursache war Strangulation. Über ein Jahr untersuchten die britische Polizei und Rechtsmediziner den Fall und stellten am Ende ein *open verdict* fest, ein englischer Spezialfall, in dem kein abschließendes Urteil über die Frage nach Mord oder Selbstmord getroffen wird. Der deutsche Rechtsmediziner Bernd Brinkmann, der von Berezowskis Tochter als Gutachter engagiert wurde, war da eindeutiger: Selbstmord schätzte er als unmöglich ein, weder die waagerechten Strangulationsmarkierungen an Berezowskis Hals noch das hochrote Gesicht würden zu Suizid durch Erhängen passen. Berezowski war einer der Erzfeinde des russischen Staatspräsidenten Wladimir Putin, rief offen zum Umsturz in seiner Heimat auf und hielt Putin für fähig, »jeden töten zu lassen«. Gleichzeitig litt Berezowski an Depressionen, nachdem er nicht nur Hunderte Millionen Dollar, sondern auch seine Frau verloren hatte.[173]

Auch diese Liste verdächtiger Suizide ließe sich problemlos fortsetzen. Ähnlich wie fingierte Unfälle sind fingierte Selbstmorde ein gern gewähltes Mittel, um Tötungen zu verschleiern. Oftmals werden dabei verschiedene Methoden und Instrumente verwendet, zum Beispiel indem Opfer erst mit Gift, Drogen und Medikamenten betäubt und anschließend erhängt, ertränkt oder aus großer Höhe hinuntergeworfen werden. Die Betäubung macht das Opfer wehrlos und die zweite, offensichtliche Todesursache soll nicht nur Polizei und Rechtsmediziner täuschen, sondern auch verschleiern, dass bei dem scheinbaren Selbstmord nachgeholfen wurde. Nur genaue rechtsmedizinische Untersuchungen und kleinste Spuren am Tatort verweisen auf die unnatürlichen Hintergründe. Ohne den Mörder jedoch lassen sich mysteriöse Suizide selten restlos aufklären. Gleichzeitig ist diese Methode zeitaufwendig und vor allem von genauester Ausführung abhängig. Kleinste Spuren am Tatort etwa können verräterische Hinweise geben. Darüber hinaus ist auch eine Häufung mysteriöser Selbstmorde und Unfälle unter bestimmten Personengruppen irgendwann auffällig.

Nahkampf

Im Februar 1975 trat Siegfried Schulze nichtsahnend ins Treppenhaus seiner West-Berliner Altbauwohnung in der Kurfürstenstraße 25. Plötzlich traf ihn ein Handkantenschlag ins Genick. Die

Karatetechnik hätte für Schulze tödlich enden sollen, blieb aber wirkungslos. Schulze verwickelte seinen Angreifer in einen Bodenkampf, als auf einmal ein zweiter Angreifer mit einer Pistole auf Schulze einprügelte. Die beiden Täter steckten ihm den Lauf der Pistole in den Mund und drückten ab – doch wieder nichts. Das Magazin der Waffe war im Gerangel herausgefallen. Schließlich mussten beide Angreifer fliehen, und Schulze überlebte. Erst 1992 kam heraus: Die Täter waren vom DDR-Geheimdienst rekrutierte Kriminelle, »IM Rennfahrer« und »IM Karate,« die Schulze töten sollten. Das Motiv: Der 1972 aus der DDR geflohene Schulze engagierte sich in der sogenannten Kampfgruppe gegen Unmenschlichkeit mit Protestaktionen und Sprengstoffangriffen gegen die Berliner Mauer.[174]

Weniger Glück hatte der russische Kommunist Lew Dawidowitsch Bronstein (besser bekannt als Leo Trotzki). Neben Wladimir Iljitsch Uljanow (besser bekannt als Lenin) war Trotzki der zweite Mann der Russischen Revolution. Als der Diktator Iossif Wissarionowitsch Dschugaschwili (besser bekannt als Josef Stalin) die Macht in der Sowjetunion übernahm, ließ er alle alten Weggefährten und Konkurrenten verhaften und hinrichten. Trotzki floh vor den »Säuberungen« des Großen Terrors über die Türkei und Frankreich nach Mexiko, wo er bei der Künstlerin Frida Kahlo Asyl fand. Schon seit 1932 verfolgte ihn die russische Geheimpolizei. Am 20. August 1940 schnappte die Falle zu: Der spanische Kommunist Ramón Mercader, der unter falschem Namen eine Beziehung mit Trotzkis Sekretärin eingegangen war, besuchte Trotzki in dessen Haus in Coyoacán, Mexiko-Stadt. Mercader versteckte einen Eispickel, eine Pistole und ein Messer in seinem Mantel. Als sich Trotzki gegen 17.30 Uhr über einen Aufsatz auf seinem Schreibtisch beugte, schlug Mercader mit dem Eispickel auf seinen Schädel ein. Trotzki erlag seinen Verletzungen am nächsten Tag, Mercader saß 20 Jahre im Gefängnis ab, bevor er nach Moskau ausreiste und dort als »Held der Sowjetunion« ausgezeichnet wurde.[175]

Ein Beispiel aus der jüngeren Vergangenheit ist die Ermordung Jamal Khashoggis am 2. Oktober 2018: Der saudi-arabische Journalist betrat das saudische Konsulat in Istanbul, um Dokumente für seine bevorstehende Hochzeit in der Türkei abzuholen. Nach übereinstimmenden Berichten der Vereinten Nationen und der US-amerikanischen Geheimdienste wurde Khashoggi unmittelbar nach Betreten des Gebäudes angegriffen und im Kampf vermutlich erwürgt. Im Anschluss soll seine Leiche in kleine Stücke zersägt und in Säure aufgelöst oder in Beutel verpackt und an verschiedenen Orten entsorgt worden sein.[176] Zweifellos ein besonders brutaler Geheimdienstmord.

Alle drei Fälle zeigen die eher seltene, doch dafür umso brutalere Art geheimdienstlicher Tötungen im Nahkampf auf. Erschlagen, Erstechen oder Erwürgen erfordern direkten physischen Kontakt, Präsenz am Tatort und vor allem genaue Planung. Das Beispiel des fehlgeschlagenen Mordversuchs an Siegfried Schulze verdeutlicht die Risiken und Probleme dabei: Kämpfe können sich zuungunsten des Täters entwickeln, erregen schnell Aufsehen und hinterlassen viele Spuren. Auch setzen sie einen speziellen Tätertypus voraus, bei dem Physis und ein Hang zur Gewalt ausgeprägt sind.

Bomben und Sprengstoff

Am 11. April 1955 startete die Charter-Maschine »Kashmir Princess« der Air India aus Hongkong in Richtung der indonesischen Hauptstadt Djakarta. Doch dort kam sie nie an. Fünf Stunden nach dem Start explodierte eine Zeitbombe im Gepäckraum und zwang die Piloten zur Wasserlandung. Alle elf Insassen kamen ums Leben, nur einer war nicht an Bord: der chinesische Ministerpräsident Zhou Enlai. Ihn hatte der vom Geheimdienst der antikommunistischen Partei Kuomintang geplante Anschlag eigentlich töten sollen. Doch Enlai war rechtzeitig von seinem Geheimdienst gewarnt worden und hatte die Maschine nicht bestiegen. Den Anschlag und damit den Tod aller Insassen nahm er jedoch offenbar in Kauf, um die nach Taiwan geflüchteten Kuomintang-Mitglieder international diskreditieren zu können.[177]

Am 22. Januar 1979 tötete eine 100-Kilo-Autobombe Ali Hassan Salameh in Beirut. Salameh war nach Einschätzung des israelischen Geheimdienstes der Kopf hinter dem Terroranschlag der Gruppe Schwarzer September auf die israelische Olympiamannschaft 1972 in München. Gleichzeitig war Salameh aber auch von der CIA angeworben worden, die über ihn eine Verbindung zu Jassir Arafat unterhielt. Mehrmals soll die CIA ihn vor Mordplänen des Mossad gewarnt haben. 1978 hatte die Caesarea-Einheit ihre Agentin Erika Chambers (alias »Rinah«) nach Beirut geschickt, wo sie eine Wohnung in Salamehs Straße bezog und ihn auskundschaftete. Schließlich deponierte ein dreiköpfiges Team Plastiksprengstoff in einem VW, an dem Salameh vorbeifahren musste. Um circa 15.30 Uhr löste »Rinah« die Bombe aus und tötete Salameh, seine Leibwächter und mehrere Zivilisten.[178]

Imad Mughniyya, führender Kopf des Sicherheitsapparates der libanesischen Hisbollah, verließ am Abend des 12. Februar 2008 eine sichere Unterkunft des syrischen Geheimdienstes in Damaskus, genauer im Nobelviertel Kafr Soussa. Um 22.45 Uhr nährte sich Mughniyya seinem Mitsubishi-Pajero. Dann erschütterte eine gewaltige Explosion die Straße, und Mughniyya war sofort tot. Ausgelöst wurde die Explosion von einem Sprengsatz, den Agenten der israelischen Geheimdienste Mossad und Aman zündeten. Er war unter der Abdeckung des Ersatzrades auf der Heckklappe des Wagens versteckt gewesen. Informanten des Mossad zufolge war dies nahezu der einzige Ort am Fahrzeug, der von Mughniyyas Bodyguards nicht regelmäßig untersucht wurde. Ins Land gebracht wurde die präparierte Abdeckung bereits Monate zuvor mithilfe der amerikanischen CIA.[179]

Natürlich hatte auch die CIA in ihrer Liste mit 638 Vorschlägen zur Tötung Fidel Castros Ideen für den Einsatz von Sprengstoff. Ein besonders kreativer Ansatz stammt aus dem Jahr 1963: Der CIA war bekannt, dass der »Comandante« ein begeisterter Sporttaucher war. Also sollte der technische Dienst der CIA mit Sprengstoff gefüllte Muscheln herstellen, die dann in augenfälligen Farben bemalt und in Castros Lieblingstauchrevier platziert werden sollten. Nach einigen Tests wurde dieser Plan jedoch verworfen.[180]

Tötungen durch Sprengladungen gehen mit einem deutlich größeren Maß an physischer Gewalt einher als etwa Vergiften oder Erschießen. Der Einsatz von Bomben auf ausländischem Territorium ist ein fast militärischer Akt. Explosionen sind nicht nur laut und auffällig, sie fordern oft genug auch unbeteiligte Opfer. Mit Geheimhaltung, lautlosem Töten oder Präzision sieht es hier also schlecht aus. Stattdessen versuchen die ausführenden Geheimdienste maximal, ein – halbwegs – glaubwürdiges Dementi zum Abstreiten der Tat bereitzuhalten.

Warum aber greifen sie zu diesem Mittel? Einerseits aus taktischen Gründen: Sprengstoffanschläge werden dort verübt, wo Geheimdienste nicht auf logistische Infrastruktur und andere Ressourcen zurückgreifen können. Mossad und Aman zum Beispiel kamen in Damaskus schlichtweg nicht näher an Imad Mughniyya heran, um ihn zu vergiften oder zu erschießen. Ein anderer Grund ist simpler: Sprengstoff und Bomben kommen oft dort zum Einsatz, wo sich der ausführende Staat und Geheimdienst in einem quasi-militärischen Konflikt wähnen. Israel ging es vermutlich bei der Aktion in Damaskus eben nicht nur darum, die Zielperson auszuschalten, sondern auch darum, die Fähigkeit zu demonstrieren, mitten in der syrischen Hauptstadt, unweit der Geheimdienstzentrale, eine Bombe hochgehen zu lassen. Und auch der französische Geheimdienst wollte mit den Aktionen der Roten Hand während des Algerienkrieges zeigen, dass er seine militärischen Feinde und deren Unterstützer überall erreichen kann.

Diese Umstände machen gleichzeitig auch die größten Risiken aus: Zum einen ist die Gefahr von Kollateralschäden beim Einsatz von Bomben ungleich größer als bei anderen Methoden. Daher war es zum Beispiel eine Grundbedingung der amerikanischen Seite bei der Tötung Imad Mughniyyas, dass nur er allein getötet werden durfte. So oder so: Diese Art der geheimdienstlichen Tötungen ist durch die genannten Risiken politisch und diplomatisch riskanter als andere Methoden.

Raketen und Drohnen

Der 7. Oktober 2001 war ein historisches Datum in der Geschichte der Geheimdienstmorde: Das erste Mal wurde eine Tötungsoperation mithilfe einer Drohne ausgeführt. An jenem Tag nahmen U.S. Army, U.S. Air Force und CIA den Anführer der Taliban Mullah Omar in seinem Haus im südafghanischen Kandahar ins Visier. Nach den Anschlägen vom 11. September sollte eine US-Drohne für die erste gezielte Tötung des »Krieges gegen den Terror« eingesetzt werden. Doch es kam zu Abstimmungsschwierigkeiten bei der Freigabe und weiteren Ungenauigkeiten, weswegen nur Omars vor dem Haus geparktes Fahrzeug samt Leibwächter und Fahrer getroffen wurde. Omar überlebte und starb erst 2013 an einer unbekannten Krankheit.[181]

Nicht durch eine »Killerdrohne«, aber durch eine Luft-Boden-Rakete, Modell AGM-114 »Hellfire«, starb am frühen Morgen des 22. März 2004 Scheich Ahmad Yasin, Mitbegründer und geistiger Führer der palästinensischen Hamas. Bereits am Vorabend waren israelische Hubschrauber und Überwachungsdrohnen in die Luft gestiegen und kreisten im Luftraum über Yasins bevorzugter Moschee in Gaza. Eigentlich hätte die Rakete bereits nach dem Freitagsgebet am Vorabend den Lieferwagen treffen sollen, mit dem der Scheich gefahren wurde. Doch Yasin verbrachte die Nacht aus Vorsicht in der Moschee. Die israelischen Piloten beschossen das Fahrzeug, als der Scheich um fünf Uhr morgens aufbrach.[182]

Ein jüngeres Beispiel ist die Tötung des iranischen Generals Qasem Soleimani: Er fuhr am 3. Januar 2020 mit seinem Konvoi vom Flughafen Bagdad zu seiner Unterkunft. Am Morgen sollte er sich mit dem irakischen Ministerpräsidenten treffen. Um ein Uhr nachts Ortszeit aber schoss eine US-amerikanische Drohne, Modell General Atomics MQ-9, genannt »Reaper« (»Sensenmann«), auf Befehl von US-Präsident Trump mehrere Luft-Boden-Raketen auf Soleimanis Auto ab. Er und acht weitere Personen starben an Ort und Stelle unter den Augen des US-Präsidenten, der die Operation per Live-Übertragung im Weißen Haus verfolgte.[183]

Der »Drohnenkrieg« – wie gezielte Tötungen durch unbemannte Flugfahrzeuge genannt werden – ist eine neue Methode geheimdienstlicher Tötungen. Sie ist eng verbunden mit dem »Kampf gegen den Terror«: Bekannt geworden ist vor allem das Drohnenprogramm der USA, das etwa seit 2001 zur tödlichen Jagd auf Terroristen eingesetzt wird.[184] Doch auch andere Staaten setzen auf Drohnen, darunter Israel, Frankreich oder die Türkei.

Drohnentötungen sind eine Weiterentwicklung militärischer Luftschläge, die präziser sein sollen und deshalb nicht für militärische Bombardements, sondern für gezielte »Enthauptungsschläge« gegen Einzelpersonen eingesetzt werden. Die Bewaffnung der Drohnen besteht zumeist aus militärischen Luft-Boden-Raketen, die durch spezielle Lenk- und Peilsysteme sehr genau sein sollen. Wie sich in der Vergangenheit herausgestellt hat, ist diese vorgebliche Präzision jedoch oftmals ein Trugschluss und die Anzahl von »Kollateralschäden« beträchtlich.

Der geheimdienstliche Aspekt bei Drohnentötungen besteht hauptsächlich darin, dass Geheimdienstinformationen die Zielpersonen identifizieren, lokalisieren und den besten Zeitpunkt und Ort für den Einsatz bestimmen sollen. In den USA betreibt der Auslandsgeheimdienst CIA deswegen ein eigenes Drohnenprogramm – neben dem der U.S. Air Force – im »Kampf gegen den Terror«. Nach Informationen des Whistleblowers Brandon Bryant obliegt die Durchführung der Drohnenangriffe jedoch der U.S. Air Force.[185] Anders als diese gibt die CIA über ihr Drohnenprogramm allerdings keine öffentlichen Auskünfte. Geheimhaltung ist also der andere wichtige Aspekt geheimdienstlicher Drohnenprogramme.

Viele Aspekte, die für geheimdienstliche Tötungen durch Bomben und Sprengstoff gelten, treffen auch auf den Einsatz von »Killerdrohnen« zu: Geheimhaltung und Unauffälligkeit der Aktion selbst rücken in den Hintergrund, stattdessen erfolgt ein massiver Einsatz physischer Gewalt, mit dem Kollateralschäden und politische Risiken einhergehen. Noch mehr als beim Sprengstoffeinsatz bieten Drohnen den Tätern die Möglichkeit, Sicherheit und Distanz zu wahren und Opfer anzugreifen, ohne eine geheimdienstlich-logistische Basis direkt vor Ort haben zu müssen. Nichtsdestotrotz erfolgt ihr Einsatz nur in bestimmten Zielregionen, meist solchen, in denen eigene reguläre Truppen ohnehin mehr oder weniger offiziell und regelmäßig im Kampfeinsatz sind.

Gift

London, 7. September 1978: Der bulgarische Schriftsteller Georgi Markow, der 1969 in den Westen geflohen war, stieß auf dem Weg zu seiner Arbeit bei der britischen BBC auf der Waterloo

Bridge mit einem Unbekannten zusammen, der einen Regenschirm aufhob. Noch am selben Tag wurde Markow ins Krankenhaus eingeliefert, wo er vier Tage später starb. In seinem Bein fanden die Ärzte eine winzige Metallkugel von 1,52 Millimeter Durchmesser. Ihr Inhalt: das tödliche Nervengift Rizin. Markow, der in seinen Reportagen den bulgarischen Diktator Todor Zhiwkow persönlich angriff, wurde vom bulgarischen Geheimdienst an Zhiwkows Geburtstag vergiftet. Der Unbekannte auf der Waterloo Bridge war höchstwahrscheinlich der Italiener Francesco Gullino, ein Schmuggler und Kleinkrimineller, den der bulgarische Geheimdienst 1972 als Agent »Piccadilly« angeworben hatte. Der »bulgarische Regenschirm«, aus dem die Giftkapsel auf Markow abgeschossen wurde, war eine Spezialanfertigung aus den Werkstätten der Operativ-technischen Abteilung des KGB. Der »Regenschirmmord« ist seitdem der wohl bekannteste Geheimdienstmord der Geschichte.[186]

Wadi Haddad war im Jahr 1976 einer der Organisatoren der Entführung einer Air-France-Maschine von Athen nach Entebbe, Uganda, wo das Flugzeug gestürmt und die Entführung beendet wurde. Haddad starb am 29. März 1978 – erst zehn Tage zuvor war er aus Bagdad nach Ost-Berlin geflogen worden, wo er wegen einer schweren Vergiftung behandelt werden musste, der er schließlich unter starken Schmerzen erlag. Es gibt zwei Versionen, die den Fall unterschiedlich erklären: Die eine besagt, der Mossad habe Haddad mit einem langsam wirkenden Gift versetzte belgische Pralinen übergeben lassen; die andere, der Mossad habe durch einen Agenten in Haddads engstem Umfeld dessen Zahnpasta vergiftet.[187]

Wolfgang Welsch galt jahrelang als »Staatsfeind Nummer eins« der DDR. In den 1960ern saß Welsch in DDR-Haft wegen eines Fluchtversuchs und »Hochverrat«, bevor er 1971 von der Bundesrepublik freigekauft wurde. Fortan baute er eine Organisation auf, die insgesamt 220 DDR-Bürgern bei der Flucht half. Die Stasi schäumte vor Wut und wollte Welsch gleich mehrfach umbringen: Neben einem fehlgeschlagenen fingierten Unfall und einem Schusswaffenattentat wurde Welsch auch vergiftet. Der Geheimdienst schleuste »IM Alfons« an ihn heran, der bei einer Reise durch Israel 1981 die Frikadellen der Familie Welsch beim abendlichen Grillen mit Thallium vergiftete. Welsch überlebte jedoch knapp.[188]

Am 1. November 2006 traf sich der ehemalige KGB-Offizier Alexander Litwinenko mit seinen ehemaligen Geheimdienstkollegen Dmitrij Kowtun und Andrej Lugowoj in der Pine Bar des Millennium Hotel. Zusammen mit dem Unternehmer Wladislaw Sokolenko schlugen die beiden ein Geschäft vor. Am Abend dann wurde Litwinenko auf einmal schlecht – und seine Beschwerden wurden in kurzer Zeit schlimmer. Drei Wochen später, am 23. November, war Litwinenko tot. Ärzte vermuteten zunächst eine Thalliumvergiftung. Nach wenigen Tagen im Krankenhaus jedoch fanden sie Abbauspuren des radioaktiven Giftes Polonium. Die Bilder des sterbenden Litwinenko gingen um die ganze Welt und zeigten den Horror einer radioaktiven Vergiftung. Litwinenko hatte über 20 Jahre für die russischen Geheimdienste KGB und FSB gearbeitet, auch im Kampfeinsatz. Dann wechselte er die Seiten und lief 2003 zum britischen Geheimdienst MI6 über. Fortan machte er vor allem durch Anschuldigungen gegen den russischen Präsidenten von sich reden, von Pädophilie bis hin zu Anschlagsplänen. Nach dem letzten Stand der Ermittlungen wurde Litwinenko das tödliche Polonium in eine Kanne grünen Tee gemischt, die bei Litwinenkos Ankunft in der Pine Bar lauwarm auf ihn wartete.[189]

Eine andere Vergiftung rief der Welt den Fall Litwinenko wieder ins Gedächtnis: Der Nowitschokanschlag auf Sergej Skripal am 4. März 2018. Skripal ist wie Litwinenko ein ehemaliger russischer Geheimdienstler, der als Maulwurf für den MI6 gearbeitet hat. Nach bisherigen Ermittlungen tröpfelte ein GRU-Team aus drei

Offizieren das Nowitschok aus einem Flakon auf die Türklinke von Skripals Haus. Von dort nahmen Skripal und seine Tochter das Gift über die Haut auf.[190]

Nahezu identisch ging die GRU offenbar auch im Falle des bulgarischen Waffenhändlers Emilian Gebrew vor. Als sein Fall 2019 auf Ähnlichkeiten mit dem Fall Skripal untersucht wurde, gab es neue Spuren: Gebrew wurde vermutlich ebenfalls mit Nowitschok vergiftet, teilweise sogar von denselben russischen Offizieren. Eine Videoaufnahme zeigte einen der Täter, wie er am Abend des 28. April 2015 in einem Parkhaus eine Substanz auf die Türklinke von Gebrews Wagen gab – es war derselbe Denis Sergejew alias »Sergej Fedotow«, der zusammen mit seinen Kollegen Anatoli Tschepiga und Alexander Mischkin den Giftanschlag auf Sergej Skripal verübt haben soll. Zum Redaktionsschluss dieses Buches wird in London Anklage im Fall Skripal gegen alle drei GRU-Offiziere vorbereitet. Noch am selben Abend fiel Gebrew das erste Mal ins Koma. Nach drei Wochen hatte er sich erholt und konnte das Krankenhaus verlassen – nur um am 25. Mai erneut mit Vergiftungserscheinungen eingeliefert zu werden. Just zu diesem Zeitpunkt waren zwei der GRU-Offiziere erneut in die bulgarische Hauptstadt gereist.[191]

Durch den Fall Skripal wurde eine ganze Reihe von mutmaßlichen Nowitschokvergiftungen bekannt, die mit den russischen Geheimdiensten in Verbindung gebracht werden. Der Oppositionspolitiker Wladimir Kara-Mursa zum Beispiel wurde zweimal, 2015 und 2017, aufgrund akuter Vergiftungen behandelt und geht heute davon aus, ebenfalls mit Nowitschok vergiftet worden zu sein. Dasselbe gilt auch für Pjotr Wersilow, Aktivist und Mitglied der russischen Punkgruppe Pussy Riot, der im September 2018 in der Berliner Charité behandelt wurde. Eine mutmaßliche Nowitschokvergiftung überlebte auch der oppositionelle Poet Dimitri Bykow 2019, als er auf einem Flug von Jekaterinburg nach

Ufa kollabierte. Als der Oppositionelle Alexej Nawalny dann im August 2020 während eines Inlandsflugs zusammenbrach, suchten die Ärzte der Charité, in die Nawalny auf eigenen Wunsch ebenfalls überstellt wurde, und das Labor der Bundeswehr sofort nach Nowitschok – und wurden fündig. Durch einen späteren Trickanruf, bei dem sich Nawalny einem der beteiligten FSB-Offiziere gegenüber als hochrangiger Beamter der Sicherheitsbehörden ausgab, kam heraus: Ein FSB-Team hatte Nowitschok auf Nawalnys Unterhose aufgetragen.[192] Weitere Untersuchungen zeigten, dass dieselben Offiziere auch Kara-Mursa jahrelang beschattet und mutmaßlich vergiftet hatten.[193] Und auch in vier anderen Fällen waren besagte FSB-Offiziere nachweislich an denselben Orten, an denen mutmaßlich Giftanschläge verübt wurden: auf den Journalisten Timur Kuaschew (2014), den Aktivisten Ruslan Magomedragimow (2015), den Anti-Korruptions-Aktivisten Nikita Isaew (2019) und Dimitri Bykow (2019).[194]

Doch beileibe nicht nur die russischen Geheimdienste töten mit Gift: Kim Jong-nam, der Halbbruder des nordkoreanischen Diktators Kim Jong-un, starb am 12. Februar 2017 auf dem Flughafen von Kuala Lumpur, nachdem zwei junge Frauen ihm zuvor eine Flüssigkeit ins Gesicht gespritzt hatten – es war VX-Nervengift. Vier Verdächtige flogen unmittelbar nach der Tat nach Nordkorea. Die malaysische Polizei verhaftete in den darauffolgenden Tagen die Indonesierin Siti Aisyah und die Vietnamesin Đoàn Thi Hượng, die Kim mit der Flüssigkeit attackiert hatten. Die beiden Frauen behaupteten, für einen Scherz vor laufender Kamera angeheuert worden zu sein. Videoaufnahmen zeigten jedoch, dass sie die Flüssigkeit, die sie am Flughafen von vier Männern erhalten hatten, auffällig weit von sich weghielten und sofort nach der Tat ihre Hände reinigten. Beide wurden zwar verurteilt, waren jedoch bereits 2019 wieder auf freiem Fuß, nachdem Nordkorea und die malaysische Regierung offenbar einen Geheimdeal ausgehandelt hatten. Das Motiv für den Mord: Kim soll als Informant für die CIA gearbeitet haben.[195]

Mindestens genauso lang wie die Liste von Giftanschlägen durch Geheimdienste überall auf der Welt ist die Liste der Gedankenspiele zur Vergiftung Fidel Castros durch die CIA in ihrer über 15 Jahre laufenden »Operation Mongoose«: Die Vorliebe des »Commandante« für Zigarren wollte sich die CIA zunutze machen und plante 1961 gleich zweimal, Zigarren mit einem Gift der Botulinumgruppe zu versetzen und ihm während eines Auftritts in einer Talkshow anbieten zu lassen. Wie so viele wurde dieser Plan aus praktischen Erwägungen verworfen. Angeblich sollen Castros Bodyguards von den Plänen erfahren haben, was zur Gründung der staatlichen kubanischen Zigarrenmarke Cohiba führte, die Castro fortan exklusiv rauchte. Daneben plante die CIA auch die Vergiftung so ziemlich jeden Alltagsgegenstandes, der in Castros Nähe kam: Seine Stiefel, die er im Hotel zur Reinigung vor die Tür stellte, sollten etwa mit Thalliumsalz bestäubt werden. Anders als viele dieser Pläne wurde der, Castros Taucheranzug und Atemgerät mit Tuberkuloseerregern zu vergiften, tatsächlich umgesetzt. Doch Castro benutzte an jenem Tag eine andere Taucherausrüstung. 1963 – just zu der Zeit, als US-Präsident John F. Kennedy erschossen wurde – übergab die CIA in Paris ihrem kubanischen Agenten Rolando Cubela einen umgebauten Kugelschreiber, mit dem das Gift Blackleaf-40, ein Nikotingift, injiziert werden konnte. Doch Cubela überlegte es sich anders und entsorgte den Stift, bevor er nach Kuba zurückreiste.[196]

Und auch einen weiteren Staatsmann wollte die CIA vergiften: den ersten Premierminister des unabhängigen Kongo, Patrice Lumumba. Am 26. September 1960 – im Jahr der Unabhängigkeit des Kongo – reiste der CIA-Wissenschaftler »Joseph Schneider«, bei dem es sich vermutlich um den CIA-Chefchemiker Sidney Gottlieb handelte, in den Kongo. Im Gepäck soll er Anthrax und

Tuberkuloseerreger ins Land gebracht haben, um Lumumba zu vergiften. Kurz darauf jedoch erschütterte ein von den USA und der ehemaligen Kolonialmacht Belgien unterstützter Militärputsch den Kongo. Lumumba wurde abgesetzt, gefoltert, erschossen und seine Leiche in Batteriesäure aufgelöst.[197]

Die hier beschriebenen Fälle sind nur ein kleiner Ausschnitt, der Gipfel eines riesigen Eisberges geheimdienstlicher Giftanschläge. Gift als Waffe hat bei geheimdienstlichen Tötungen einen herausragenden Stellenwert, weswegen es hier ausführlich behandelt wird.

Gift hat eine verblüffende Entwicklung durchlebt, denn eigentlich galt es seit der Antike als »Frauenwaffe«. Der »Mord von zarter Hand« hat eine feminine Tradition: Königin Kleopatra, die bekannteste Herrscherin des alten Ägypten, vergiftete sich selbst, ob nun durch einen absichtlich herbeigeführten Kobrabiss oder einen Cocktail aus Pflanzengiften – darüber streiten Wissenschaftler nach wie vor. Auch die griechische Mythologie kannte entsprechende Geschichten: Medea schickte der neuen Frau ihres Ex-Mannes ein vergiftetes Kleid. Im Vergleich dazu war die Realität aber oft grausamer: Gesche Gottfried soll um 1830 in Bremen rund 30 Menschen mit Gift ermordet haben. Angefangen mit ihrem Ehemann und der eigenen Familie mordete sie sich regelrecht in einen Rausch, um ihre Macht zu demonstrieren. Ehemänner und Familienmitglieder waren die häufigsten Opfer von Giftmörderinnen. Gift als Mordwaffe spielte aus zwei Gründen diese Sonderrolle: In den rauen Zeiten der Antike und des Mittelalters glichen Frauen so einerseits den physischen Kraftunterschied gegenüber Männern aus. Andererseits waren es oft Frauen, die um die Wirkung von Kräutern, Pflanzen oder Substanzen tierischen Ursprungs wussten. Ihre traditionelle und kulturell verankerte Rolle verschaffte Frauen also Spezialkenntnisse.[198]

Geheimdienstmörder sind zwar überdurchschnittlich oft Männer, aber trotzdem lassen sich die Erkenntnisse über die »zarte

Mordwaffe Gift« auf die Geheimdienstwelt übertragen: Gift ist hier deshalb so beliebt, weil es physische Gewalt mit all ihren Nachteilen und Risiken überflüssig macht. Der ehemalige Oberst des sowjetischen Geheimdienstes KGB Oleg Kalugin nannte als einen der Gründe, warum der bulgarische Diktator Todor Zhiwkow den Dissidenten Georgi Markow lieber mit Gift umbringen wollte, als ihn zu erschießen: »Selbst ein Despot wie Zhiwkow hatte nicht den Mumm dazu, jemandem in einer Londoner Straße eine Kugel in den Kopf zu jagen.«[199] Gift war hingegen die vermeintlich diskretere Option.

Gleichzeitig steigt durch die physisch gewaltlose Anwendung von Gift die Anzahl der potenziell einsetzbaren Mörder, da auch kampfunerprobte, körperlich eher schwache Personen eingesetzt werden können. Für den geheimdienstlichen Gifteinsatz braucht es jedoch – genau wie bei den Heilerinnen und Giftmischerinnen der Antike – Spezialwissen. Dieses bündeln Geheimdienste in ihren militär- und kriminaltoxikologischen Forschungszentren.

Die CIA beispielsweise betrieb unter der Leitung von Chefchemiker Sidney Gottlieb just zu der Zeit, als Morde wie die an Fidel Castro oder Patrice Lumumba zum regulären Arbeitsauftrag gehörten, ein besonders umfangreiches und skurriles Forschungsprogramm: »MKULTRA«. Während Teilprojekte davon nach UFOs, Aliens oder parapsychologischen Phänomenen suchten, betrieb Gottlieb Giftforschung. Dazu gehörten auch Experimente mit bekannten Drogen wie Haschisch, Ecstasy oder LSD, durch die das Bewusstsein von Zielpersonen manipuliert werden sollte. Fidel Castro etwa wollte die CIA während eines Auftrittes in seiner Radiostation in Havanna mit LSD besprühen, sodass er unter Drogeneinfluss wirres Zeug erzählen und sich lächerlich machen würde.[200] Ein anderer Teil des »MKULTRA«-Projektes hingegen bestand darin, die Künste von Illusionisten für die Geheimdienstarbeit nutzbar zu machen. So entwickelte beispielsweise der zwischen 1930 und 1950 in den USA bekannte Illusionist John Mulholland nach dem Zweiten Weltkrieg zusammen mit der CIA ein Trainingsprogramm und -handbuch, das die Tricks der Illusionisten Geheimagenten näherbringen sollte. Neben Verkleidung und Identitätswechsel ging es vor allem um kleine Zaubertricks, die dem Training von Fingerfertigkeit und Täuschung dienten. Eingesetzt wurden diese Fähigkeiten von den CIA-Agenten dann, um zum Beispiel ihrem Gegenüber unbemerkt Pillen ins Glas zu schmuggeln.[201]

In Russland ließ der Revolutionsführer Lenin schon kurz nach der Machtübernahme Speziallabore einrichten, die sich bald zur gefürchteten *kamera* (Kammer) des sowjetischen Geheimdienstes entwickelten. Sie produzierten Mordinstrumente und Gifte, die gegen die Feinde Lenins, Stalins und ihrer Nachfolger eingesetzt wurden.[202] Die Labore gingen in der Operativ-technischen Abteilung des KGB auf und verschwanden in der Perestroika-Zeit von der Bildfläche, bis sie 2018 schlagartig wieder wegen des Nervengiftes Nowitschok ins Rampenlicht rückten.[203] Obwohl Russland von der internationalen Gemeinschaft dazu verpflichtet wurde, sein Chemiewaffenarsenal – darunter auch die Nowitschokbestände – zu vernichten, betrieben die russischen Geheimdienste offenbar ein streng geheimes Programm zu dessen Weiterentwicklung. Das Kriminalistische Institut des Inlandsgeheimdienstes FSB, 1977 noch vom sowjetischen Geheimdienst gegründet, und die GRU-Spezialeinheit 29155 arbeiteten zusammen mit dem von ehemaligen Geheimdienstmitarbeitern betriebenen Wissenschaftszentrum Signal weiter am geheimdienstlichen Einsatz von Nowitschok – angeblich zur Erforschung und Entwicklung von Gegengiften.[204]

Auch der ostdeutsche Geheimdienst sammelte Spezialwissen über Gifte und deren Einsatz als Mordwaffe. In den 1980er-Jahren legte der »Offizier im besonderen Einsatz« (OibE) Dr. Walter Katzung, tätig im Bereich Forensische Chemie der Sektion Kriminalistik an der Humboldt-Universität Berlin, eine mehrere Hundert Seiten lange »Toxikologische Datenbank«, kurz: »TOXDAT«, an. Bis heute herrscht Streit über den Zweck dieses Giftverzeichnisses, das alle Arten der Klassifikation, natürliche Vorkommen, Symptome, Verstecke, Einsatzmöglichkeiten bis hin zu bekannten Vergiftungsfällen auflistete. Kritiker sahen in »TOXDAT« eine Anleitung zum Giftmord, die Autoren hingegen bezeichneten die Datenbank als eine auf die Aufklärung von Mordfällen und Vergiftungen ausgerichtete Forschungsarbeit.[205]

Dass das Spezialwissen der Geheimdienste über Gifte sowohl offensive (zum Einsatz als Mordwaffe) als auch defensive Aspekte (zur Aufklärung von Verbrechen) hat, verdeutlicht ein Beispiel des BND: Als im Zuge des Giftanschlags auf Sergej Skripal 2018 bekannt wurde, dass der BND bereits in den 1990ern eine Probe des Nervengiftes Nowitschok von einem russischen Überläufer besorgt hatte, brach eine Kontroverse los: Für die einen sollte das belegen, dass auch andere als die russischen Geheimdienste hinter dem Anschlag auf Skripal stecken konnten. Für die anderen war die Beschaffung von Nowitschok ein normaler Arbeitsauftrag des BND, um das Chemiewaffenpotenzial Russlands analysieren zu können.[206]

Die angeführten Beispiele und Zusammenhänge verdeutlichen die drei Hauptpunkte, die Gift als Mordwaffe eine Sonderstellung einräumen:

1. Zuallererst ist Gift ein lautloser, meist unscheinbarer Killer. Es ist weit weniger auffällig als Bomben, Sprengsätze oder Feuerwaffen. Werden diese eingesetzt, ist zumeist klar, dass sich die Täter noch in der Nähe des Tatortes befinden müssen. Nicht so bei Gift, wo erst eine medizinische Untersuchung den genauen Todeszeitpunkt ermitteln kann. Deshalb erlaubt die Mordwaffe Gift, den Tatort unerkannt zu verlassen.

2. Ein Giftmord ist nicht leicht als solcher zu erkennen. Je nach Gift sind die Symptome der frühen Stadien so allgemein, dass es einen medizinischen Zufallstreffer oder konkreten Anfangsverdacht braucht, um auf das richtige Gift zu kommen und mögliche Gegenmaßnahmen zu ergreifen.
3. Der vielleicht wichtigste Grund ist, dass ein Giftmord oft als natürlicher Tod erscheint. Das mag angesichts der vielen bekannt gewordenen Fälle paradox klingen, aber tatsächlich stehen die Chancen recht gut, dass ein Giftmord überhaupt nicht als absichtliche Tötung erkannt wird. Das gilt vor allem bei komplizierten und seltenen Giften, nach denen Ärzte nur auf einen konkreten Verdacht hin suchen. Die Thalliumvergiftung des DDR-Fluchthelfers Wolfgang Welsch wurde zum Beispiel anfangs als Simulation des Patienten abgetan, bevor nach Monaten die tödliche Substanz nachgewiesen wurde. Gifte sind darüber hinaus oftmals nur einen gewissen Zeitraum im Körper des Opfers nachweisbar. Stellt der behandelnde Arzt oder Rechtsmediziner also nicht sofort entsprechende Untersuchungen an, kann es passieren, dass das verabreichte Gift niemals zweifelsfrei nachgewiesen werden kann – wie im Fall des bulgarischen Waffenhändlers Emilian Gebrew, der erst drei Jahre nach seiner Vergiftung im Lichte des Skripal-Falles auf eine mögliche Nowitschokvergiftung untersucht wurde.

Angesichts dieser Eigenschaften ist es für Geheimdienste verhältnismäßig leicht, eine Zielperson zu vergiften – durch Speisen und Getränke, vergiftete Oberflächen oder Kleidungsstücke oder durch kaum spürbare Injektionen. So lässt sich einerseits eine Nähe zum Opfer gewährleisten, wodurch die Zielperson zweifelsfrei identifiziert und ein Erfolg der Operation bestätigt werden kann. Gleichzeitig ist die Mordwaffe unauffällig und wirkt zumeist mit zeitlicher Verzögerung, sodass die Täter entkommen können und der genaue Ort der Vergiftung mitunter kaum zu rekonstruieren ist. All diese Eigenschaften machen Gift zu einer sehr beliebten geheimdienstlichen Mordwaffe.[207] Der Mossad soll deswegen nach der Vergiftung des palästinensischen Terroristen Wadi Haddad 1978 den Ausdruck »Attentat mit schwacher Signatur« für Giftmorde geprägt haben.[208]

Bei allen Vorteilen birgt der Giftmord aber auch Risiken für die ausführenden Geheimdienste: Die tödliche Wirkung des eingesetzten Giftes hängt von vielen Faktoren ab, die die Täter kaum beeinflussen können. Im Falle des 2020 mit Nowitschok vergifteten Alexej Nawalny schätzte einer der beteiligten FSB-Offiziere, Konstantin Kudrjawzew, dass das Opfer nur überlebte, weil die Piloten des Flugzeuges, in dem er zusammenbrach, schnell reagierten und notlandeten. Bei solchen Operationen hänge der Erfolg, so Kudrjawzew weiter, immer von Kleinigkeiten, Zufällen und Nuancen ab.[209]

Sergej Skripal zum Beispiel hat seine Nowitschokvergiftung womöglich überlebt, weil er – unerwartet für die Täter – am Tag der Tat Handschuhe trug und so mit einer geringeren Dosis in Kontakt kam als geplant. Wolfgang Welsch betäubte erste Vergiftungssymptome mit Bier und trank Unmengen an Wasser, was einen Teil des Giftes aus seinem Körper spülte. Der Bulgare Wladimir Kostow, dem nur einen Monat vor dem Regenschirmattentat auf Georgi Markow in der Pariser Metro ebenfalls eine Rizinkapsel injiziert wurde, überlebte, weil sich die Giftkapsel wider Erwarten nicht öffnete.

Neben der eingeschränkten Zuverlässigkeit gilt auch: Geht ein Giftmord schief oder überlebt das Opfer lange genug, um genaue Hinweise geben zu können, macht ein Arzt mehr als nur die gewöhnlichen Routinetests oder besteht ein Anfangsverdacht auf absichtliche Vergiftung, können dieselben Faktoren, die Gift so attraktiv machen, auf einmal das genaue Gegenteil bewirken: Gifte wie

Polonium oder Nowitschok werden ja gerade deswegen verwendet, weil sie so selten sind und bei normalen Untersuchungen nicht entdeckt werden. Ist aber etwas schiefgegangen und wurde solch ein seltenes Gift identifiziert, dann ist die Mordwaffe auf einmal extrem auffällig. Polonium oder Nowitschok gibt es nur in Staatsbesitz, es ist schwierig zu beschaffen und muss mit extremer Sorgfalt gehandhabt werden. Spezialgifte können damit auch die Verbindung herstellen zwischen vormals unerkannten Fällen, wie im Fall Skripal geschehen. Und so ist auf einmal der Kreis der Verdächtigen sehr klein. Stellt sich dann noch heraus, dass zum Beispiel am Tag der Vergiftung ein Militärarzt unter falschem Namen, dessen falscher Pass recht eindeutig einem Geheimdienst zugeordnet werden kann, in die Stadt des Giftanschlages reiste, werden die Indizien erdrückend.

Ein weiteres Risiko ist die Handhabung des Mordgiftes. Zwar ist es leicht, jemandem beizubringen, vergiftete Tabletten in ein Glas zu geben, doch komplizierte Substanzen wie Nowitschok oder radioaktives Polonium müssen in speziellen Behältern unter speziellen Bedingungen transportiert werden. Womöglich muss auch ein Gegengift, sofern vorhanden, mitgeführt werden, sollte einer der ausführenden Geheimagenten mit der Substanz in Kontakt kommen. Transport und Logistik sind also mit großem Aufwand verbunden.

Die Wahl der passenden Mordmethode

Die Auswahl der passenden Mordwaffe überlassen Geheimdienste nicht dem Zufall. Praktische Überlegungen spielen dabei eine große Rolle. Diese haben mehrere Dimensionen – denn es ist nicht nur zu bedenken, wer das Opfer ist, sondern auch, wer der Täter.

Für den ausführenden Täter muss die Mordwaffe vor allem bedienbar sein. Gifte sind dabei – je nach Art und Form – oftmals nicht einfach zu handhaben. So mussten zum Beispiel die beiden

Frauen, die Kim Jong-nam 2017 in Malaysia vergifteten, von doppelt so vielen Geheimdienstmitarbeitern direkt vor Ort instruiert werden. Im Fall der vermutlichen GRU-Anschläge auf Sergej Skripal und Emilian Gebrew reiste der Militärarzt Alexander Mischkin alias »Alexander Petrow« mit seinem Spezialwissen an, um den Einsatz des Nowitschok zu beaufsichtigen.

Beauftragen Geheimdienste hingegen Berufsverbrecher mit gezielten Tötungen, bevorzugen diese andere Waffen, vor allem Schusswaffen. Das hat damit zu tun, dass die Täter – im Gegensatz etwa zu komplizierten Vergiftungsszenarien – Übung und Erfahrung im Umgang damit haben. Das gilt auch für den Einsatz von Hieb- und Stichwaffen oder Nahkampfmethoden. Nicht zufällig dachte der »IM Karate« Josef Tuszynski als Erstes daran, Siegfried Schulze mit einem Handkantenschlag in den Nacken zu töten. Der Nahkampf ist jedoch, wie oben beschrieben, eine selten verwendete Methode, da sie unmittelbare Nähe zum Opfer voraussetzt und damit große Risiken birgt.

Bomben und Sprengstoff wiederum müssen von den Tätern richtig gehandhabt werden. Sie erfordern eine ausgeklügelte Logistik – die explosive Ladung muss erst einmal an den Bestimmungsort gelangen – und militärisches Spezialwissen. Zwar sind Laienkenntnisse zum Bau kleinerer Sprengladungen gerade in kriminellen Milieus weitverbreitet, Geheimdienste gehen jedoch ein großes Risiko ein bei ihren Mordaufträgen und müssen daher sichergehen, dass Sprengsätze auch wirklich explodieren. Hier kommen also entweder militärisch geschulte Spezialteams aus den eigenen Reihen oder ehemalige Soldaten und Veteranen als ausführende Täter infrage.

Die Eigenschaften der jeweiligen Waffe und die Vorkenntnisse der ausführenden Personen spielen also eine wichtige Rolle. Darüber hinaus gibt es jedoch einen dritten Aspekt: Die Waffe wird mitunter an das Opfer angepasst. Wie die Analyse zahlreicher Geheimdienstmorde nahelegt, gibt es auffallende Regelmäßigkeiten in der Wahl der Mordwaffe bei verschiedenen Arten von Zielpersonen: Überläufer und missliebige Dissidenten werden besonders häufig vergiftet. Soldaten, Kämpfer, Terroristen oder Mitglieder (para-)militärischer Organisationen werden hingegen besonders oft erschossen oder Opfer von Bomben- oder Raketenanschlägen. Hier ist ein Muster zu erkennen: Der Verräter soll den Gifttod sterben, der gegnerische Kämpfer einen militärischen Tod. Ein brutaler Mordanschlag im Nahkampf ist hingegen ist sehr persönlich, hier sind emotionale Beweggründe wie persönlicher Hass oder der Wunsch, einen möglichst qualvollen Tod herbeizuführen, bei der Wahl der Methode wichtig. Auch fällt – zum Beispiel in der langen Reihe von Mordfällen der russischen Geheimdienste – auf, dass erfolgreiche Methoden immer wieder angewandt werden und zu einer »Signatur« und Gewohnheit werden.

Diese Kategorisierungen sind keineswegs in Stein gemeißelt oder allgemeingültig, sondern dienen als Anhaltspunkte und Orientierungshilfen. Viele bekannte Fälle von Geheimdienstmorden folgen diesen Mustern, andere weichen ab. Der Grund dafür ist leicht zu benennen: Geheimdienste sind vor allem pragmatische Akteure. Praktische Umstände und Erfordernisse der einzelnen Fälle sind weitaus wichtiger als ein stures Verharren auf bestimmten Mustern.

So entbrannte innerhalb des Mossad 1983/84 ein heftiger Streit darüber, ob der iranische Gesandte im benachbarten Syrien, Ali Akhbar Mohtaschami, mit einer Paketbombe getötet werden sollte. Der Grund: Zu oft hatte sich diese Methode als fehleranfällig erwiesen – was sich auch im Februar 1984 bei dem Anschlag auf Mohtaschami wiederholen sollte. Doch ein einfacher Grund sprach für dieses Instrument: Der Mossad kam nicht näher an sein Opfer heran, ohne seine Agenten direkt in die Schusslinie zu bringen.[210]

Und auch die russischen Geheimdienste variieren die Wahl ihrer Mordwaffen durchaus: Am 19. März 2002 starb der seit den Tagen des Afghanistankrieges gegen Russland kämpfende Islamist Emir Ibn al-Chattab. Er wurde jedoch nicht erschossen, sondern starb an einem mit Sarin vergifteten Brief, den ihm ein Agent des Inlandsgeheimdienstes FSB überbracht hatte.[211] Damit wichen die russischen Geheimdienste bei dieser Tötung von dem Prinzip ab, Kämpfer zu erschießen und Überläufer sowie Dissidenten zu vergiften. Der Grund war auch hier einfach: Der FSB kam nicht näher an Chattab heran und musste ihn so mit Gift aus der Ferne töten.

INFOBOX

- Bei Geheimdienstmorden kommen vor allem sieben Mordmethoden zum Einsatz:
  1. Erschießen
  2. fingierte Unfälle
  3. fingierte Selbstmorde
  4. Nahkampf
  5. Bomben und Sprengstoffe
  6. Raketen und Drohnen
  7. Gift
- Die eingesetzten Waffen werden nicht zufällig gewählt, sondern an Szenario, Opfer und Täter angepasst.
- Mitunter entwickeln sich »Signaturen« bestimmter Geheimdienste, die eine bestimmte Methode besonders häufig anwenden; davon wird jedoch abgewichen, wenn es pragmatische Gründe dafür gibt.
- Manche Waffen haben eine symbolische Bedeutung (zum Beispiel Gift, um Verräter zu töten).

KAPITEL 5

Wie Geheimdienste töten II: Organisation und Durchführung

Die Abstimmung von Mordmethoden und -waffen auf Zielpersonen und Täter erfordert ausführliche Analysen und Operationspläne. Geheimdienstmorde sind – entgegen zahlreichen Sensationsmeldungen – nie wahllos. Im Gegenteil: Sie werden in monatelanger Kleinarbeit minutiös vorbereitet.

Was bis zur Ausführung eines Geheimdienstmordes passiert

Der Prozess von der Zielsetzung, eine bestimmte Person zu ermorden, bis zur tatsächlichen Ausführung kann in vier Phasen unterteilt werden. Je nach Zielperson, Täter, Einsatzort und geplanter Mordmethode kann jede davon geraume Zeit in Anspruch nehmen.

Phase 1: Informationsbeschaffung

Am Anfang stehen die Bestimmung, Lokalisierung und Identifizierung der Zielperson. Als der israelische Mossad zum Beispiel Anfang der 1960er-Jahre eine Todesliste mit NS-Kriegsverbrechern erstellte, gingen die Agenten so vor: Als Erstes erstellten sie eine

Liste mit lebenden NS-Verbrechern, insgesamt elf Personen, der Bedeutung nach geordnet. Anschließend sammelten sie Informationen über die Aufenthaltsorte dieser Personen. Und in einem letzten Schritt mussten die Zielpersonen vor Ort zweifelsfrei identifiziert werden, bevor die weitere Planung zu ihrer Entführung oder Ermordung beginnen konnte.[212]

Phase 2: Ausarbeitung des Operationsplans

Die nächste Phase ist die Erstellung eines Operationsplans, der Zeitpunkt, Ort, Szenario, Täter und Mordwaffe beinhaltet – wobei es selten bei einem einzigen Plan bleibt. Im Falle des bulgarischen Dissidenten Georgi Markow war die Idee, ihm eine Giftkugel zu injizieren, wie es später mit dem »bulgarischen Regenschirm« gemacht wurde, nicht die erste, sondern die letzte von drei Varianten: Die anderen beiden sahen vor, den Griff seiner Autotür mit einem giftigen Gel zu beschmieren, was verworfen wurde, weil nicht sichergestellt werden konnte, dass nur Markow ihn berühren würde. Die andere Alternative war, den Mörder »zufällig« mit Markow an einem italienischen Strand zusammenstoßen zu lassen und ihn dabei mit als Sonnencreme getarnter Giftpaste einzuschmieren. Dieser Plan scheiterte am schlechten Wetter, denn einerseits war der Strand zu leer, um die Aktion unauffällig durchzuführen, und andererseits war Markow voll bekleidet.[213]

Phase 3: Detailplanung, Training und Logistik

Als Nächstes folgt die Phase, in der sich das ausführende Team auf die Umsetzung des finalen Operationsplans vorbereitet. Dabei spielen Logistikfragen eine Rolle, es werden Trainings absolviert und natürlich noch mehr Informationen gesammelt. Der Mord an Zelimkhan Khangoshvili 2019 im Kleinen Tiergarten in Berlin verdeutlicht, wie zeitintensiv diese Schritte sind: Den Investigativjournalisten von Bellingcat gelang es, ein Bewegungsprofil des verurteilten Täters Vadim Krasikov (alias »Vadim Sokolov«) zu erstellen. Dieses zeigte, dass Krasikov bereits im Februar 2019, also rund sechs Monate vor dem Mord, mit den Vorbereitungen begann. Dabei hielt er sich mindestens achtmal auf Trainingsgeländen des russischen Inlandsgeheimdienstes FSB auf, die unter anderem über interaktive Schießstände verfügen.

Eine Ausbildung im Gebrauch von Waffen aller Art – von Sprengstoff über Stich- und Hiebwaffen bis hin zu Schusswaffen – ist regulärer Bestandteil der Vorbereitung auf einen geheimen Mord. Dies gilt besonders dann, wenn Geheimdienste angeworbene Agenten und Kriminelle die Taten ausführen lassen. Josef Tuszynski alias »IM Karate« des DDR-Geheimdienstes bekam eine mehrwöchige Schulung im Umgang mit diesen Waffengruppen, bevor er 1975 für den Mordanschlag auf den Fluchthelfer Siegfried Schulze eingesetzt wurde.[214] Die CIA hingegen griff auch auf die Taschenspielerkünste des berühmten Illusionisten John Mulholland zurück, dessen Tricks Agenten dabei helfen sollten, unbemerkt Gift- oder Betäubungspillen in Getränkegläsern verschwinden zu lassen.[215] Und auch beim »Regenschirmmord« wurde nicht nur das Mordinstrument getestet, sondern auch der Tatablauf ausführlich geprobt.

Gleichzeitig müssen die Waffe(n) sowie das weitere für die Tat benötigte Equipment wie Verkleidungen, Funkgeräte oder Fahrzeuge an den Zielort transportiert werden. Je nach Ort der Operation, ist die logistische Umsetzung eine große Herausforderung. Oftmals wird dabei auf Diplomatengepäck zugrückgegriffen oder die Hilfe von Geheimdienstpartnern in Anspruch genommen. Die Mordwaffe wird dabei in der Regel nicht vom Täter selbst an den Zielort gebracht, Täter und Waffe reisen also getrennt voneinander.

Hinzu kommen logistische Vorbereitungen wie das Buchen von Flügen, Autos oder Unterkünften sowie die Beschaffung, Handhabung und Vernichtung der gefälschten Pässe des Mordteams. Diese unterstützende Detailarbeit ist von großer Bedeutung, fällt jedoch nur auf, wenn dabei Fehler passieren – und genau diese Fehler sind es natürlich, die einen kleinen Einblick in diese geheimdienstlichen Abläufe und Methoden ermöglichen.

So konnte das Mossad-Team, das den Waffeneinkäufer der Hamas, Mahmoud al-Mabhouh, 2010 in Dubai tötete, öffentlich in der Presse enttarnt werden, weil es immer wieder mit denselben Identitäten nach Dubai eingereist war, um Mabhouh zu beschatten. Im Fall Skripal konnten Journalisten die Fotos der mutmaßlichen Attentäter mit Einträgen in russischen Verkehrsdatenbanken abgleichen, die Adressen, Klarnamen und andere Details zu deren Person enthüllten – so kam heraus, dass es sich um Offiziere der GRU handelte. Diese konnten im Anschluss auch mit anderen Anschlägen in Verbindung gebracht werden.

2020 war diese Methode dann so ausgereift, dass dieselben Journalisten nachweisen konnten, dass ein FSB-Offizier, der dem Oppositionellen Alexej Nawalny während des Giftanschlags im August 2020 gefolgt war, wider alle Regeln zur Geheimhaltung sein Privathandy während des Einsatzes benutzt hatte.[216] Gleichfalls zeigte sich, dass die russischen Geheimdienste bei der Konstruktion von Tarnidentitäten für ihre Killerteams bestimmten Mustern folgten:

1. Auffällig war, dass die Seriennummern der von den Diensten erschaffenen Tarnidentitäten nahezu fortlaufend waren, die Identitäten also im Block geschaffen und nicht einzeln zwischen Einträgen zu tatsächlichen Personen versteckt wurden.
2. Bei fast allen Fällen stimmten die Vornamen der tatsächlichen und der Tarnidentität überein. Nach Aussage eines deutschen Geheimdienstlers wird diese Praxis angewandt, um zu ver-

hindern, dass sich getarnte Agenten zum Beispiel beim Eintragen in Hotels oder Mietwagenverleihen verschreiben. Stimmen die Vornamen überein, ist es unwahrscheinlicher, dass der Agent aus Gewohnheit seinen Klarnamen angibt, da noch beim Schreiben Zeit bleibt, sich an die Tarnidentität zu erinnern.[217]

3. Auch das Geburtsdatum wurde nur minimal verändert: ein anderer Tag und lediglich ein oder zwei Jahre Unterschied. Der Sinn dahinter: Das Sternzeichen der beiden Identitäten bleibt gleich, und der Agent kann die Frage danach, die in Russland häufiger gestellt wird als im westlichen Ausland, problemlos beantworten.[218]

Unbedingter Bestandteil der Vorbereitung auf gezielte Tötungen sind auch Observation und Gegenobservation. Was Geheimdienstoffiziere Monate und Jahre in ihrer Ausbildung erlernen, wird angeworbenen Agenten in einem Crash-Kurs vermittelt: Wie verfolgt man eine Zielperson möglichst unauffällig und – bei geheimen Morden mindestens ebenso wichtig – wie überprüft man, ob man selbst beschattet wird? Der mutmaßliche »Regenschirmmörder« der bulgarischen Staatssicherheit Francesco Gullino erlernte zum Beispiel einige einfache Regeln wie mehrmaliges Benutzen derselben Route oder viermaliges Rechts- oder Linksabbiegen, um eventuelle Verfolger entweder zu enttarnen oder zur Aufgabe zu zwingen. Gut geeignet hierfür ist auch die Benutzung eines Kreisverkehrs, den man an nach ein- oder mehrmaligem komplettem Umfahren an derselben Ausfahrt verlässt, durch die man hineingefahren ist. Maßnahmen zur Gegenobservation, die die Agenten des Mossad bei der Tötung von Mahmoud al-Mabhouh, dem Waffeneinkäufer der Hamas, 2010 in Dubai anwandten, waren das Verändern des eigenen Aussehens, um zu überprüfen, ob sie verfolgt wurden, sowie die Benutzung von Schaufenstern und anderen Spiegeln, um den Raum hinter sich beobachten zu können.[219]

Das letztgenannte Beispiel zeigt ebenso, wie bedeutsam die ständige und längerfristige Observation der Zielperson ist: Als der Mossad den Plan fasste, Mabhouh in Dubai zu töten, reiste ein Team von mehr als zehn Mossad-Agenten dreimal innerhalb von sechs Monaten nach Dubai. Die ersten beiden Male observierten sie Mabhouh, um seine Gewohnheiten, Sicherheitsvorkehrungen und Aufenthaltsorte festzustellen und damit zu klären, ob eine Tötung in Dubai überhaupt möglich war. Erst beim dritten Mal führten sie die Tat tatsächlich aus.[220] Ähnlich sah es im Fall des vergifteten russischen Oppositionellen Alexej Nawalny aus: Fast drei Jahre lang folgte Nawalny ein mehrköpfiges FSB-Team quer durch Russland auf Schritt und Tritt. Ziel dabei war es, Gewohnheiten, Routinen, Umfeld und Verhalten Nawalnys herauszufinden, bevor man sich an die Planung eines Anschlags machen konnte.[221]

Phase 4: Warten auf den richtigen Moment

Sind die ersten drei Stationen durchlaufen, folgt die »heiße Phase« einer Operation, in der sich die Täter dem Operationsplan folgend ihrem Ziel nähern und »den Finger am Abzug« haben. Die Tötungen Scheich Ahmad Yasins (durch eine Rakete) oder Imad Mughniyyas (durch einen Sprengsatz an seinem Wagen) verdeutlichen den Ablauf dieser Phase: In beiden Fällen observierten die israelischen Geheimdienste ihre Zielperson wochenlang mit Drohnen und Informanten, um den passenden Moment für das geplante Szenario abzupassen. Dieses besagte, dass nur die Zielperson getötet werden durfte, und zwar beim Einsteigen in ihren Wagen. Mehrmals wurden die feuerbereiten Hubschrauber beziehungsweise die Agenten mit dem Finger auf dem Auslöser der Autobombe zum Warten verdammt oder nach Hause geschickt, weil aufgrund dritter Personen im direkten Umfeld keine Freigabe erteilt wurde.

In Zeiten der digitalen Live-Kommunikation erfolgt in der Regel vor dem Ausführen der Tat eine letzte Bitte um Freigabe und damit eine finale Bestätigung. Erst danach folgt die Ausführung, sprich: Tötung der Zielperson – oder eben der Abbruch der Aktion. Scheinbar banale Gründe können zu einem solchen Abbruch führen, etwa eine ausgebliebene Freigabe oder sich verändernde Umstände wie schlechte Sicht, Enttarnung des Täters oder die Ankunft von Dritten vor Ort. Auf welch winzige Details es dabei ankommen kann, belegt der Fall der NS-Verbrecher Walter Rauff und Klaus Barbie. Rauff floh nach dem Zweiten Weltkrieg nach Chile, Barbie nach Bolivien. Beide sollten 1980 am selben Tag zur selben Uhrzeit von Mossad-Agenten getötet werden. Als sich die Agenten jedoch Rauffs Haus in Santiago de Chile näherten, bellte dessen Schäferhund und erregte die Aufmerksamkeit der gesamten Straße. Die Agenten entschieden sich deswegen für den Abbruch der Aktion, was auch zum Abbruch der Tötung von Klaus Barbie führte.[222] Im Falle eines Abbruchs beginnt der beschriebene Kreislauf mit einer der früheren Phasen dann wieder von vorn.

Manchmal kommt in dieser vierten Phase auch das Entsorgen der Leiche hinzu. Im Falle des Mordversuchs an Siegfried Schulze durch »IM Karate« zum Beispiel sollte das Opfer unter der hinteren Sitzbank eines am Tatort geparkten Fluchtwagens verstaut und über die Grenze in die DDR transportiert werden. Nach der Ermordung Mahmoud al-Mabhouhs 2010 in einem Hotelzimmer in Dubai beseitigten die Agenten alle Kampfspuren, zogen Mabhouh aus, legten die Kleider in den Schrank und die Leiche zugedeckt ins Bett. Wer als Nächstes hereinkommen würde, sollte annehmen, der Gast schliefe. Auch sollte zunächst nichts auf einen unnatürlichen Tod oder einen Kampf hinweisen. Diese Maßnahmen konnten die Tötung zwar nur kurzfristig verschleiern, verschafften den Agenten jedoch genügend Zeit, das Land zu verlassen.[223]

Zeitpunkt und Timing

In medialen Debatten rückt der genaue Zeitpunkt eines Geheimdienstmordes oftmals in den Vordergrund: Sollte mit dem Todestag eine Botschaft gesendet werden? Deutet der Tatzeitpunkt auf bestimmte innen- oder außenpolitische Verwicklungen hin?

Nach dem Nowitschokanschlag auf den ehemaligen russischen Geheimdienstoffizier Sergej Skripal am 4. März 2018 spekulierten einige Medien zum Beispiel über einen Zusammenhang mit der ursprünglich für den 11. März geplanten – und dann auf den 18. März verschobenen – Präsidentschaftswahl in Russland. Die Theorie dabei: Durch die internationale Auseinandersetzung zwischen NATO, EU und Russland sollten die Wähler durch ein Feindbild im Ausland für Präsident Putin mobilisiert werden.[224]

Ganz ähnlich der Tenor nach dem Nowitschokanschlag auf den Oppositionellen Alexej Nawalny im August 2020: Hier wurde gemutmaßt, der Tatzeitpunkt stehe mit der Regionalwahl in Russland am 13. September 2020 und vorherigen Korruptionsenthüllungen Nawalnys in Verbindung.[225]

Ein anderes Beispiel ist der Fall des bulgarischen Dissidenten und Schriftstellers Georgi Markow: Er wurde just am 7. September – dem Geburtstag des bulgarischen Diktators Todor Zhiwkow – tödlich vergiftet. Das Datum wurde auch hier als deutliches Zeichen auf die Hintermänner interpretiert.

Doch wie plausibel sind derartige Spekulationen? Vordergründig lassen sich hier Verbindungen zwischen dem Datum der Tat und politischen oder anderweitig bedeutsamen Ereignissen herstellen. Doch diese sind zumeist nur ein kleiner Teil des größeren Bildes. Denn der Zeitpunkt für die Durchführung einer geheimdienstlichen Tötungsoperation hängt vor allem von einem Umstand ab: der realen Chance auf eine Durchführung der Operation und eine erfolgreiche, möglichst unauffällige Tötung.

Die israelischen Tötungsoperationen gegen führende Hamas- und Hisbollah-Funktionäre untermauern diesen Umstand: Bei der Ermordung Imad Mughniyyas, des Sicherheitschefs der Hisbollah, 2008 in Damaskus führten die sehr spezifischen Vorgaben – auf Druck der USA durfte ausschließlich Mughniyya selbst getötet werden – dazu, dass die Operation über Tage und Wochen hinweg auf Stand-by lief. Dabei musste das Agententeam vor Ort damit rechnen, dass die Durchführung der Mission jederzeit angeordnet werden könnte. Der letztendliche Zeitpunkt wurde allein von den operativen Umständen und der Situation vor Ort bestimmt, also davon, wann die Zielperson wirklich allein und zu erreichen war.[226]

Bei der Tötung des Hamas-Mitgliedes Mahmoud al-Mabhouh durch Mossad-Agenten am 18. Januar 2010 in Dubai war die Situation ähnlich: Mehrmals in den vorangegangenen sechs Monaten hatten Agententeams die Zielperson überwacht und ihre Gewohnheiten ausgekundschaftet. Die Durchführung der Tötung jedoch hing einzig und allein von Mabhouhs Verhalten ab: Das Agententeam wusste vorab nicht, wo er sich aufhalten, wie er sich durch die Stadt bewegen würde und wann er allein und unbeobachtet wäre. Im Interview mit dem Journalisten Ronen Bergman sagte ein ehemaliger Mossad-Agent: »Es war die Art von Mord, bei der die Zielperson bestimmt, wie und wann sie getötet werden muss.«[227]

Es ist also klar: Der Todeszeitpunkt war gar nicht minutiös im Voraus zu berechnen oder von strategischen Gesichtspunkten abhängig zu machen. Einzig die Möglichkeit zur Durchführung der geplanten Operation gab den Ausschlag und bestimmte den genauen Zeitpunkt der Tat.

Das zeigt sich auch in folgendem Umstand: Viele Tötungsoperation müssen mehrmals durchgeführt werden, da ein oder mehrere Versuche fehlschlagen. So zeigte sich zum Beispiel im Fall des russischen Oppositionspolitikers Alexej Nawalny, dass der Giftanschlag auf ihn im August 2020 nicht der erste Mordversuch war und er offenbar bereits Anfang Juli während eines Urlaubs in Kaliningrad hätte vergiftet werden sollen.[228] Auch der bulgarische Waffenhändler Emilian Gebrew und der Oppositionelle Wladimir Kara-Mursa wurden je zweimal vergiftet. Bei Gebrew lagen nur Wochen zwischen den Anschlägen, bei Kara-Mursa jedoch mehr als ein Jahr. Und auch Georgi Markow sollte bereits auf zwei andere Arten getötet werden, bevor ihn der »Regenschirmmord« schließlich das Leben kostete – dass dies mit dem Geburtstag des Diktators Todor Zhiwkow zusammenfiel, war also nicht der erste Plan des Geheimdienstes gewesen.

Dass ein Zeitpunkt strategisch gewählt sein kann, ist freilich nicht ausgeschlossen. Jedoch hat die praktische Seite ein Übergewicht: Wichtig ist vor allem, dass die Tötung wie geplant gelingt. Wenn strategische Umstände dabei berücksichtigt werden können, ist das eher eine Art Bonus.

Auftrag und Freigabe

Handeln Geheimdienste bei Tötungsoperationen auch auf eigene Faust, oder sind Geheimdienstmorde von höchster Stelle – sprich: der Regierung – angeordnet? Diese Frage steht nach jedem neuen Fall im Vordergrund. Dabei geht es vor allem darum, wer die politische und rechtliche Verantwortung trägt. Die Analyse zahlreicher Einzelfälle sowie die Auswertung unzähliger Archivdokumentationen, parlamentarischer Untersuchungen und journalistischer Recherchen lässt dabei einen klaren Schluss zu: Geheimdienstmorde und Tötungsoperationen werden immer von Regierungen angeordnet. In aller Regel bedarf jede einzelne Tötung einer ausdrücklichen Anordnung und Zustimmung von allerhöchsten Regierungsstellen, also von Präsidenten, Premier- und Verteidigungsministern.

Ein hervorragendes Beispiel dafür sind die Morde und Mordversuche, die der bulgarische Geheimdienst in den 1970er-Jahren an bulgarischen Dissidenten und Überläufern im europäischen Ausland verübte: 1973 ermächtigte das Politbüro der Bulgarischen Kommunistischen Partei den Auslandsgeheimdienst, »scharfe operative Maßnahmen« wie Mord oder Entführung im Ausland einzusetzen. Gleichzeitig erstellte eine speziell mit dieser Aufgabe betraute Abteilung eine Liste mit zehn Zielpersonen, zu denen man auch vermerkte, ob für sie Entführungen oder »Liquidierungen« vorgesehen waren. Jeder Plan zur Ausführung einer solchen Maßnahme musste dann vom Abteilungsleiter bewilligt und dem für den Auslandsgeheimdienst zuständigen stellvertretenden Innenminister vorgelegt werden. Anschließend besprach man die Pläne im Kollegium des Innenministeriums und legte sie dem zuständigen Mitglied des Zentralkomitees der Kommunistischen Partei vor. Diese Stelle wiederum bat die politischen Spitzen – Staats- und Parteichef Todor Zhiwkow sowie seinen Sicherheitsrat – um Freigabe. Vor dem »Regenschirmmord« am Dissidenten Georgi Markow schickte der bulgarische Innenminister auf Geheiß von Staatschef Zhiwkow darüber hinaus eine Anfrage an die Leitung des KGB in Moskau.[229]

Ähnliche Planungs- und Freigabeschemen, die in den operativ zuständigen Abteilungen der Geheimdienste beginnen und bis hinauf zur Staatsspitze gehen, sind auch für die sowjetischen und russischen Geheimdienste belegt. Nach Großbritannien geschmuggelte KGB-Archive und Angaben ehemaliger KGB-Offiziere bestätigen, dass die Ermordung von KGB-Überläufern regelmäßig zwischen den operativen Abteilungen, der Leitung des Geheimdienstes sowie der politischen Führung besprochen wurde. In unterschiedlichen Perioden kamen die politische Führung und die Leitung des KGB dabei zu unterschiedlichen Einschätzungen: In den 1950er-Jahren wurden Überläufer und Exilanten noch relativ häufig »zum Abschuss freigegeben«, wohingegen die politische Führung in den 1970ern nur noch die hochrangigsten Zielpersonen freigeben wollte.[230]

An diesem grundsätzlichen Muster scheint sich auch bei den russischen Geheimdienstmorden jüngeren Datums nichts geändert zu haben: Die Untersuchungskommission des britischen Parlaments zur Ermordung des ehemaligen KGB-Offiziers Alexander Litwinenko 2006 in London kam zu dem Ergebnis, »dass der Anschlag wahrscheinlich von Präsident Wladimir Putin gebilligt« und freigegeben wurde.[231] Zudem machte im September 2021 der Europäische Gerichtshof für Menschenrechte Russland offiziell für den Mord verantwortlich.[232]

Ein ganz ähnliches Bild zeichneten die Investigativjournalisten der britischen Plattform Bellingcat, als sie die Telefondaten von Mitarbeitern des russischen Inlandsgeheimdienstes FSB auswerteten. Dabei ging es um den Fall Alexej Nawalnys, dem seit 2017 ein ganzes Team von Agenten regelmäßig folgte. Deren Telefondaten zeigten nicht nur eine rege Zunahme des Telefon- und Kurznachrichtenverkehrs am Abend der Tat, sondern bildeten auch ein hierarchisches Muster ab: Just am Abend, an dem das Gift auf Nawalnys Unterhose aufgetragen wurde, waren zeitgleich Telefonate der Agenten mit ihrem Vorgesetzten, dem Direktor des Kriminalistischen Instituts des FSB, nachzuweisen. Dieser rief wiederum seinen Vorgesetzten, den Leiter des FSB-eigenen Zentrums für Spezialtechnologie an, dessen Vorgesetzter der Leiter des FSB ist, der seinerseits Präsident Putin untersteht.[233]

Ebenfalls über Telefondaten ließ sich eine Befehlskette im Fall des 2018 in Istanbul ermordeten Journalisten Jamal Khashoggi nachweisen. Zum Tatzeitpunkt – so der Bericht der UN-Sonderermittlerin Agnès Callamard und ein im Februar 2020 veröffentlichter CIA-Bericht – telefonierten Mitglieder des Agententeams vor Ort mit ihren Vorgesetzten im saudi-arabischen Geheimdienst, die wiederum direkt dem Kronprinzen Mohammed bin Salman unterstehen. Salman wurde sowohl von der UN als auch den US-Geheimdiensten als mutmaßlicher Auftraggeber des Mordes identifiziert.[234] Weiterhin gehörten sieben der 15 Mitglieder des Tötungskommandos zur Leibgarde des Kronprinzen, die nur er allein befehligt. Auch hier zeigt sich eine direkte Befehlskette zwischen den ausführenden Killern vor Ort und ihren Auftraggebern in Geheimdienst und Regierung. Diese Befehlskette war auch der hauptsächliche Grund dafür, dass die amerikanischen Geheimdienste Kronprinz Mohammed bin Salman in ihren Berichten an die US-Regierung persönlich für den Mord verantwortlich machten.[235]

Noch eindeutiger und rechtlich fixiert sind die Freigabe- und Anordnungsmechanismen für geheimdienstliche Tötungen in den Demokratien USA und Israel. In den USA markierten die parlamentarischen Untersuchungen zu Tötungsoperationen der CIA im Jahr 1975 einen Wendepunkt: Es blieb unklar, ob das Weiße Haus direkt in die Planung und Ausführung der Tötungsoperationen eingeweiht war, auch wenn die Wahrscheinlichkeit in vielen Fällen hoch war, etwa beim geplanten Mord am ersten kongolesischen Premierminister Patrice Lumumba 1960.[236] Fortan wurde die US-Regierung nicht nur verpflichtet, keine Tötungen ausländischer Staatsoberhäupter zu unternehmen, sondern es wurden auch Freigabe- und Autorisierungsmechanismen für sogenannte verdeckte Aktionen entwickelt. Diese veränderten sich nach jedem neuen Geheimdienstskandal:

- Nach 1975 musste der US-Präsident persönlich jede verdeckte Aktion als notwendig erklären, formal bestätigen und anschließend den Geheimdienstausschüssen in Senat und Repräsentantenhaus mitteilen.
- 1980 wurde das Weiße Haus dazu verpflichtet, die beiden Geheimdienstausschüsse des Parlaments mindestens zwei Tage vor Ausführung entsprechender Operationen zu informieren.
- 1991 wurden verdeckte Aktionen als »jegliche Operationen zur Einflussnahme in anderen und auf andere Staaten« durch

die CIA definiert, mit dem Zusatz, dass das Weiße Haus in zeitlich dringenden Fällen acht ausgesuchte Mitglieder der Ausschüsse vorab, und alle Mitglieder auch erst nach der Ausführung informieren kann.

Diese rechtlichen und formalen Prozeduren sind nach wie vor die gültige Grundlage für Drohnen- und andere Tötungsoperationen der USA. Dabei erstellen operative Abteilungen der CIA sowie des Verteidigungsministeriums Listen mit Zielpersonen, die anschließend vom Weißen Haus bestätigt werden. Den Abgeordneten des Parlaments werden anschließend nur die jeweiligen Details der einzelnen Operationen und ihrer Zielpersonen vorgelegt. Immer wieder wird diese Praxis kritisiert, weil die Abgeordneten einerseits nur ein kurzes Zeitfenster und andererseits oftmals nur die Informationen von CIA, Pentagon und Weißem Haus als Grundlage ihrer Entscheidungen haben.[237] Beispielhaft für das Prozedere waren die Tötungen Osama bin Ladens 2011 und Abu Bakr al-Baghdadis 2019: In beiden Fällen versammelten sich der Präsident sowie höchste Regierungsmitglieder, Generäle und Geheimdienstchefs im Situation Room des Weißen Hauses, und der Präsident erteilte die finale Zustimmung zur Durchführung der Operationen.[238] Die heutigen Tötungsoperationen der CIA und des Pentagons durch Kampfdrohnen oder Spezialkommandos durchlaufen also verschiedene Stationen der Planung und Freigabe, an deren Ende der Präsident, Verteidigungsminister und ausgewählte Parlamentsabgeordnete stehen.

Eine ähnliche Befehls- und Freigabekette ist auch für die geheimdienstlichen Tötungen Israels bekannt. So etwa bei der »Gespensterjagd«, also den Entführungs- und Mordaktionen des Mossad gegen NS-Kriegsverbrecher zwischen 1960 und 1989: Der Geheimdienst erstellte auf Anweisung seines Leiters eine Liste mit Zielpersonen, die vom Ministerpräsidenten bestätigt und bewilligt werden musste. Verschiedene Ministerpräsidenten stoppten diese »Gespensterjagd« allerdings immer wieder und setzten andere Prioritäten.[239] Bekannt geworden sind auch die Pläne der israelischen Regierung von Anfang der 1990er-Jahre, den irakischen Diktator Saddam Hussein zu töten. Diese Pläne wurden von den Geheimdiensten erarbeitet und von deren Chefs dem Verteidigungsminister sowie dem Ministerpräsidenten vorgelegt, die sie bestätigten – aber nach einer gravierenden Panne bei Testläufen nicht ausführen ließen.[240] Und auch die Tötung des Sicherheitschefs der Hisbollah, Imad Mughniyya, durch einen Sprengstoffanschlag 2008 in Damaskus belegt die Planungs- und Freigabeprozedur: In diesem Fall legten die israelischen Geheimdienste die Pläne mit großem Vorlauf nicht nur der eigenen Regierung, sondern auch den Geheimdiensten und der Regierung der USA vor. Die US-Geheimdienste halfen bei der logistischen Ausführung und wurden aufgrund der größeren geopolitischen Folgen des Attentats vorab informiert. Dabei stimmte die US-Regierung nur unter sehr spezifischen Vorgaben zu (ausschließlich Mughniyya durfte getötet werden), weswegen der israelische Kommandostab mehrfach die Freigabe verweigerte, bis alle Voraussetzungen erfüllt waren.[241]

Falls etwas schiefgeht: Vorbereitungen für den Super-GAU

Die operativen Planungen für geheimdienstliche Tötungen schließen auch Vorbereitungen für den Ernstfall, für ein Scheitern oder Auffliegen der Aktion mit ein. Getrennt davon gibt es auch Pläne für Kommunikations- und Pressestrategien im Nachgang einer Tötung, die das nächste Kapitel ausführlich beleuchtet. Welche Optionen haben aber die Täter selbst, wenn die Mission schiefgeht?

Eine Möglichkeit, die vor allem in Filmen und Romanen gerne ins Spiel gebracht wird, ist der Selbstmord des Täters. Tatsächlich ist dieser radikale Schritt in der Realität sehr selten. Die berühmten Zyankalikapseln für den Fall einer Gefangennahme bekommen nur wenige Agenten mit auf den Weg. Zudem findet die Selbstmordvariante vorrangig im Kriegszustand Anwendung, wenn verhindert werden soll, dass entscheidende militärische Geheimnisse in die Hand des Feindes gelangen: Die Spezialkämpfer des CIA-Vorläufers Office of Strategic Services (OSS) oder des britischen Special Operations Executive (SOE) im Zweiten Weltkrieg hatten bei ihren Einsätzen hinter feindlichen Linien solche Giftkapseln dabei. Auch der U.S.-Air-Force-Pilot Gary Powers, der 1960 mit dem Spionageflugzeug U2 über der Sowjetunion abgeschossen wurde, hatte auf Drängen der CIA eine Zyankalikapsel im Gepäck, die er jedoch nicht benutzte. Anders hingegen der sowjetische Diplomat Aleksandr Ogorodnik, der in den 1970ern von der CIA während seines Einsatzes in Bogotá, Kolumbien, rekrutiert wurde: Nachdem »TRIGON«, so Ogorodniks Deckname, 1974 nach Moskau versetzt wurde, bat er Operations Officer Martha Peterson um eine Giftpille, die am oberen Ende eines Kugelschreibers versteckt sein sollte. Nach langem Zögern stimmte die CIA schließlich zu, und Peterson deponierte den tödlichen Kugelschreiber für TRIGON in einem toten Briefkasten. 1977 wurde Ogorodnik verraten und vom sowjetischen KGB verhaftet. Im Verhör bat er um seinen Kugelschreiber, um sein Geständnis zu unterschreiben. Als er ihn bekam, nahm er das tödliche Ende in den Mund und war nach wenigen Minuten tot.[242]

Fälle wie der von TRIGON sind in keinem Fall der Standard. Stattdessen setzen Geheimdienste alles daran, dass es erst gar nicht zu einem Szenario kommt, in dem Selbstmord der letzte Ausweg ist. Unabdingbarer Bestandteil eines jeden Operationsplans sind immer eine vorgeplante Route zum Tatort hin und Fluchtwege, um ihn wieder zu verlassen. Der ausführende Täter muss den genauen Weg während seiner Vorbereitung auswendig lernen. Vadim Krasikov zum Beispiel, der verurteilte Mörder aus dem Kleinen Tiergarten in Berlin, legte den direkten Weg zu und von dem Tatort mit dem Fahrrad zurück. Es war eine Strecke von nur 450 Metern bis zum Holsteiner Ufer der Spree. Dort entledigte er sich seiner Perücke, rasierte sich, schmiss sein Fahrrad in den Fluss und wollte gerade auf einen Elektroroller steigen, als er unerwartet verhaftet wurde. Seit seiner Tat waren gerade einmal zehn Minuten vergangen, und der Plan wäre auch aufgegangen, hätten nicht zwei Jugendliche die Tat beobachtet und eine Funkstreife der Berliner Polizei auf die Fährte Krasikovs gebracht. Die weitere Planung des Fluchtweges hätte Krasikov – so viel ist heute bekannt – wieder zurück nach Warschau gebracht, von wo aus er die Heimreise nach Russland angetreten hätte. Insgesamt hätte er sich nach der Tat nur noch rund zwei bis vier Stunden im Land aufhalten müssen.

Wird ein Geheimdienstmörder trotz detaillierter Planung festgenommen, greift er auf eine Reihe von Taktiken zurück, die ebenfalls Teil seines vorbereitenden Trainings sind: Eine Option ist das – vorab geprobte – Leugnen der Tat. Der mutmaßliche Mörder Georgi Markows, Francesco Gullino, zum Beispiel wurde vom bulgarischen Geheimdienst darin trainiert, einen Polygrafen (umgangssprachlich: »Lügendetektor«) durch geschickte Manipulationen zu überlisten. Im Fall des nordkoreanischen Diktatorenbruders Kim Jong-nam hingegen blieben die beiden Frauen, die ihm VX-Nervengift ins Gesicht gesprüht hatten, stur bei ihrer Version, sie seien für einen Streich in einer TV-Show angeheuert worden. Selbst als Videoaufnahmen zeigten, wie die Frauen das Gift von vier Nordkoreanern am Flughafen in Empfang nahmen und es während der Tat mit ausgestreckten Armen vom Körper weghielten, blieben sie bei dieser Version.

Neben mehr oder weniger geschicktem Leugnen, das mit fortlaufender Dauer von Verhören immer schwieriger wird, können Täter sich auch stoisch ausschweigen. Dies ist zum Beispiel die Taktik Vadim Krasikovs, der seit seiner Festnahme am 23. August 2019 kaum ein Wort zu den Vorgängen gesagt hat. Daran änderten auch Informationen deutscher Nachrichtendienste über Anschlagspläne gegen Krasikov und seine anschließende Verlegung auf die Krankenstation nichts.[243] Große Probleme bereitete bereits die Bestätigung seiner Identität. Während er selbst vor Gericht darauf bestand, Vadim Sokolov zu heißen, legen Recherchen der Investigativplattform Bellingcat nahe, dass er tatsächlich Vadim Krasikov heißt. Als Vadim Krasikov identifizierte ihn im zweiten Anlauf auch der Mann seiner Schwägerin 2021 vor dem Berliner Kammergericht.[244] Zudem konnten die Bellingcat-Recherchen zeigen, dass Krasikovs Ehefrau unmittelbar nach der Tat am 23. August 2019 nicht nur in telefonischem Kontakt mit FSB-Offizieren stand, sondern auch in Gesellschaft eines FSB-Generals von Moskau auf die Krim reiste.[245]

Die Taktik des Ausschweigens wandte auch das – wenngleich nicht des Mordes beschuldigte – russische Agentenpaar Heidrun und Andreas Anschlag an, nachdem die beiden 2011 nach über 20 Jahren Spionage verhaftet wurden. Dieses antrainierte, beharrliche Schweigen stellt höchste Anforderungen an die Nerven des Täters. Das Hauptziel ist zu verhindern, dass Informationen über den Auftrag und den Geheimdienst der Gegenseite bekannt werden. Das ist durch Schweigen natürlich nur dort möglich, wo die Verhöre der Gegenseite an Rechtsstaat und Menschenrechte gebunden sind. In Diktaturen hingegen wird in diesen Fällen zum Instrument der Folter gegriffen.

Im Ergebnis führt Schweigen oftmals zu demselben Ergebnis wie ein Geständnis: einer Verurteilung. Zwar liegt bei einem Geständnis das Strafmaß deutlich niedriger, doch in aller Regel ist dieser Aspekt für geheimdienstliche Mörder von geringem Interesse. An einem niedrigen Strafmaß oder Deal sind nur die Täter interessiert, die sich zu einem Seitenwechsel entschließen. Den anderen ist in der Regel klar, dass Geheimdienstmörder ihre Strafe oft nur teilweise absitzen, bevor auf höchster politischer Ebene ein Austausch oder eine Abschiebung organisiert wird. Ein Beispiel dafür sind der ehemalige Chef des jugoslawischen Geheimdienstes Zdravko Mustač und sein Mitarbeiter Josip Perković: Beide wurden wegen mehr als 20 Morden an kroatischen Politemigranten in Deutschland fast 30 Jahre gesucht. Selbst in den EU-Beitrittsverhandlungen Kroatiens wurden die beiden zum Zankapfel, 2014 dann wurden sie an Deutschland ausgeliefert, verurteilt – und 2019 bereits wieder nach Kroatien abgeschoben. Und auch Kazem Darabi, einer der »Mykonos-Attentäter«, die 1992 in Berlin iranisch-kurdische Oppositionelle erschossen, wurde 2007 nach 15 Jahren Haft vorzeitig in den Iran entlassen. Unbestätigte Gerüchte brachten die unerwartete Haftentlassung mit einem Austausch gegen den im Iran inhaftierten Donald Klein in Verbindung. Zweifellos sitzen jene Länder in Verhandlungen um Gefangenen- und Agentenaustausch am längeren Hebel, die sich wenig bis gar nicht um rechtsstaatliche Gepflogenheiten scheren, denn sie können wesentlich leichter unschuldige Journalisten, Aktivisten oder einfache Touristen verhaften lassen, um sie als Faustpfand und »Verhandlungsmasse« zu benutzen.

INFOBOX

- Planung und Ausführung eines Geheimdienstmordes sind aufwendig und zeitintensiv. Der Prozess besteht aus vier Phasen:
  1. Informationsbeschaffung (vor allem Bestimmung, Lokalisierung und Identifizierung der Zielperson)

2. Ausarbeitung des Operationsplans (beinhaltet Zeitpunkt, Ort, Mordwaffe et cetera)
3. Detailplanung, Training und Logistik (Waffentraining, Täter und Equipment an den Zielort bringen et cetera)
4. Warten auf den richtigen Moment (bis alle Bedingungen stimmen, beispielsweise wenn die Zielperson allein sein muss)

- Zeitpunkt und Ablauf der Tötung werden hauptsächlich von praktischen Bedingungen und Chancen zur Durchführung bestimmt.
- Die Täter arbeiten fast immer in Teams.
- Die Mordwaffe wird an das Opfer und den Täter angepasst und hat oft eine symbolische Bedeutung.
- Jede Tötung muss von der Regierung des jeweiligen Landes freigegeben werden.

KAPITEL 6

Das Verwirrspiel um Geheimdienstmorde

Wenn Geheimdienstmorde öffentlich werden, schlägt die Stunde der Desinformanten. Planung und Durchführung eines geheimen Mordes sind eine Seite, wie der Mord gegenüber der Öffentlichkeit oder befreundeten und verfeindeten Staaten kommuniziert wird, die andere. Das Ziel von Regierungen und Geheimdiensten ist es, in der Öffentlichkeit nicht als Auftraggeber und Mörder dazustehen. Dazu werden verschiedene rhetorische Kunststücke, vor allem aber gezielte Desinformation in all ihren Varianten eingesetzt. Aus diesem Grund sind Kommunikations- und Desinformationsstrategien oftmals von Anfang an Bestandteil der Operationsplanung. Dabei greifen Geheimdienste und Regierungen auf ein bestimmtes Repertoire an Strategien, Taktiken und Inhalten zurück. Dementsprechend können Muster und Wiederholungen identifiziert werden, aus denen sich sieben Phasen der Desinformation und vier Szenarien zum Ende der Debatten ableiten lassen.

Was ist Desinformation?

Das Wort ist – wenig verwunderlich – ein hochumstrittener politischer Kampfbegriff. Desinformation ist etwas, was nur der politische Gegner betreibt, ähnlich wie Propaganda, während – gerade westliche Demokratien – lieber von »politischer PR«, »strategischer

Kommunikation« oder »psychologischer Kriegsführung« sprechen.[246] Damit beschreiben sie Tätigkeiten, bei denen nicht einfach (wahre) Informationen kommuniziert werden, sondern durch verschiedene manipulative Tricks, Täuschung, Irreführung, Ablenkung und Provokation die Wahrnehmung von Ereignissen, Personen oder Sachverhalten in der Öffentlichkeit beeinflusst wird. Der KGB bezeichnete entsprechende Mittel deshalb als »aktive Maßnahmen« (im Gegensatz zum »passiven« Sammeln von Informationen). Die Einflussnahme erfolgt dabei nicht offen und potenziell für alle erkennbar, wie es bei Propaganda der Fall wäre. Desinformation ist ein geheimer Prozess der Einflussnahme: Hier erscheinen Informationen vordergründig als faktisch, neutral, zum Beispiel in Form von Nachrichten, während sie im Hintergrund Teil einer gesteuerten Informationskampagne zur Einflussnahme und Manipulation sind. Der Urheber von Desinformation bleibt dabei im Verborgenen.[247]

Der Kern von Desinformation ist also, ausgewählte Informationen gezielt zu verbreiten und zur verdeckten Einflussnahme zu nutzen. Dabei ist es ein weitverbreiteter Irrtum, dass Desinformation nur mit falschen oder unwahren Informationen betrieben wird. Tatsächlich besteht erfolgreiche Desinformation in der Regel aus einem Mix von unwahren, halb wahren und tatsächlich wahren Informationen, die miteinander kombiniert, aus dem Zusammenhang gerissen, in einen neuen Kontext gestellt und anschließend veröffentlicht werden.[248]

Eine Reihe von Instrumenten, Helfern, Methoden und Medien ist in diesem Prozess von Bedeutung: Wenig überrascht, dass Geheimdiensten eine besonders wichtige Rolle als Organisatoren zukommt. Desinformation lebt gerade davon, dass die Einflussnahme im Geheimen und von neutral erscheinenden Personen und Institutionen betrieben wird. Dazu haben Geheimdienste zum Beispiel sogenannte Einflussagenten, also Journalisten, Politiker oder gesellschaftliche Persönlichkeiten, die im Auftrag Meinungen verbreiten. In der analogen Ära der Printmedien ließen Regierungen und Geheimdienste auch Unmengen an Druckerzeugnissen herstellen – Flugblätter, Pamphlete, Broschüren, Bücher, Zeitungen, Magazine, Plakate, Losungen und vieles mehr.[249]

Ein Beispiel für Vorbereitung und Nutzung von Desinformation lieferte der bulgarische Geheimdienst. 1978 stellte er einen detaillierten Plan für »aktive Maßnahmen« zusammen, bevor er die Tötung des bulgarischen Dissidenten Georgi Markow im selben Jahr in London ausführte.[250] Dieser Plan sah zum Beispiel vor, den Verdacht weg vom bulgarischen Geheimdienst und hin zum persönlichen und beruflichen Umfeld des Opfers zu lenken.

Ein anderes Beispiel lieferte das Attentat des türkischen Extremisten Ali Ağca auf Papst Johannes Paul II. im Mai 1981. Einige Monate später tauchten in den Medien (falsche) Informationen über eine »bulgarische Spur« auf, der zufolge Ağca vom bulgarischen Geheimdienst im Namen des KGB mit dem Mord beauftragt worden sei. Die »bulgarische Spur« war Teil einer amerikanischen Desinformationskampagne, die maßgeblich von der Journalistin Claire Sterling und dem ehemaligen Chief of Station der CIA in der Türkei, Paul Henze, vorangetrieben wurde. Und sie entfaltete große Wirkung: Bis 1985 arbeitete die Desinformationsabteilung des bulgarischen Geheimdienstes daran, zusammen mit den anderen Ost-Geheimdiensten eine Gegenerzählung zu entwickeln, nach der die CIA Ali Ağca mit dem Mord beauftragt hatte, um ihn der Sowjetunion anzulasten. Über Jahre wurden Informationen und Quellen gesammelt, Journalisten und Autoren gewonnen, die eine zusammenhängende Gegenversion zur »bulgarischen Spur« propagierten.[251]

Ähnliches ereignete sich nach der Ermordung des ehemaligen schwedischen Ministerpräsidenten Olof Palme am 28. Februar 1986. Jahrelang kursierten verschiedenste Gerüchte über die Hintergründe der Tat, von einer Verwicklung der linksterroristischen RAF war die Rede, aber auch von der CIA. Einige Geheimdienste wie die Stasi nutzten den Fall und verbreiteten über Journalistenverbindungen falsche Informationen, um westliche Geheimdienste zu beschuldigen. Erst im Jahr 2020 kam eine offizielle Ermittlungsgruppe der schwedischen Behörden zu dem Schluss, dass es sich um die Tat eines Einzeltäters gehandelt hatte, des inzwischen verstorbenen Stig Engström.[252]

Im digitalen Informationszeitalter verlagerte sich diese Desinformationsschwemme ins World Wide Web: »Troll-Fabriken«, Online-Kommentatoren, Chatbots, Facebook- oder Messengergruppen, manipulierte Videos et cetera gehen heute in wenigen Stunden viral. Staaten, Geheimdienste und Oligarchen leisten sich ganze Firmen voller bezahlter Kommentatoren, sogenannter Trolle, und automatisierter Chat-Programme. Die mutmaßlich vom russischen Inlandsgeheimdienst FSB gesteuerte Internet Research Agency (IRA) in St. Petersburg ist das wohl bekannteste Beispiel dafür: Über 1000 Mitarbeiter waren hier zeitweilig angestellt und erhielten hohe Prämien für das Erstellen von Nachrichten, Absetzen von Posts, Tweets und Kommentaren und vor allem das automatisierte Weiterverbreiten von Informationen. Welche Nachrichten auf die Agenda gesetzt und positiv dargestellt und welche niedergeschrien und verunglimpft werden sollten, unterlag dabei einer zentralen Vorgabe und Steuerung.[253] Das Internet und die Digitalisierung wirken so als Brandbeschleuniger für Desinformation. Lügen und extreme Darstellungen verstärken sich – anders als bei klassischen Medien – durch Algorithmen und Filterblasen gegenseitig und verbreiten sich so wesentlich schneller als Fakten, Wahrheit und nüchterner Journalismus.[254]

In der Regel konzentriert sich Desinformation auf außen-, innen- und gesellschaftspolitische Streitfragen, und sie war in der Vergangenheit durchaus erfolgreich darin, Spannungen zu vertiefen, Zwietracht und Zweifel zu säen und Täuschungen aufzubauen. Bei einer grundsätzlicheren politischen Einflussnahme, zum Beispiel um einen Umschwung von einem pro- oder antiwestlichen Kurs zu erzeugen, war sie hingegen weniger erfolgreich.[255]

Was bedeutet all das in Bezug auf Geheimdienstmorde? Im digitalen Informationszeitalter laufen geheime Tötungen nicht immer im Verborgenen ab, wie etwa der Fall Nawalny gezeigt hat. Um aber die öffentliche Meinung zu beeinflussen und Verwirrung zu stiften, betreiben Staaten und Geheimdienste Desinformation in einem enormen Ausmaß: Unglaubliche 735 Artikel mit 138 unterschiedlichen Versionen zählten zum Beispiel die Investigativjournalisten von Bellingcat allein in den ersten vier Wochen nach der Vergiftung des russischen Doppelagenten Sergej Skripal 2018.[256]

Die sieben Phasen der Desinformation

Wie also läuft das Verwirrspiel der Desinformation nach Geheimdienstmorden ab? Die anschaulichsten Beispielfälle aus der jüngeren Vergangenheit sind die Mordanschläge auf Sergej Skripal und Jamal Khashoggi 2018, Zelimkhan Khangoshvili 2019 und Alexej Nawalny 2020. Sie lassen sieben Phasen der Desinformation erkennen, die sich durch ihre inhaltliche und methodische Ausrichtung voneinander unterscheiden.

Betrachtet man Organisation und Umsetzung, kann der Eindruck entstehen, die Desinformation würde meisterhaft und passgenau durchgeführt. Dem ist nicht so. Nur weil Regierungen und Geheimdienste weitreichende und subtile Instrumente der Massenkommunikation in ihrem Repertoire haben, bedeutet das nicht automatisch, dass diese auch die Weltöffentlichkeit überzeugen. In den Fällen Skripal, Khangoshvili oder Nawalny etwa verlor Russland in der internationalen Arena trotz breit angelegter Kampagnen schnell die Deutungshoheit über die Ereignisse und konnte sie nie wieder zurückerlangen.

Damit Desinformationskampagnen keinen Erfolg haben, braucht es vor allem zwei wichtige Dinge:

1. einen konstanten Fluss seriöser Informationen und Nachrichten
2. eine genaue Kenntnis und ein Verständnis der Desinformationsstrategien

Die hier skizzierte Reihenfolge ist eine Art prototypischer Verlauf – in der Realität überlappen und vermischen sich diese Phasen oft. Das hängt unter anderem damit zusammen, dass verschiedene Akteure und Institutionen zu verschiedenen Zeitpunkten unterschiedlich zu dem Verwirrspiel beitragen.

Phase 1: Tarnung

Die erste Phase läuft bereits während der operativen Planungen und der Ausführung des Mordes: Je nach Art der Tötung, Szenario und gewählter Mordwaffe werden bei der Ausführung bestimmte Techniken angewandt, die Ermittler und Beobachter in die Irre führen sollen. Hier geht es darum, den Mord entweder nicht als Mord erscheinen zu lassen oder den Verdacht auf andere zu lenken. Dazu gibt es eine Reihe von Möglichkeiten: Morde können zum Beispiel als Suizide, Unfälle oder natürliche Todesfälle getarnt werden. Fast immer spielt dabei der Einsatz von Gift eine Rolle: Personen können so betäubt werden, um glaubwürdige Unfall- oder Selbstmordszenarien zu fingieren, etwa indem man dem Opfer hochgiftige Substanzen verabreicht, die einen Herzstillstand zur Folge haben.

Eine andere Möglichkeit besteht darin, die Leiche des Opfers komplett verschwinden zu lassen, zum Beispiel indem man sie aus einem Flugzeug über dem offenen Meer wirft. Wenn die Killer ihre Spuren gut verwischen und die Leiche tatsächlich nicht gefunden wird, besteht die Chance, dass der Mord weder verfolgt noch öffentlich mit einem Geheimdienst oder Staat in Verbindung gebracht werden kann.

Ein Beispiel für ein anderes Szenario lieferten die israelischen Geheimdienste: Am 12. Juli 2004 starb der ranghohe Funktionär der israelfeindlichen radikal-islamischen Hisbollah-Miliz Ghaleb Awali durch eine Autobombe mitten in der libanesischen Hauptstadt Beirut. Direkt nach dem Anschlag übernahm eine fiktive sunnitische Gruppe mit dem Namen »Soldaten der Levante« die Verantwortung, mit der Begründung, man habe einen »Verräter« getötet. Bewusst sollten dabei Gegensätze zwischen den Schiiten und den Sunniten ausgenutzt werden, um den Verdacht in eine falsche Richtung zu lenken.[257] Diese Strategie war fester Bestandteil des Plans zur Durchführung der Tötungsoperation und zeigt, wie Geheimdienste mitunter schon bei der Ausführung einer Tat Desinformationsstrategien nutzen.

Eine andere Taktik wandte der saudi-arabische Geheimdienst an, als er im Oktober 2018 den Journalisten Jamal Khashoggi in Istanbul tötete: Obgleich Khashoggis Leiche direkt nach dem Mord entsorgt wurde, versuchte die saudi-arabische Regierung zwei Wochen lang, die Version aufrechtzuerhalten, das Opfer habe das Konsulat gesund und munter verlassen. Diese Aussage wurde unterstützt durch Videoaufnahmen des Konsulatsausgangs, durch den einer der beteiligten Agenten in Khashoggis Kleidung das Gebäude verließ. Auch hierbei handelte es sich um eine gezielte Täuschung, die bereits während der Vorbereitung des Mordes geplant worden war.

Eine weitere Möglichkeit, einen Geheimdienstmord schon bei der Ausführung zu tarnen, sind sogenannte »Clean-up-Operationen«, bei denen das Aufräumen des Tatorts, das Verwischen von

Spuren und die Entsorgung von verräterischen Gegenständen mit eingeplant sind. Im Falle Alexej Nawalnys konnte das Opfer einen der beteiligten FSB-Offiziere, den Militärbiologen Konstantin Kudrjawzew, Monate nach dem fehlgeschlagenen Nowitschokattentat in ein Telefongespräch verwickeln. Dabei kam heraus, dass Kudrjawzew Teil des Aufräumteams war, das Nawalnys persönliche Gegenstände und das Hotelzimmer direkt nach der Tat von Spuren des tödlichen Nervengifts befreite. Dies ging so weit, dass dieses Aufräumteam offenbar auch das bewusstlose Opfer und dessen Sachen im Krankenhaus »reinigte«.[258]

Darüber hinaus gibt es noch eine letzte wichtige Taktik, mit der Geheimdienste ihre Morde zu tarnen versuchen: strikte Geheimhaltung innerhalb des ausführenden Teams. Im Jargon der amerikanischen Geheimdienste heißt das *need-to-know basis* und bezeichnet eine Situation, in der jeder Beteiligte nur genau das und so viel wissen darf, wie zur Ausführung seines Auftrages nötig ist. Wiederum ist der Fall Nawalny ein gutes Beispiel: In besagtem Telefonat gab Konstantin Kudrjawzew nämlich auch an, aufgrund der strikten Geheimhaltung wenig über die Ausführung der Tat zu wissen, da er nur die für seine konkreten Aufgaben notwendigen Informationen bekommen habe.[259] Eine solche Zerstückelung von Informationen soll dafür sorgen, dass selbst bei Pannen, Fehlschlägen oder Leaks nicht viel auf einmal nach außen dringt und stattdessen nur bruchstückhafte Informationen publik werden können.

Phase 2: Schweigen

Regierungen und Geheimdienste weltweit verfolgen die grundsätzliche Politik, zu Geheimdienstthemen keine Stellung zu beziehen. Bei der CIA zum Beispiel lautet eine Standardphrase: *»Can neither confirm nor deny.«* – »Wir können das weder bestätigen noch dementieren.« Dieser Satz hat sogar einen eigenen Namen: Glomar-

Antwort, in Anlehnung an den erstmaligen Gebrauch der Phrase nach einer streng geheimen Bergungsoperation eines sowjetischen Atom-U-Bootes durch das Expeditionsschiff »Glomar Explorer« 1975.[260] Nichtssagende Statements dieser Art sollen möglichst keine Angriffsfläche für Nachfragen bieten und durch Schweigen und Informationssperren verhindern, dass ein Geheimdienst oder Staat irgendwie mit einem Mord in Verbindung gebracht wird.

Diese Phase erstreckt sich über den Tag der Tat und eine kurze Zeitspanne danach. Hier schweigen Regierungen, Geheimdienste und andere offizielle Stellen zur Person des Opfers und dem Mord beziehungsweise Mordanschlag. Selbst wenn, wie zum Beispiel in den Fällen Skripal oder Nawalny, unmittelbar im Anschluss an die Tat erste Presseanfragen an die – in diesem Fall russische – Regierung gestellt werden, gibt es keine Stellungnahme. Der Name des Opfers wird auch in keinem anderen Kontext erwähnt, stattdessen gibt es eine strenge Informationssperre.

Phase 3: Abstreiten

Eisernes Schweigen kann nun keine Regierung auf ewig durchhalten. Steigt der öffentliche Druck und häufen sich offizielle Anfragen anderer Regierungen, kommt es zu einer ersten Stellungnahme: Hierbei streitet eine, in der Regel niedrige, offizielle Stelle jegliche Beteiligung an der Tat ab – etwa ein Botschafter oder ein Sprecher des Außen- oder Innenministeriums oder der (stellvertretende) Regierungssprecher. Dies erfolgt zumeist in Form einer einfachen Zurückweisung ohne weitergehende Angaben zur Sache.

Nimmt der öffentliche Druck jedoch weiter zu und präsentiert zum Beispiel der Staat, auf dessen Territorium der Mord oder Anschlag erfolgte, öffentlich erste Beweise, folgen weitere Stellungnahmen. Hierauf wird weiter jede Beteiligung abgestritten, nun aber zusätzlich mit Aussagen zur Tat. Ab jetzt äußern sich hohe

Regierungsmitglieder wie Außen- oder Innenminister, selten jedoch höchste Instanzen wie Premierminister oder Präsidenten. Drei Dinge wollen Regierungen dabei zumeist kommunizieren:

1. Sie hätten kein Motiv für die Tat.
2. Sie verfügten nicht über die technischen und logistischen Möglichkeiten für eine solche Tat (beispielsweise weil sie das benutzte Gift nicht produzieren könnten).
3. Wenn es Bildaufnahmen eines mutmaßlichen Täters gibt, wird erklärt, es handele sich um eine Privatperson ohne Verbindung zu Regierung oder Geheimdiensten. Im Fall Skripal etwa lagen derartige Aufnahmen vor – worauf es einen Fernsehauftritt der Tatverdächtigen Alexander Mischkin (alias »Alexander Petrow«) und Anatoli Tschepiga (alias »Ruslan Boschirow«) gab, bei dem sie beteuerten, als einfache Touristen am Tag der Tat in Salisbury gewesen zu sein.[261]

Phase 4: Gegenbeschuldigung

Flauen öffentliche Debatte, Kritik und politischer Druck nach den ersten Phasen nicht ab, erfolgt ein rhetorischer Gegenangriff. Dieser ist Chefsache und kommt von allerhöchsten Stellen in der Regierung: Ministern, Präsidenten, Premierministern, Königen, Kronprinzen und so weiter. In der Regel erfolgt nun eine Gegenbeschuldigung, wofür es verschiedene Varianten gibt.

Variante 1: Geheimdienstmord unter falscher Flagge

»Unter falscher Flagge« ist ein traditioneller Ausdruck im Geheimdienstjargon, den sowohl westliche als auch russische Dienste verwenden.[262] Ähnlich wie im Seemannsjargon bedeutet er, dass ein Geheimdienst vorschützt, er sei in Wirklichkeit ein anderer. Diese Taktik findet interessanterweise auch Verwendung bei der Rekrutierung von Agenten, wenn ein Geheimdienst der Meinung ist, die

Zielperson würde sich leichter von einem anderen Geheimdienst anwerben lassen.

Als Desinformationsstrategie wird diese Variante besonders gern von russischen Stellen gebraucht. Die offizielle Erklärung lautet dann: Jemand anderes, zum Beispiel die CIA, habe den Anschlag verübt, um ihn einem Dritten anzuhängen. Gegenbeschuldigungen beginnen oftmals diffus und werden mit fortschreitender Zeit und neuen öffentlichen Informationen konkreter. Nach dem Giftanschlag auf Sergej Skripal erklärte zum Beispiel der ehemalige Chef des FSB, Nikolaj Kowaljow, der russischen staatlichen Nachrichtenagentur RIA Nowosti gegenüber, dass »Verräter« wie Skripal völlig unter der Kontrolle der britischen Geheimdienste stünden, die ihren Standort und Tagesablauf kennen würden. Deshalb seien »seltsame Ereignisse« wie der Giftanschlag besonders verwunderlich. Unterstützt wurde er von Politologen, die sich in TV-Interviews »zu 100 Prozent sicher« waren, dass »die Briten für diese Provokation Nowitschok von ihnen [den Amerikanern] erhalten haben«.[263] Andere Gerüchte besagten, der Anschlag habe sich unweit des britischen Militärforschungszentrums für biologische und chemische Waffen in Porton Down ereignet und das Gift stamme von dort. In Deutschland wurde daraufhin bekannt, dass der BND in den 1990ern eine Probe des Giftes von einem russischen Überläufer zu Forschungszwecken beschaffen konnte.[264] In der internationalen Desinformationsschlacht wurde dies umgedeutet: Auch Deutschland und der BND seien im Besitz des Giftes und könnten deshalb hinter dem Anschlag stecken.

Egal ob USA, Großbritannien oder Deutschland, die Angriffslinie der russischen Gegenbeschuldigungen in diesem Fall war klar: »Der Westen« stecke hinter dem Anschlag, um ihn Russland anzuhängen. Beweise oder schlüssige Argumentationen, warum und wie denn zum Beispiel der BND Skripal habe ermorden wollen, wurden dabei nicht vorgelegt. Widersprüche wie der Umstand, dass der Besitz des Giftes zu Analysezwecken sich fundamental von der illegalen Produktion zum Einsatz unterscheidet, wurden übergangen.[265] Aber das war auch nicht von Bedeutung – es ging nur darum, die Öffentlichkeit zu verwirren.

Besondere Aufmerksamkeit verdient das angebliche Motiv solcher Tötungsoperationen unter falscher Flagge. Hier zeigt sich ein besonders hohes Maß geheimdienstlicher Paranoia: Die Theorie, wie sie etwa im Fall Skripal kommuniziert wurde, besagt, dass der einzige Grund für die Mordversuche der sei, Russland beziehungsweise die russische Regierung unter Präsident Putin zu diskreditieren. Diese Erklärung für die zahlreichen Morde und Mordversuche an russischen Überläufern und Oppositionellen beschreibt eine der schärfsten Geheimdienstaktionen überhaupt – Mord – als einfaches Element politischer Propaganda. Abgesehen davon, dass die russische Regierung damit ein besonders kaltblütiges und paranoides Politikverständnis demonstriert, ist an der beschriebenen Theorie vor allem interessant: Es gibt kein einziges belegtes Beispiel für einen Geheimdienstmord unter falscher Flagge, der ausschließlich zur Diskreditierung eines anderen Staates diente! Kein einziger der mehr als 120 Fälle, die dieses Buch untersucht, kann dieses Szenario stützen.[266] Und weder deutsche noch internationale Geheimdienstexperten konnten einen solchen Fall benennen.[267]

In einigen wenigen Fällen gibt es zwar Hinweise darauf, dass Geheimdienste Anschläge getarnt hinter Stellvertreterorganisationen durchführten – wie zum Beispiel bei der »Roten Hand«, die der französische Geheimdienst während des Algerienkrieges 1954 bis 1962 für seine Anschläge gegen Unterstützer der algerischen Unabhängigkeitsbewegung als Tarnung benutzte. Und auch die Stasi beschäftigte sich mit Tötungsoperationen unter falscher Flagge: Anfang der 1980er hielt der Minister für Staatssicherheit Erich Mielke in einem Bericht fest, beim möglichen Einsatz von Spezialkommandos in West-Deutschland könnten entweder Vorgehensweisen von Terroristen kopiert oder Anschläge als Unfälle getarnt werden, damit der Verdacht auf Extremisten und Terroristen fiele.[268] Diese Art der falschen Flagge diente jedoch der Tarnung und dem glaubhaften Dementi und nicht der Diskreditierung anderer Regierungen, Geheimdienste oder Personen.

Anschuldigungen und Desinformation, die solche Verschwörungsszenarien eines Mordes unter falscher Flagge verbreiten, verkennen auch die komplizierten politischen und rechtlichen Freigabe- und Bewilligungsmechanismen hinter geheimdienstlichen Tötungen. Der Einsatz einer geheimdienstlichen Tötung nur zum Zweck der politischen Propaganda erscheint vor diesem Hintergrund unrealistisch. Auch ist zu bedenken, welch ein großes Risiko eine solche Aktion für die ausführenden Geheimdienste bedeuten würde.

Nicht immer jedoch richten sich Aussagen und Gegenbeschuldigungen dieser Art nur an ein außenstehendes Publikum. Vielmehr zielt diese Art von Desinformation auch auf ein heimisches (im Fall Skripal: russisches) Publikum ab, dem so einerseits mysteriöse Morde und Mordanschläge erklärt werden und das andererseits auf einen großen außenpolitischen Konflikt oder ein Feindbild eingeschworen wird (in diesem Fall: »der Westen«, vor allem die USA, Großbritannien und in geringerem Ausmaß auch Deutschland).

Ein überaus bemerkenswerter Fall, der kein Mord unter falscher Flagge war, aber gewisse Parallelen zu diesem Szenario aufweist, war der Fall des russischen Journalisten Arakdi Arkadjewitsch Babtschenko im Jahr 2018. Babtschenko war fast 20 Jahre Kriegsreporter und schrieb für russische Medien. Nach kritischen Artikeln über den russischen Militäreinsatz in Syrien floh er 2017 aus Moskau über Prag nach Kiew. Dort vermeldete die Kiewer Polizei am 29. Mai 2018, dass Babtschenko vor seiner Wohnung erschossen worden sei, was noch am selben Tag internationale Schlagzeilen produzierte.

Der ukrainische Ministerpräsident Wolodymyr Grojsman machte umgehend die russische Regierung für die Tat verantwortlich, was der Leiter des russischen Inlandsgeheimdienstes FSB noch am selben Tag bestritt. Nur einen Tag später jedoch trat Arkadi Babtschenko quicklebendig bei einer Live-Pressekonferenz mit dem ukrainischen Präsidenten Petro Poroschenko, dem Chef des ukrainischen Inlandsgeheimdienstes SBU Wasyl Hrytsak und Generalstaatsanwalt Jurij Luzenko auf. Zusammen enthüllten sie, dass Babtschenkos Tod vom ukrainischen Geheimdienst vorgetäuscht worden war, um ein vom russischen FSB gesteuertes Mordkomplott gegen Babtschenko aufzudecken und zu durchkreuzen. Angeblich habe ein ukrainischer Geschäftsmann im Auftrag des FSB für 40.000 US-Dollar einen ukrainischen Killer angeheuert, um Babtschenko zu töten. Der Killer jedoch wandte sich an die Sicherheitsbehörden. Nachdem Babtschenkos Tod erfolgreich vorgetäuscht wurde, seien Beteiligte verhaftet und Beweise dafür gesammelt worden, dass noch über 40 weitere Morde im Auftrag des FSB geplant waren. Eine genaue Aufklärung dieser Fälle blieben die ukrainischen Sicherheitsbehörden jedoch schuldig und der Geschäftsmann, der Babtschenkos Ermordung in Auftrag gegeben haben soll, wurde lediglich zu vier Jahren Haft verurteilt.[269] Sowohl bei internationalen Beobachtern als auch bei Medien- und Journalistenorganisationen rief die Täuschungsoperation große Kritik hervor. Babtschenko und die ukrainische Regierung verteidigten sie jedoch als notwendig, um das angebliche russische Mordkomplott aufzudecken.[270]

Der Fall Babtschenko war eine Täuschungsoperation großen Ausmaßes, deren Ziel nicht nur in der Aufdeckung eines Mordkomplotts, sondern auch in der öffentlichen Diskreditierung Russlands bestand. Bis auf den heutigen Tag sind die Hintergründe dieses vorgetäuschten Geheimdienstmordes nicht überprüfbar, weshalb die Möglichkeit besteht, dass es sich um eine ukrainische Propagandaaktion gehandelt haben könnte. Letztlich handelte es sich aber so oder so um eine Täuschungsoperation und nicht um einen realen Mord.

Variante 2: Wild gewordene Einzeltäter

Die zweite Version, mit der eine angebliche Verwicklung in einen Geheimdienstmord abgestritten und eine Gegenbeschuldigung erhoben werden soll, ist die Theorie der *loose cannon gone rogue* – dieser Ausdruck hat keine direkte Entsprechung im Deutschen, er bezeichnet einen wild gewordenen, gemeingefährlichen »Cowboy«, der die Dinge in die eigene Hand nimmt, ohne sich um Regeln oder Menschenleben zu scheren. Auf die Welt der Geheimdienstmorde gemünzt, bedeutet diese Theorie, dass nicht die Regierung oder ihre Geheimdienste die Verantwortung für einen Mord tragen, sondern ein (oder mehrere) Geheimdienstmitarbeiter, der auf eigene Faust oder im Auftrag Dritter gemordet hat.

Ende Juli 2020 zum Beispiel wurden drei Mitarbeiter des französischen Auslandsgeheimdienstes DGSE im Pariser Vorort Créteil wegen versuchten Mordes festgenommen. Zwei Mitarbeiter wurden mit Stich- und Schusswaffen in ihrem Auto, der dritte wegen Beihilfe verhaftet und kurze Zeit später wegen versuchten Mordes an einer 54-jährigen Frau angeklagt. Der angebliche Mordversuch soll jedoch nicht mit ihrer Geheimdienstarbeit in Verbindung gestanden haben.[271] Wenn dem so war, wäre der Fall zwar kein Beispiel für einen politischen Geheimdienstmord, wohl aber für »wild gewordene« Geheimdienstmitarbeiter, die außerhalb ihrer Befehlskette morden (wollten).

Nun birgt diese Art der Gegenbeschuldigung politische Fallstricke: Sie legt nahe, dass die Regierung und die Geheimdienstleitung ihren Apparat nicht unter Kontrolle hätten. Unvermeidlich ist so, dass Geheimdienstleitung und Regierung als schwach oder inkompetent dastehen. Daher muss diese Art der Gegenbeschuldigung behutsam verbreitet werden. Hier kommen inoffizielle Sprachrohre, Fürsprecher, Einflussagenten, Kontaktpersonen, Propagandisten und so weiter zum Zuge. Die Version, es könne ja jemand aus dem Apparat durchgedreht sein, findet sich deshalb vor allem in regierungstreuen Medien, wird jedoch von Regierungsmitgliedern oder Geheimdiensten nicht kommentiert.

Ein Beispiel für diese Art der Desinformation ist der Fall des 2018 vom saudi-arabischen Geheimdienst ermordeten Jamal Khashoggi. Die bis heute gültige offizielle Version des saudischen Königshauses lautet, dass die Geheimdienstmitarbeiter auf eigene Faust gehandelt und Khashoggi in einer Art Kurzschlusshandlung getötet hätten. Sowohl die UN als auch die US-amerikanischen Geheimdienste widersprachen dem vehement und benannten den saudischen Kronprinzen bin Salman als Auftraggeber des Mordes. Nachdem die saudische Regierung gezwungen war, die Tötung nach anfänglichem Abstreiten doch einzugestehen, versprach sie sich von der Version einer Kurzschlusshandlung offenbar einen geringeren öffentlichen Ansehensverlust.[272]

Ähnliches gilt bei der Reihe mutmaßlicher Nowitschokanschläge auf russische Oppositionelle, Überläufer und Doppelagenten: Im Anschluss an jede der Vergiftungen (Kara-Mursa 2015 und 2017, Pjotr Wersilow 2018, Sergej Skripal 2018 und Alexej Nawalny 2020) wurde in verschiedenen Medien die Möglichkeit thematisiert, Geheimdienstmitarbeiter könnten eigenständig gehandelt haben oder aber besonders reiche und einflussreiche Personen hätten das militärische Nervengift beschaffen und willige Mitarbeiter der Sicherheitsbehörden als Mörder anheuern können. Stets unterstützt wird diese Version der Ereignisse durch den Verweis auf den Fall des Bankers Iwan Kiwelidi, der 1995 an einer Nowitschokvergiftung starb, nachdem offenbar sein Telefon damit eingerieben worden war.[273] Bis auf den heutigen Tag sind die Hintergründe der Tat ungeklärt, manche Journalisten und Experten vermuten dahinter einen der ersten Nowitschokmorde russischer Geheimdienste, andere gehen von einem privaten oder geschäftlichen Motiv aus. Eine Verbindung ins Geheimdienstmilieu wurde während der Ermittlungen jedoch nicht entdeckt. Deswegen – so die Leseart im Kontext heutiger Nowitschokanschläge – sei der Fall ein Beweis dafür, dass Nowitschok auch von dritter Seite ohne staatlichen Auftrag für Morde eingesetzt werden könne.

Obgleich ein solches Szenario – gerade angesichts der grassierenden Korruption im russischen Staatsapparat, bei der die Geheimdienste keine Ausnahme bilden – theoretisch denkbar ist, ist die Version der *loose cannon* oftmals nur der ungeschminkte Versuch, alternative Schuldige zu präsentieren. Gleich in mehrfacher Hinsicht erscheint ein solches Szenario zweifelhaft:

1. Die schiere Anzahl der Fälle, in denen niedrige Beamte angeblich ohne Wissen und Auftrag ihrer Vorgesetzten Morde an politischen Gegnern und ehemaligen Geheimdienstmitarbeitern begehen, muss stutzig machen.
2. Diese Anzahl an Einzeltätern, die in Behörden sitzen oder Zugang zu ihnen haben, würde einen enormen Kontrollverlust der russischen Regierung und Geheimdienste offenbaren. Denn warum gibt es nach Mordversuchen stets die Überlegung, es könnten Einzeltäter ohne Staatsauftrag gewesen sein, ohne dass sie je benannt und gefasst werden? Und warum gibt es auf den oberen Leitungsebenen keine (personellen) Konsequenzen? Die Version der *loose canon* bleibt immer auffallend vage.
3. Auch das Gift Nowitschok an sich ist Grund für Zweifel an der Einzeltätertheorie: Nicht nur seine Erfindung und Herstellung als militärischer Kampfstoff in der Sowjetunion und Russland weisen in eine eindeutige Richtung. Bereits 2009 erklärte A. Nesterow, der ehemalige Direktor des chemischen Forschungslabors in Schihany, in dem Nowitschok lange getestet wurde, dass es keinen einzigen erwiesenen Fall eines illegalen privaten

Handels mit Nowitschok gegeben habe.[274] Daran hat sich bis zum Redaktionsschluss dieses Buches nichts geändert.

4. Zuletzt spricht ein gewichtiger politischer und organisatorischer Umstand gegen die These der *loose cannon*: Belegtermaßen waren und sind Geheimdienstmorde Chefsache, sie brauchen also die Zustimmung der allerhöchsten Ebene, sowohl innerhalb eines Geheimdienstes als auch in der Regierung. Russland macht dabei keine Ausnahme: Seit dem Tod Stalins 1953 bedurfte jede einzelne Tötung durch den KGB der Zustimmung der Leiter des KGB sowie des Politbüros.[275] Als Russland sich 2006 mit einem neuen Antiterrorgesetz selbst dazu ermächtigte, »Terroristen« (und jeden, den die Sicherheitsbehörden dazu erklären) auch im Ausland zu töten, wurde diese Tradition fortgeführt. Ähnlich wie in den USA oder Israel, wo Präsident beziehungsweise Premierminister und Verteidigungsminister als einzige gezielte Tötungen autorisieren dürfen, hat nur der russische Präsident (respektive der Nationale Sicherheitsrat und Verteidigungsminister) die Vollmacht, Tötungsoperationen freizugeben.[276] Diese strikte Hierarchie der Autorisierung macht es unwahrscheinlich, dass einzelne Geheimdienstmitarbeiter in Eigenregie – noch dazu mit einem militärischen Kampfstoff – auf eigene Faust töten. Schon aufgrund der enormen politischen, diplomatischen und wirtschaftlichen Folgen könnten Regierung und Geheimdienstapparat solche Praktiken nicht dulden.

Letztlich handelt es sich bei der Theorie der *loose cannon* um den Versuch, Präsident, Regierung und Geheimdienst aus der Schusslinie öffentlicher Kritik zu nehmen, Gegenbeschuldigungen zu erheben und die Öffentlichkeit mit immer neuen alternativen Versionen der Tat zu verwirren.

Variante 3: Selbstverschulden

Die dritte Variante der Gegenbeschuldigung besagt, dass es sich gar nicht um einen Mordversuch mit Fremdeinwirkung gehandelt, sondern das Opfer sich selbst vergiftet habe. Diese Version der Gegenbeschuldigung ist besonders perfide.

Als der russische Oppositionelle Wladimir Kara-Mursa 2015 mit Vergiftungssymptomen ins Krankenhaus eingeliefert wurde, erklärte der Leiter des Krankenhauses, die Symptome seien durch Kara-Mursas Gebrauch von leichten Beruhigungsmitteln und Nasentropfen hervorgerufen worden.[277]

Diese These wiederholte die russische Regierung von allerhöchster Stelle im Fall des mit Nowitschok vergifteten Alexej Nawalny: Mitte September 2020, rund drei Wochen, nachdem Nawalny auf einem Inlandsflug zusammengebrochen war, brachte Wladimir Putin in einem Gespräch mit dem französischen Präsidenten Emmanuel Macron die Version ins Spiel, Nawalny habe sich selbst mit Nowitschok vergiftet oder sei alkohol- und drogenabhängig.[278]

Anders als die Versionen des Mordes unter falscher Flagge und des wild gewordenen Geheimdienstmitarbeiters setzt die These einer selbst verschuldeten Vergiftung vor allem das Opfer unter Druck. Die Täter-Opfer-Umkehr soll den Beweisdruck von der Regierung auf das Opfer verlagern.

Phase 5: Diskreditierung des Opfers

Dem Opfer eines versuchten Mordes Selbstverschulden zuzuweisen, zielt bereits darauf ab, die betroffene Person in einem schlechten Licht erscheinen zu lassen. Eine derartige Diskreditierung ist oft schon kurz nach der Tat zu beobachten, doch nehmen die entsprechenden Bemühungen im Laufe einer Desinformationskampagne stetig zu.

Wiederum sind die mutmaßlich russischen Geheimdienstmorde seit den 2010er-Jahren ein gutes Beispiel: So zog Wladimir Putin bei einem öffentlichen Treffen mit ehemaligen sowjetischen und russischen Agenten 2010 über Geheimdienstüberläufer vom Leder, die allesamt »Verräter« seien, mit denen es kein gutes Ende nähme.[279] 2018 dann beschimpfte er öffentlich den Ex-GRU-Offizier Sergej Skripal als Verräter.[280] Und über das Opfer des »Tiergarten-Mordes« von 2019, Zelimkhan Khangoshvili – ein ehemaliger Kämpfer in den Tschetschenienkriegen –, äußerte sich Präsident Putin folgendermaßen: »In Berlin wurde ein Krieger getötet, der in Russland gesucht wurde, ein blutrünstiger und brutaler Mensch.« Khangoshvili sei ein Bandit, Mörder und Verbrecher gewesen, was Putin zu der Aussage brachte: »Ich weiß nicht, was mit ihm passiert ist. Das ist ein verbrecherisches Umfeld. Da kann alles Mögliche passieren.«[281]

Ähnliche Desinformationskampagnen trafen auch russische Oppositionspolitiker, die Opfer von Mordanschlägen wurden: Nachdem der ehemalige stellvertretende Ministerpräsident Boris Nemzow 2015 in Moskau erschossen wurde, kursierten in Kreml-nahen Medien verschiedene Versionen der Tat: Er sei aus persönlichen Gründen erschossen worden, weil er eine Geliebte zur Abtreibung gezwungen habe; er sei erschossen worden, weil er in kriminelle Geschäfte verwickelt war; er sei von »den Ukrainern« erschossen worden, weil er ein Verhältnis mit einer ukrainischen Frau hatte. Diese online gestreuten Gerüchte verbreiteten sich nahezu zeitgleich mit Versionen, westliche Geheimdienste und/oder Islamisten hätten die Tat begangen.[282]

Gleichzeitig wurden und werden alle russischen Oppositionellen, auf die ein Mordanschlag verübt wurde, als westliche Agenten – zumeist der CIA – dargestellt. Dies galt neben Boris Nemzow auch für seinen Vertrauten Wladimir Kara-Mursa, der 2015 und 2017 vergiftet wurde.[283] 2020 versuchte die russische Regierung, so auch die

Vergiftung Alexej Nawalnys zu erklären. Der Pressesprecher der russischen Regierung bezichtigte Nawalny Ende September 2020 zum Beispiel, noch auf dem Krankenbett mit Instruktoren der CIA zusammenzukommen, um Angriffe gegen den russischen Präsidenten zu koordinieren. Auch nach seiner Genesung wiederholte Präsident Putin persönlich die Anschuldigungen, Nawalny stünde im Dienst der CIA.[284]

- Folgende Aussagen wiederholen sich also regelmäßig:
- Das Opfer sei durch (westliche) Geheimdienste fremdgesteuert.
- Das Opfer sei kriminell oder habe Kontakte zu Kriminellen.
- Das Opfer sei drogen-, medikamenten- oder alkoholabhängig.
- Das Opfer sei ein böser Mensch, brutal oder blutrünstig.
- Die Täter seien im privaten, beruflichen und politischen Umfeld des Opfers zu suchen.

Diese Art der Desinformation verfolgt mehrere Ziele:

- Sie soll die Theorie stützen, ein westlicher Geheimdienst habe den jeweiligen Anschlag verübt, um ihn Russland beziehungsweise seiner Regierung anzuhängen.
- Die Tat soll abgestritten, zugleich aber klargestellt werden, dass das Opfer es verdient hätte.
- Zum anderen soll von einem politischen Motiv und Hintergrund der Tat abgelenkt und stattdessen das direkte Umfeld des Opfers beschuldigt werden.

Im Falle des islamistischen Terroristen Abdulwachid Edilgeriew aus dem Nordkaukasus, der am 1. November 2015 in Istanbul mutmaßlich von FSB-Offizieren erschossen wurde, publizierten mehrere russische Journalisten schnell Berichte, die die Täter als gesuchte Islamisten aus Edilgeriews Milieu identifizierten. Andere Journalisten aus Russland, aber auch aus Großbritannien konnten jedoch bald nachweisen, dass die von den türkischen Behörden veröffentlichten Bilder der Täter nicht mit besagten Islamisten, sondern mit FSB-Offizieren übereinstimmten.[285] Auch hier sollte offenbar eine Täter-Opfer-Umkehr stattfinden.

Mit dieser Methode sollen nicht nur Geheimdienst und Regierung aus dem medialen Schussfeld genommen und andere Schuldige präsentiert werden. Es sollen auch Misstrauen, Zweifel und Zwietracht zwischen dem Opfer und seinem Umfeld gesät werden.

Phase 6: Zweifel säen durch Detail- und Gegenfragen

Diese Phase zeichnet sich dadurch aus, dass immer mehr und immer neue Zweifel an der offiziellen Version einer Tat verbreitet werden. Es geht den Desinformanten im digitalen Informationszeitalter jedoch nicht mehr darum, eine gültige, zusammenhängende und logische Gegenerzählung zu etablieren, wie es noch im Kalten Krieg der Fall war. Stattdessen sollen offizielle Versionen und Fakten unter einer riesigen Flut an Fragen, Detailinformationen, Theorien, Spekulationen und Gegenfragen begraben werden.[286]

Um dieses Ziel zu erreichen, werfen vor allem offizielle Stellen – Regierungen, Pressesprecher oder Botschafter – bei Pressekonferenzen, Interviews, Gesprächen oder auch schriftlich Detailfragen auf. Diese sollen harmlos daherkommen, sind jedoch darauf ausgerichtet, Zweifel an der offiziellen Version zu wecken, ohne tatsächlich Beweise zu präsentieren. Vor allem die russische Informationspolitik nach den Nowitschokanschlägen auf Sergej Skripal und Alexej Nawalny sind dafür Paradebeispiele.

Eine der ersten offiziellen Reaktionen in beiden Fällen war die rhetorische Frage der russischen Regierung: »Welches Motiv hätten wir haben sollen?«[287] Ohne eine Antwort zu geben oder bestehende Motive im Detail zu erläutern oder abzustreiten, setzte man in beiden Fällen darauf, die Bedeutung des Opfers herunterzuspielen, wodurch sich jegliches Motiv erübrigen sollte – Skripal sei ja bereits ausgetauscht gewesen und ein ganz alter Fall, Nawalny hingegen sei überhaupt nicht wichtig genug für derartige Maßnahmen, so die Aussage.

Oftmals noch im selben Moment aufgeworfen wird die Frage, warum man das Opfer nicht schon früher umgebracht habe. Oder wie es Putin nach der Vergiftung Nawalnys in einer Pressekonferenz anmerkte: »Wenn wir das gewollt hätten, hätten wir's wahrscheinlich auch zu Ende gebracht.«[288]

Rhetorisch sind diese Fragen zwar nicht ungeschickt, inhaltlich jedoch sagen sie rein gar nichts aus. Die Frage, warum genau jetzt ein Anschlag erfolgte und nicht schon früher, ist der Versuch, die Gegenseite in einen Schlagabtausch über ein unwichtiges, theoretisches Detail zu verwickeln. Denn ein Tatzeitpunkt erklärt sich hauptsächlich aus den logistischen und organisatorischen Zusammenhängen, die Kapitel 5 ausführlich darstellt.

Daneben spielt das Mordinstrument eine große Rolle in dieser Phase der Desinformation, und das insbesondere bei Giftmorden: Nach dem Attentat auf Sergej Skripal entbrannte eine öffentliche Diskussion zwischen Russland, den USA, Großbritannien und Deutschland über Geschichte, Entwicklung, Einsatz und Wirkungsweise des Nervengiftes Nowitschok. Die erste Reaktion der russischen Regierung war anzuzweifeln, dass es sich tatsächlich um eine Nowitschokvergiftung handelte. Wladimir Putin äußerte, dass Skripal sofort hätte sterben müssen, wenn es sich wirklich um das militärische Nervengift gehandelt hätte.[289] Alsbald folgten Aussagen russischer Politiker und Medien, dass Russland alle Nowitschokbestände gemäß internationaler Chemiewaffenkonventionen vernichtet habe, also gar nicht im Besitz der Mordwaffe sei.[290] Dies erwies sich allerdings spätestens mit der sicher belegten Nowitschokvergiftung Alexej Nawalnys im Sommer 2020 als unglaubwürdig.

Zwei Jahre später wiederholte sich dieses Muster nach der Vergiftung Alexej Nawalnys: Auch hier bezweifelte die russische Regierung zunächst, dass Nowitschok verwendet wurde – Tests im Krankenhaus in Omsk vor seiner Ausreise nach Deutschland hätten ja nichts dergleichen ergeben. Es habe sich um eine Stoffwechselerkrankung gehandelt. Als später mehrere Labore in Europa die Ergebnisse bestätigten, stritt Russland wiederum ab, das Gift zu besitzen.[291] Stattdessen lenkte man wieder auf die Frage um, wer denn sonst noch über Nowitschok verfüge – und damit als Täter infrage käme.

Eine weitere Gemeinsamkeit der Fälle Skripal und Nawalny war der russische Vorwurf, keinen Zugang zu den Opfern zu bekommen. In beiden Fällen bot das zuständige russische Konsulat in London beziehungsweise Berlin eine Betreuung an, die die Angehörigen ablehnten. Außerdem wollte die russische Regierung eigene Beamte zur Befragung der Opfer in die Krankenhäuser schicken. Diese Angebote erfolgten stets in der Öffentlichkeit, gepaart mit dem Vorwurf, Skripal und Nawalny würden versteckt. Daraus wurden dann wiederum Fragen abgeleitet, die die Ereignisse grundsätzlich in Zweifel zogen: Was sollte dadurch verheimlicht werden? Wurden die Opfer vielleicht gar nicht vergiftet? Oder wurden sie erst im Krankenhaus vergiftet?[292]

Das Verwirrspiel wurde an dieser Stelle immer diffuser – nahezu jedes der Öffentlichkeit bekannte Detail wurde von (russischen) Medien und offiziellen Stellen pauschal hinterfragt: Warum brachen die Skripals erst auf der Parkbank und Nawalny erst auf der Flugzeugtoilette zusammen? Wer konnte sich ihnen in der Zeit davor nähern? Wie erfolgte die Vergiftung? Wer hatte Zugriff auf persönliche Gegenstände der Opfer? Dmitri Peskow, der Sprecher der russischen Regierung, lieferte für diese Taktik Mitte September 2020 unfreiwillig ein Paradebeispiel: »Die Geschichte [gemeint ist Nawalnys Vergiftung] enthält zu viel Absurdes, um jemandem aufs Wort zu glauben.«[293]

Zweifel zu säen und Verwirrung über grundlegende Fakten zu stiften ist im Kampf um die Deutungshoheit eine wirkmächtige Methode – und die wichtigste Taktik von Desinformation. Da die Welt der Geheimdienste der breiten Öffentlichkeit ohnehin zweifelhaft und nebulös erscheint, ist es bei Geheimdienstmorden zudem besonders einfach. Darüber hinaus ist es ungleich einfacher, als eine stringente und auf Beweisen beruhende Version eines Geheimdienstmordes darzustellen. Gelingt dieses Vorgehen, wird eine Situation erzeugt, in der vermeintlich Aussage gegen Aussage steht, obwohl es überhaupt keine – stringente und nachvollziehbare – Gegenaussage gibt.

Phase 7: Ablenken auf andere Themen

In der siebten Phase kommt es zu einer Verbindung des Mordes mit anderen, zumeist außenpolitischen Themen. Dies ist nicht ausschließlich auf den Reflex von Medien und Politik zurückzuführen, einen Mord in einen breiteren Kontext zu stellen. Eine Verbindung mit außenpolitischen Themen und Streitfragen wird vielmehr von dem beschuldigten Staat und Geheimdienst mit befeuert, um von dem Mord auf politische Sachfragen umzulenken.

Rund vier Wochen nach dem Giftanschlag auf den ehemaligen Maulwurf Sergej Skripal bestimmten im April und Mai 2018 weniger der Mordversuch und die vermutete russische Beteiligung als vielmehr die Reaktionen von NATO, EU, Großbritannien und den USA die Schlagzeilen: Waren die umfassenden Ausweisungen russischer Diplomaten gerechtfertigt? Ging es wirklich um den Anschlag auf Skripal oder eigentlich um den Konflikt in der Ukraine? Ist die NATO eine Bedrohung für Russland? Diese Fragen drängten alsbald in den Vordergrund.[294] Ganz ähnlich nach der Tötung Zelimkhan Khangoshvilis in Berlin 2019, nach der sich die Aufmerksamkeit auf den Kaukasus, Tschetschenien, tschetschenische Islamisten und die deutsche Russlandpolitik richtete. Nach der Nowitschokvergiftung Alexej Nawalnys im August 2020 hingegen fokussierte sich die Debatte recht schnell auf die umstrittene Gaspipeline »Nord Stream 2«. Deren Baustopp hatten deutsche Medien und Politiker nach dem Anschlag als Sanktionsmöglichkeit ins Spiel gebracht, was wiederum russische Medien und Fürsprecher, wie zum Beispiel Altkanzler Gerhard Schröder, nutzten, um die Debatte weg von Einzelheiten des Anschlags und hin zu den allgemeinen politischen Beziehungen zwischen Deutschland und Russland zu lenken.[295]

Ultima Ratio: Wenn nichts mehr hilft

Es gibt zahlreiche Möglichkeiten, wie Desinformationsstrategien und Informationsschlachten nach einem Geheimdienstmord enden können: Manchmal tragen die Methoden, die das Bekanntwerden eines Mordes von vornherein verhindern sollen, Früchte, manchmal prallt das öffentliche Interesse an der Mauer des Schweigens von Geheimdiensten und Regierung ab. Eine andere Möglichkeit ist, dass die Taktiken der Gegenbeschuldigung, der Diskreditierung und des Säens von Zweifeln alternative Versionen hervorbringen, die langfristig neben der offiziellen Version stehen – selbst wenn diese oft nicht kohärent sind. Dies gilt zum Beispiel für den Fall der Poloniumvergiftung des russischen Überläufers Alexander Litwinenko 2006 in London: Erst 2016 veröffentlichte der Sonderermittler des britischen Parlaments, Sir Brian Owen, seinen Abschlussbericht, in dem er den russischen Geheimdienst FSB und »wahrscheinlich« Präsident Putin für den Mord verantwortlich machte. Bis heute zweifelt Russland den Bericht immer wieder an.[296]

Je nachdem, wie sich die Situation entwickelt, bleiben Regierungen verschiedene Möglichkeiten, die öffentlichen Auseinandersetzungen zu beenden. Diese gehen bisweilen mit einem enormen

Ansehensverlust oder anderen Nachteilen einher, sodass sie als letztmöglicher Ausweg gelten können.

Möglichkeit 1: Gestehen und schweigen

Regierungen können sich zu einem Mord bekennen, ansonsten aber weitestgehend Stillschweigen bewahren und keine oder nur sehr eingeschränkte Ermittlungen durchführen. Ein Beispiel ist der Fall Jamal Khashoggi: Rund drei Wochen nach der Tat war die saudi-arabische Regierung aufgrund der öffentlich vorgebrachten Anschuldigungen der Türkei, USA und UN gezwungen, die Tötung zuzugeben. Sie wurde jedoch als »außer Kontrolle geratener Streit« dargestellt, ohne weitere Einzelheiten zu präsentieren. Diese Taktik wurde auch während des anschließenden geheimen Gerichtsprozesses in Saudi-Arabien 2019 fortgesetzt.

Eine ähnliche Taktik ist auch im Zuge von Tötungsoperationen der USA oder Israels im »Kampf gegen den Terrorismus« zu beobachten: Seitdem diese »Politik der gezielten Tötungen« 2002 zumindest vermeintlich auf eine rechtliche Grundlage gestellt wurde, übernehmen beide Staaten immer öfter die Verantwortung für Tötungsoperationen. Die entsprechenden Erklärungen sind in der Regel kurz und geben keine Einblicke in die Details der Fälle.

Möglichkeit 2: Gestehen und entschuldigen

Regierungen können einen Mord auch als Auftragsmord bestätigen und sich dafür öffentlich bei den Hinterbliebenen und bei dem Heimat- oder Gaststaat des Opfers entschuldigen. Diese Variante wählen Regierungen aufgrund des damit einhergehenden Ansehens- und Machtverlustes jedoch selten. In der Regel erfolgen diese Entschuldigungen erst mit großem zeitlichem Abstand: Die israelische Regierung zum Beispiel zahlte 1996 den Hinterbliebenen

Ahmed Bouchikis, den ein Mossad-Team 1973 im norwegischen Lillehammer fälschlicherweise als Teil einer Terrorgruppe identifizierte und erschoss, eine Entschädigung. Und auch die Regierung der USA übernahm – wenn auch erst Jahrzehnte später – die politische Verantwortung zum Beispiel für die Ermordung des kongolesischen Ministerpräsidenten Patrice Lumumba 1961 oder für den Putschversuch gegen den iranischen Ministerpräsidenten Mohammed Mossadegh 1953. Belgiens Regierung richtete 2001 eine parlamentarische Untersuchungskommission ein und bekannte sich zu einer »moralischen Verantwortung« für ihre Beteiligung an der Ermordung Lumumbas. Auf Druck von Lumumbas Nachkommen leitete die belgische Generalstaatsanwaltschaft 2020 dann offizielle Ermittlungen ein.[297]

Möglichkeit 3: Einen Sündenbock finden und verurteilen

Weder Regierungen noch Geheimdienste setzen sich gerne der Situation aus, für einen geplanten Mord um Entschuldigung bitten zu müssen. Eine wesentlich öfter gewählte Variante ist es daher, Sündenböcke für die Tat zu präsentieren. Diese werden verhaftet, verurteilt und anschließend – abseits des Medienrummels – oft schnell wieder begnadigt.

Wiederum ist der Fall des 2018 ermordeten Journalisten Jamal Khashoggi ein gutes Beispiel: Nachdem die saudische Regierung die Tötung einräumen musste, präsentierte sie fünf Haupttäter, die angeblich auf eigene Faust die Tötung organisiert und durchgeführt hätten. Im Dezember 2019 wurden sie in Riad zur Todesstrafe verurteilt, im September 2020 jedoch wurden die Urteile aufgehoben und in eine Haftstrafe umgewandelt.[298] Dies war womöglich nur der erste Schritt, um eine vorzeitige Entlassung oder Begnadigung der Täter vorzubereiten.

Ähnliches geschah auch nach der Ermordung der russischen Journalistin Anna Politkowskaja 2006 und des Oppositionspolitikers Boris Nemzow 2015 in Moskau: In beiden Fällen identifizierten Behörden Gruppen von mehrheitlich tschetschenischen Tätern, die daraufhin angeklagt und verurteilt wurden. Trotz der großen nationalen und internationalen politischen Bedeutung Politkowskajas und Nemzows wurden Verbindungen zur russischen Regierung oder den Geheimdiensten abgestritten und stattdessen Auftraggeber aus dem Exil (bei Politkowskaja) beziehungsweise islamistische Motive (bei Nemzow) offiziell vor Gericht angegeben.

Möglichkeit 4: Schweigen und abstreiten

Die vierte und letzte Möglichkeit besteht darin, auch nach langen medialen Auseinandersetzungen wieder die Position des Schweigens und Abstreitens einzunehmen. Dies ist bis heute die Methode der israelischen Regierung hinsichtlich der langen Reihe gezielter Tötungen an NS-Kriegsverbrechern, deutschen, arabischen, kanadischen oder iranischen Wissenschaftlern oder islamistischen Terroristen. Obgleich sich ehemalige Geheimdienstchefs öffentlich zu den Taten bekennen, nimmt die israelische Regierung offiziell keine Stellung dazu.

Ein anderes Beispiel sind einige Morde unter mutmaßlicher Beteiligung russischer Geheimdienste im Ausland: Sowohl die Ermordung des Geheimdienstüberläufers Alexander Litwinenko 2006 in London als auch der Giftanschlag auf Sergej Skripal 2018 in Salisbury und die Erschießung Zelimkhan Khangoshvilis 2019 in Berlin werden von der russischen Regierung bis heute vehement abgestritten.

Diese Taktik haben die russische Regierung und ihre Geheimdienste aus der Zeit des Kalten Krieges von der Sowjetunion und dem KGB übernommen – auch die sowjetischen Morde und Mordversuche wurden bis heute nie offiziell zugegeben.

INFOBOX

- Desinformationsstrategien werden bereits in die Planung von Geheimdienstmorden einbezogen und nach Ausführung der Tat regelmäßig angewandt.
- Desinformation wird sowohl von staatlichen als auch von inoffiziellen Stellen betrieben.
- Das Ziel von Geheimdiensten und Regierungen dabei ist: den Mord als solchen geheim halten, eine Beteiligung abstreiten und Zweifel an einer Beteiligung säen.
- Es gibt sieben Phasen der Desinformation nach Geheimdienstmorden:
  1. Tarnung
  2. Schweigen
  3. Abstreiten
  4. Gegenbeschuldigung, mit hauptsächlich drei Varianten:
     a. Mord unter falscher Flagge (durch einen anderen Geheimdienst)
     b. Einzeltäter (etwa Geheimdienstmitarbeiter, die aber ohne offiziellen Auftrag handelten)
     c. Selbstverschulden des Opfers
  4. Diskreditierung des Opfers
  5. Zweifel säen durch Detail- und Gegenfragen
  6. Ablenkung auf andere Themen
- Versionen eines »Mordes unter falscher Flagge« oder durch eine sogenannte *loose cannon* werden oft verbreitet, es gibt jedoch keinen belegten Fall, der sie bestätigen würde.

- Je nach Entwicklung von Desinformationskampagnen und dem öffentlichen Druck greifen Regierungen auf vier Optionen zurück, um öffentliche Auseinandersetzungen um Geheimdienstmorde zu beenden:
- gestehen und schweigen
- gestehen und entschuldigen
- einen Sündenbock finden und verurteilen
- schweigen und abstreiten

KAPITEL 7

Warum Geheimdienste morden

Ab 1961 machte sich die CIA in ihrer »Operation Mongoose« daran, den kubanischen Kommunistenführer Fidel Castro umzubringen. Über 600 verschiedene Todesszenarien spielte die Agency dabei durch. Manche wurden tatsächlich ausgeführt, die meisten noch im Planungsstadium verworfen. Doch warum wollte die CIA Castro so unbedingt aus der Welt schaffen?

1965 lockte ein Team des israelischen Mossad den NS-Kriegsverbrecher Herberts Cukurs aus Brasilien nach Montevideo, Uruguay, und tötete ihn. Was wollte der Mossad damit erreichen?

Am 2. November 2019 wurde Masoud Molavi Vardanjani in Istanbul erschossen. Vardanjani war jahrelang einer der Top-Hacker der Cyber-Spionage des iranischen Verteidigungsministeriums. Die türkischen Behörden machten zwei iranische Konsulatsmitarbeiter für den Mord verantwortlich. Warum töteten sie Vardanjani?

Am 3. Januar 2020 beschoss eine US-amerikanische Drohne einen Autokonvoi in der irakischen Hauptstadt Bagdad mit einer Rakete. Sie tötete den General der iranischen Revolutionsgarden Qasem Soleimani. Warum wurde Soleimani zum Ziel eines Drohnenangriffs?

Am 20. August 2020 brach der russische Oppositionelle Alexej Nawalny auf einem Inlandsflug zusammen. Kurze Zeit später entdeckten Ärzte der Berliner Charité die Ursache: Nawalny war mit dem Nervengift Nowitschok vergiftet worden. Was war das Ziel des Giftanschlags?

Warum töten Geheimdienste? Auf diese einfache Frage gibt es keine einfache Antwort. Trotzdem steht das Motiv hinter einem Geheimdienstmord immer im Mittelpunkt öffentlicher Debatten. Warum tun Geheimdienste so etwas, was soll damit erreicht werden? Wie schwierig diese Frage zu beantworten ist, zeigt ein Blick auf die geschilderten Beispiele: Auf den ersten Blick haben die Fälle fast nichts miteinander zu tun. Es gibt nur wenige Gemeinsamkeiten: Sie alle wurden von Geheimdiensten ausgeführt, und in allen sollte eine Einzelperson ausgeschaltet werden. Völlig unterschiedlich hingegen sind die Opfer dieser Aktionen: ein Staatsoberhaupt, ein General, ein Überläufer und ein Oppositioneller. Sie alle passen jedoch zu einer der in Kapitel 2 vorgeschlagenen Gruppen von Opfern geheimdienstlicher Tötungen. Anders hingegen sieht es bei den Tätern aus: Außer dem allgemeinen Täter »Geheimdienst«, helfen die in Kapitel 3 genannten Gruppen von Tätern nicht weiter bei der Frage nach dem Motiv.

Es fällt also auf: Geheimdienstmorde haben nicht *das* eine Motiv. Es gibt mehrere Motive, die zu den in Kapitel 2 identifizierten Arten von Geheimdienstmorden und den dort genannten Gruppen von Opfern passen. Daraus können drei grundlegende Motive für Geheimdienstmorde abgeleitet werden. Diese treten fast immer in Kombination und mit unterschiedlich starker Ausprägung auf.

Der Geheimdienstmord als Instrument in Außen-, Innen- und Sicherheitspolitik

»Spezialoperationen« haben eine lange Tradition. Ihr Ziel war schon immer das Ausschalten eines Zielobjektes, das aus einer kleinen Einheit (einer Person, Kleingruppe, militärischen Anlage oder einem strategisch wichtigen Punkt) innerhalb einer größeren Struktur oder Organisation bestand. Die Logik und das Motiv dahinter waren einfach: In der vormodernen Zeit waren Streitkräfte und Armeen ein Verbund vieler einzelner Gruppen von Kämpfern und Soldaten. Es gab keine Zentralarmee, sondern viele Krieger, die einzelnen Gruppen und Netzwerken anhingen und einem Anführer folgten. Diese Anführer organisierten ihre Gefolgschaft und hatten die Befehlsgewalt über sie, folgten aber selbst ebenfalls mächtigeren Personen (Fürsten, Bischöfen, Königen et cetera). Loyalität und Zusammenhalt waren in diesen oft losen Zusammenschlüssen abhängig von Einzelpersonen, ihren Beziehungen und Netzwerken. Die häufigsten Verbindungen, die die kleinen Einheiten zusammenschweißten, waren Herkunft (zum Beispiel aus demselben Dorf, Stadt, Region) oder Verwandtschaft.[299]

»Spezialoperationen« zielten genau auf diese Art der persönlichen Bindung ab. Wurde ein einzelner Anführer, zum Beispiel ein Ritter, getötet oder anderweitig »neutralisiert«, wurde nicht nur eine einzelne Person ausgeschaltet. Vielmehr fiel ein ganzer Verbund zusammen, die Gefolgschaft des Anführers kämpfte nicht mehr, die militärische Aufgabe dieser Gruppe blieb unerfüllt und die persönlichen Verbindungen des Anführers zu anderen Anführern liefen auf einmal ins Leere. Kurz: Einzelpersonen waren von herausragender Bedeutung, wurden sie ausgeschaltet, konnte das den Verlauf von Feldzügen, Schlachten, Kriegen und damit der Politik nachhaltig beeinflussen. Gezielte Morde waren damit schon im Mittelalter eine effektive und kostenarme Art der Kriegsführung.[300]

»Enthauptungsschläge« dieser Art gegen politische und militärische Anführer wurden zum Beispiel eine Spezialität der mittelalterlichen, schiitisch-islamischen Spezialtruppe der »Nisariten« (in Europa später bekannt als »Assassinen«). 1192 erstachen zwei dieser Spezialkämpfer den frisch gekrönten Kreuzfahrer-König von Jerusalem, Konrad von Montferrat, auf dem Heimweg von einem Abendessen beim Bischof von Beauvais. Der Mord besiegelte nicht nur den Untergang des Königreichs, sondern machte die »Nisariten« als mörderische Spezialkampftruppe weit bekannt.[301]

Was verbindet diese mittelalterlichen Kommandounternehmen mit modernen Geheimdienstmorden? Beide haben zum Ziel, durch »Enthauptungsschläge« den Verlauf militärischer Konflikte, die Arbeit von Terrororganisationen, Waffengeschäfte oder politische Entwicklungen zu beeinflussen. Haben Einzelpersonen eine große Bedeutung, sehen viele Geheimdienste ihre Ermordung als effektives sicherheitspolitisches Instrument an. Diese Sichtweise ist hochgradig umstritten, was Kapitel 8 ausführlich erklärt.[302]

Der sowjetische Diktator Josef Stalin brachte diese Logik auf den Punkt, als er in den 1930er-Jahren Ewgen Konowaletz, den Anführer einer bewaffneten ukrainischen Unabhängigkeitsbewegung, töten ließ: »Das ist nicht nur ein Akt der Rache, obwohl Konowaletz ein Agent des deutschen Faschismus ist. Unser Ziel ist es, die Bewegung des ukrainischen Faschismus am Vorabend des Krieges zu enthaupten und diese Verbrecher dazu zu zwingen, sich in einem Machtkampf gegenseitig auszulöschen.«[303] Am 23. Mai 1938 starb Konowaletz im Restaurant des Hotels Atlanta in der niederländischen Hafenstadt Rotterdam, als ihm der NKWD-Agent Pawel Sudoplatow eine mit einem Sprengsatz versehene Packung Pralinen schickte.

Ein anderes Beispiel waren die als »Operation Mongoose« bezeichneten Pläne der CIA in den 1960er-Jahren, den kubanischen Kommunistenführer Fidel Castro zu töten. Die von Castro angeführte Errichtung des kommunistischen Regimes in Kuba lief den Strategien der US-amerikanischen Außen- und Sicherheitspolitik zuwider. Das persönliche Charisma Castros, das nicht nur die kubanischen Kommunisten vereinte, sondern auch zum internationalen Symbol wurde, war ein wesentlicher Faktor für seinen Erfolg. Ohne Castro, so die Kalkulation, würden sich die Kommunisten in Kuba nicht halten können. Das war das Motiv hinter den Mordplänen der CIA: Durch die Beseitigung der Einzelperson Castro sollte die Ausbreitung des Kommunismus in Mittel- und Südamerika gestoppt und somit ein Beitrag zur Außen- und Sicherheitspolitik der USA geleistet werden.[304]

Ähnliche Motive standen hinter der »Operation Ajax«, den gemeinsamen Plänen von CIA und dem britischen Geheimdienst SIS zum Sturz des iranischen Ministerpräsidenten Mohammed Mossadegh 1953. Dieser wollte die iranischen Ölquellen verstaatlichen, was einen herben Verlust für British Petroleum (BP) bedeutet hätte, die das iranische Öl bis dato kontrollierten. Deshalb planten CIA und SIS seine Absetzung und eine Aufwertung des Schahs.[305]

Auch die KGB-Operation »Agat«, die 1979 die sowjetische Invasion Afghanistans einleitete, beruhte auf ähnlichen Motiven. Mit dieser Operation sollte die KGB-Spezialeinheit »Alfa« den afghanischen Premierminister Hafizullah Amin töten, da die Sowjetunion fürchtete, Amin könnte sich von Moskau abwenden und die USA um Unterstützung bitten. Zwar gelang der KGB-Einheit die Tötung Amins, es folgte jedoch ein jahrelanger Krieg an dessen Ende sich die Sowjetunion zurückziehen musste.

Ein hochaktuelles Beispiel, bei dem Geheimdienste durch die Tötung einzelner Personen sicherheitspolitische Interessen verfolgen, ist das Drohnenprogramm der CIA. Mithilfe von Drohnenangriffen versucht die CIA im »Krieg gegen den Terror« gezielte Enthauptungsschläge gegen terroristische Strukturen wie al-Qaida oder den sogenannten »Islamischen Staat« zu führen. Für diese Terrororganisationen gelten viele der oben für das Mittelalter genannten Eigenschaften: Einzelpersonen und persönliche Verbindungen sind für ihre Arbeit von großer Bedeutung.

Dies mag auch ein Motiv hinter der Tötung des Generals der iranischen Revolutionsgarden Qasem Soleimani 2020 gewesen sein. Er war Kommandeur der Quds-Einheit, einer Spezialtruppe der iranischen Revolutionsgarden, die mit den Terrororganisationen Hisbollah und Hamas kooperiert. In Bagdad sollte er mit dem irakischen Ministerpräsidenten zusammentreffen und den iranischen Einfluss und die Aktivitäten der Hisbollah im Irak ausweiten. Die USA wollten durch die Tötung die Ausweitung des iranischen Einflusses im Irak verhindern und machten Soleimani direkt für Angriffe auf US-Stützpunkte verantwortlich.

Das Motiv hinter den Tötungen der israelischen Geheimdienste in ihrem Kampf gegen die palästinensische Hamas oder die Hisbollah ist ähnlich. Auch hier sollen Netzwerke zerstört werden. Wie sehr dabei die persönlichen Eigenschaften und Fähigkeiten von Einzelpersonen einen Unterschied machen können, zeigt das Beispiel von Abbas al-Musawi. Dieser war Anfang der 1990er-Jahre Generalsekretär des militärischen Flügels der Hisbollah und wurde am 16. Februar 1992 von Israel getötet. Unbedacht blieb allerdings der persönliche Faktor: Musawi war in seinem Kurs gegen Israel weniger aggressiv und seine persönlichen Organisationsfähigkeiten geringer als die seines Nachfolgers Hasan Nasrallah. Durch die Tötung Musawis, mit der Israel seine äußere Sicherheit verbessern wollte, stieg also die Gefahr.[306] Auch dieses Negativbeispiel zeugt von den individuellen Faktoren, die bei gezielten geheimdienstlichen Tötungen ausschlaggebend sind. Der ehemalige Chef des israelischen Mossad, Meir Dagan, brachte dieses Motiv von Geheimdienstmorden in einem Interview mit dem Journalisten Ronen Bergman auf den Punkt: »Attentate haben eine Auswirkung auf die Moral ebenso wie einen praktischen Effekt. Ich glaube nicht, dass es viele Männer gab, die Napoleon hätten ersetzen können […] oder einen Premierminister wie Churchill. Der persönliche Aspekt spielt eine große Rolle. Es stimmt, dass jeder ersetzbar ist, aber es gibt einen Unterschied zwischen einem Ersatzmann mit Mumm und irgendeiner farblosen Figur.«[307]

Der Geheimdienstmord als Fortsetzung von Politik und der Durchsetzung politischer Interessen ist dabei nicht auf Außenpolitik beschränkt. Auch im Inland greifen manche Geheimdienste zu solchen extremen Mitteln. In Kapitel 2 wurden einige Arten von Geheimdienstmorden, bei denen der Machterhalt im Inland das wichtigste Motiv darstellt, beschrieben. Dies gilt insbesondere bei Geheimdienstmorden gegen Oppositionelle, Dissidenten oder Aktivisten. Die vielen Morde an russischen Oppositionellen, bei denen ein Geheimdiensthintergrund zumindest wahrscheinlich erscheint, sind ein gutes Beispiel dafür. Egal ob die 2008 erschossene Journalistin Anna Politkowskaja, der 2015 erschossene Politiker Boris Nemzow, der 2018 vergiftete Aktivist Pjotr Wersilow, der 2019 vergiftete Poet Dimitri Bykow oder der 2020 vergiftete Oppositionelle Alexej Nawalny: Sie alle forderten die Herrschaft des russischen Staatspräsidenten Wladimir Putin heraus. Dies gilt nach wie vor als das wahrscheinlichste Motiv hinter den Morden. Alle Opfer waren dabei exponierte Persönlichkeiten, die Bekanntheit weit über die russischen Grenzen hinaus erlangt hatten. Damit wurden sie zu Symbolfiguren und hatten Netzwerke, die nur mit ihnen funktionierten.

Der Geheimdienstmord als psychologisches Instrument: geheime Botschaften

Geheimdienste verfolgen durch Tötungen also bestimmte taktische und strategische Ziele. Doch neben diesen »rationalen Gründen« gibt es noch weitere, »weiche« Motive. Anders als bei den »harten«, politischen Motiven geht es hier um Psychologie: Geheimdienstmorde sollen nicht nur durch das Ausschalten einer Person wirken. Sie besitzen auch die Eigenschaft von Ritualen, folgen einer Inszenierung, haben eine eigene Symbolik und: Sie versenden Botschaften.[308] Kurz gesagt, Geheimdienstmorde sind eine besondere Art der Kommunikation, die eine einfache psychologische Botschaft sendet: Angst.

Diese Angst soll eine abschreckende Wirkung haben, aber auch die Aktivität einer Gruppe (durch Sicherheitsvorkehrungen, Selbstbeschränkung, Konfusion oder Furcht) einschränken oder sie zu Fehlern verleiten. Diese Funktion von Geheimdienstmorden brachte der Chef des deutschen Verfassungsschutzes, Thomas Haldenwang, im Jahr 2020 auf den Punkt: »Teilweise wird auch gar nicht mehr versucht zu verschleiern, wer hinter einem Anschlag steckt. Es scheint vielmehr darum zu gehen, deutlich zu zeigen, wer der Urheber war – die Anschläge sollen offenbar auch eine abschreckende Wirkung erzielen.«[309]

Wie wird diese Botschaft der Angst und Abschreckung kommuniziert? Manchmal versenden Geheimdienste einfach wortwörtliche Botschaften. Als der israelische Mossad den NS-Kriegsverbrecher Herberts Cukurs, den »Henker von Riga«, 1965 in Uruguay tötete, hinterließen die Agenten eine Notiz auf der Leiche: »Von denen, die nie vergessen!« Zusammen mit anonymen Schreiben, die an Redaktionen in Südamerika und Deutschland geschickt wurden, wurde hier eine psychologische Botschaft sowohl an NS-Kriegsverbrecher weltweit als auch an deren Opfer, die Überlebenden des Holocausts, gesendet.

Der Fall des Mordes an dem kanadischen Raketenwissenschaftler Gerald Bull ist ein weiteres, markantes Beispiel für Botschaften, die von Geheimdienstmorden ausgehen: Bull arbeitete für das Rüstungsprogramm des irakischen Diktators und Israel-Hassers Saddam Hussein, dem er eine »Superkanone« bauen sollte. Im Frühjahr 1990 erschossen drei Mossad-Agenten Bull vor seiner Wohnung in Brüssel. Im Anschluss fotografierten die Mossad-Agenten Bulls Leiche und verschickten die Bilder an Bulls Mitarbeiter mit dem Hinweis »Wenn Sie morgen zur Arbeit gehen, enden Sie genauso!«. Kurz darauf wurde die Firma geschlossen.[310]

1995 soll sich der israelische Geheimdienst Mossad sogar darüber geärgert haben, dass die Tötung von Fathi Schakaki, dem

Gründer des »Islamischen Dschihad in Palästina«, auch zwei Tage nach der Ausführung immer noch nicht in den Medien war. Zwei Mossad-Agenten der Kidon-Einheit sollen Schakaki am 26. Oktober 1995 in Malta von einem Motorrad aus erschossen haben. Offenbar sollte diese Tötung eine klare Botschaft senden und Angst verbreiten, sodass der Mossad selbst Informationen über die Tötung durchsickern ließ.[311]

Nicht immer werden die psychologischen Botschaften explizit kommuniziert. Allein die Tatsache, dass ein Geheimdienstmord ausgeführt wird, sendet eine deutliche Botschaft. Jeder geheimdienstliche Mord(versuch) ist eine Machtdemonstration. Ein Geheimdienst zeigt dadurch: »Wir können das machen, wir kriegen euch, überall!«

Ein gutes Beispiel für eine solche Machtdemonstration war die Tötung von Imad Mughniyya, führender Kopf des Sicherheitsapparates der libanesischen Hisbollah, durch die israelischen Geheimdienste Mossad und Aman am 12. Februar 2008 in der syrischen Hauptstadt Damaskus. Agenten hatten die Abdeckung des Ersatzreifens an Mughniyyas Geländewagen durch einen von der CIA ins Land gebrachten Sprengsatz ausgetauscht.[312] Die israelischen Geheimdienste bewiesen, dass sie selbst im gesicherten Teil der Hauptstadt eines verfeindeten Landes einen Sprengstoffanschlag durchführen können. Auch das war eine klare Botschaft!

Den mutmaßlich russischen Geheimdienstmorden wurde schon in Sowjetzeiten eine psychologische Komponente zugeschrieben.[313] Dies gilt auch für die Fälle der letzten 15 Jahre: Je nach Fall werden hier unterschiedliche Botschaften an unterschiedliche Empfänger gesendet. Überall in Europa konnten die russischen Geheimdienste ihre Aktionen mit tollkühner Dreistigkeit ungestört durchführen. Dabei wurden radioaktive Substanzen oder militärische Kampfstoffe durch halb Europa transportiert und am helllichten Tag an öffentlichen Plätzen eingesetzt.

Die Botschaft von Geheimdienstmorden ist eine Demonstration der eigenen Stärke (*show of force*). Der Geheimdienstmord kopiert den Effekt, den Militärparaden und Waffenschauen erzeugen. Da Geheimdienste aber eben keine offenen Inszenierungen abhalten, senden sie ihre Botschaften durch Aktionen. Mit den Inszenierungen von Stärke und Macht schüchtern sie ihre Gegner ein und senden Warnsignale an mögliche Nachahmer.

Ein sehr gutes Beispiel ist auch die mörderische Jagd, die die russischen Geheimdienste auf Überläufer machen. Sie sind dabei die einzigen großen Geheimdienste, die mit Energie, Ausdauer und Brutalität die in Russland gegen Überläufer verhängten Todesstrafen im Ausland vollstrecken: der versuchte Giftanschlag auf Nikolaj Chochlow 1957, die jahrelange vergebliche Jagd auf Juri Nosenko und Oleg Ljalin bis in die 70er-Jahre, der Polonium-Mord an Alexander Litwinenko 2006 oder der Nowitschokanschlag auf Sergej Skripal 2018. Die Botschaft dieser Taten richtet sich vor allem an andere Geheimdienstoffiziere. Sie sollen vom Überlaufen oder vom »doppelten Spiel« als Maulwürfe westlicher Geheimdienste abgehalten werden. Vieldeutig ließ der russische Botschafter in London unmittelbar nach dem Giftmordanschlag auf Sergej Skripal 2018 im britischen Radio verlauten, dass »aus irgendeinem Grund Großbritannien für eine gewisse Sorte Mensch wohl ein gefährliches Pflaster« sei.[314] Obgleich vage formuliert, war diese Botschaft an alle Überläufer, Oligarchen und Oppositionelle kaum misszuverstehen. Die Botschaft russischer Geheimdienstmorde richtet sich also nicht nur an das Ausland, sondern auch an das Inland, vor allem die eigenen Mitarbeiter.

Auch die Wahl der Mordwaffe hat eine psychologische Bedeutung. Von ihr geht ein starkes Signal aus: Einerseits kann sie zu einer Art Signatur werden, wenn es sich um seltene Mordwaffen handelt. Wer hat überhaupt Drohnen zur Verfügung? Wer hat Zugang zu Polonium? Wurde eine Schusswaffe auf bestimmte Art modifiziert? Indizien wie diese können einerseits die Geheimhaltung um Täter und Hintermänner gefährden, »signieren« aber auch die Tat. Durch diese »Signatur« wird die Botschaft von Angst und Einschüchterung verbreitet.

Die Häufigkeit, mit der russische Geheimdienstler, Überläufer und Doppelagenten im Ausland vergiftet werden, ist kein Zufall. Dasselbe galt auch für bulgarische Politemigranten in den 1970er-Jahren. Das bei diesen Morden verwendete Gift – ob Botulinum, Thallium, Polonium, Rizin, VX oder Nowitschok – war eine klare Signatur.

Zur Gruppe der »Verräter«, für die zumeist gezielt Gift als Mordwaffe eingesetzt wird, zählen die russischen Geheimdienste auch vermehrt Oppositionelle und Aktivisten: 2015 wurde der Oppositionspolitiker Wladimir Kara-Mursa das erste Mal vergiftet, 2017 das zweite Mal; 2018 wurde der Aktivist der gesellschaftskritischen Punk-Band Pussy Riot Pjotr Wersilow mit schweren Vergiftungssymptomen in die Berliner Charité gebracht, 2019 brach der kritische Poet Dimitri Bykow auf einem Inlandsflug zusammen und im August 2020 kam der Oppositionspolitiker Alexej Nawalny ebenfalls mit einer Nowitschokvergiftung in die Berliner Charité.

Neben der Signatur, die ein Giftmord trägt, gibt es noch einen weiteren Grund, warum »Verräter« vergiftet werden: Die Qualen und Schmerzen einer Vergiftung sollen »Strafe« und gleichzeitig abschreckendes Beispiel sein. So merkte zum Beispiel der russische Oppositionspolitiker Wladimir Kara-Mursa an: Ein Tod durch Gift ist qualvoller als ein Tod durch Erschießen.[315] In der Welt der Geheimdienste, Militärs und Kämpfer gilt der Tod durch Erschießen als »ehrenvoller« und einem Kämpfer angemessener. So sah es auch der ehemalige Leiter der Terrorabwehr im israelischen Geheimdienst Mossad, Shimshon Issaki. Vom Journalisten Ronen Bergman auf die tagelangen Qualen angesprochen, unter denen der palästinensische Terrorist Wadi Haddad 1978 nach einer Vergiftung starb, sagte er: »Diese Leidensgeschichten entfalten ihre eigene Wirkung. Sie sprechen sich herum und kommen anderen Terroristen zu Ohren, setzen sich in deren Bewusstsein fest, verbreiten Furcht und Schrecken, beeinträchtigen das Urteilsvermögen dieser Leute, führen dazu, dass sie ihr Verhalten ändern und Fehler machen.«[316]

Auch der Einsatz roher physischer Gewalt bei Geheimdienstmorden ist oft inszeniert. Wählen Geheimdienste und ihre Auftraggeber diese grausame Form des Todes, wollen sie etwas damit ausdrücken. Die besondere Brutalität, mit der zum Beispiel der saudi-arabische Journalist Jamal Khashoggi angegriffen, getötet und zerstückelt wurde, kann mit dem persönlichen Hass der Auftraggeber erklärt werden. Der Nahkampfangriff auf den DDR-Gegner Siegfried Schulze 1975 in Berlin unterstrich den Hass des SED-Regimes auf den Aktivisten, der Selbstschussanlagen abbaute und eine selbst gebastelte Bombe gegen die Berliner Mauer schleuderte.

Geheimdienstmorde versenden ihre psychologische Botschaft also auf unterschiedlichen Wegen. Dazu zählen die Wahl des Tatorts, die Art der Durchführung oder die Mordwaffe. Wenn Geheimdienste töten, werden diese Faktoren – sofern operativ möglich – aufeinander abgestimmt. Die Inszenierung eines Geheimdienstmordes sendet dann die gewünschten Botschaften: eine Machtdemonstration, eine inoffizielle Signatur und das Verbreiten von Angst. Die Empfänger dieser Botschaften sind ebenfalls unterschiedlich: ausländische Staaten und Bündnisse, eigene Geheimdienstmitarbeiter, Oppositionskreise, Aktivisten und militärische Gegner.

Auf den ersten Blick erscheint das Aussenden einer Botschaft und das kommunikative Element von Geheimdienstmorden widersprüchlich: Eigentlich ist es ja gerade die Grundaufgabe von Geheimdiensten, im Geheimen zu operieren und keine Spuren zu hinterlassen. Andererseits aber ist sich die ausführende Seite der

Botschaften, die sie versenden will, voll bewusst. Die Tötungen werden für öffentliche Botschaften und Signale genutzt.[317] Sowohl das Publikum (Inland, eigene Mitarbeiter, Ausland, Feinde) als auch die zu versendende Botschaft ist den ausführenden Diensten dabei trotz aller Geheimhaltung klar.

Geheimdienstmord als Ausdruck emotionaler Motive: Rache, Hass und Strafe

Beide bislang vorgestellten Motive für Geheimdienstmorde bewegen sich mehr oder weniger im Bereich von Logik und Vernunft, vom Abwägen von Vor- und Nachteilen und der Definition von Zielen, Taktiken und Strategien. Nur: Wenn Politiker Morde befehlen oder wenn Geheimdienste Todeslisten erstellen, sind rationale Motive nur die eine Seite. Auf der anderen Seite stehen Emotionen. Persönlicher Hass und das Verlangen nach Rache und Strafe sind oftmals vernachlässigte, hochgradig emotionale Motive für Geheimdienstmorde.[318] Opfer dieser »emotionalen Morde« sind vor allem Überläufer und Oppositionelle oder Aktivisten, mitunter aber auch besonders verhasste militärische Feinde.

Auch die Operation »Zorn Gottes« des Mossad war hochgradig emotional geprägt: Nach dem Attentat palästinensischer Terroristen auf die israelische Olympia-Mannschaft 1972 in München machte der Mossad die beteiligten Terroristen ausfindig und tötete sie. Der Mossad informierte die Hinterbliebenen der Opfer, wenn einer der Terroristen getötet wurde.[319] Rache und Strafe, ebenso wie die Erhöhung der Legitimität, der Unterstützung und des Ansehens im Inland waren also maßgebliche Motive bei diesen Operationen.

In anderen Fällen ist die emotionale Reaktion von autoritären Herrschenden auf angebliche oder tatsächliche Beleidigungen ein wichtiges Motiv. 1978 schäumte der bulgarische Staats- und Parteichef Todor Zhiwkow darüber, dass sein ehemaliger Lieblingsdichter Georgi Markow nicht nur in den Westen geflohen war, sondern ihn auch von dort in seinen Reportagen persönlich angriff. Zhiwkow ließ seinen Innenminister daraufhin in Moskau darum bitten, die Zustimmung zur Ermordung Markows zu erteilen und das notwendige Equipment zu liefern.[320]

Das Ausmaß an Hass und das Verlangen nach Rache und Strafe geht bei Überläufern und »Verrätern« auch bei den russischen Geheimdiensten oft mit dem Ausmaß an verratenen Informationen und der öffentlichen Demütigung einher. Der KGB-Offizier Juri Nosenko lief 1964 in der Schweiz zur CIA über. Über zehn Jahre später war der Hass auf ihn im KGB immer noch so groß, dass KGB-Präsident Juri Andropow, der spätere Vorsitzende der Kommunistischen Partei, seine Ermordung forderte.[321] Dasselbe galt auch für Oleg Ljalin, der im September 1971 aus der Botschaft in London zum britischen Geheimdienst übergelaufen war. Eine schwere, öffentliche Schlappe für den sowjetischen Geheimdienst. Ljalins Informationen war es nämlich zu verdanken, dass Großbritannien 105 sowjetische Spione des Landes verwies (»Operation Foot«).[322]

Alexander Litwinenko, Geheimdienstveteran und Überläufer, der 2006 in London mit radioaktivem Polonium vergiftet wurde, wurde gleich auf mehrfache Art zum persönlichen Feind des russischen Präsidenten Wladimir Putin. Als Geheimdienstüberläufer war er in dessen Augen nicht nur ein »Verräter«, sondern er griff Putin auch persönlich in der Öffentlichkeit als Pädophilen, Kriminellen oder Drahtzieher von Terroranschlägen an. Nicht nur der Fall Litwinenko, sondern die ganze Jagd russischer Geheimdienste auf ihre Überläufer ist hochgradig emotional geprägt. Aus rationaler Sicht ergeben Aufwand und Risiken wenig Sinn. Einen außen- oder sicherheitspolitischen Mehrwert hat die Ermordung eines Überläufers Jahre, nachdem er alle Geheimnisse bereits verraten hat, nicht. Wladimir Putin, selbst ehemaliger KGB- und FSB-Mitarbeiter, äußerte sich öfter emotional zu Doppelagenten und Überläufern. 2010 sagte er auf einem öffentlichen Treffen mit ehemaligen sowjetischen und russischen Agenten: »Verrätern blüht meist ein böses Ende; entweder im Suff oder in der Drogenabhängigkeit hinter irgendeinem Gartenzaun.«[323] Angesprochen auf den Giftanschlag auf den GRU-Offizier Sergej Skripal, entgegnete Putin: »Er war ein Spion. Und ein Vaterlandsverräter, schlichtweg ein Drecksack.«[324] Bei Überläufern stehen also emotionale Motive, Hass, die Befriedigung von Rachegelüsten und der Wunsch nach Strafe zusammen mit der psychologischen Botschaft an erster Stelle. Dies erklärt auch, warum Überläufer einen qualvollen und als ehrlos erachteten Gifttod sterben sollen.

Geheimdienste – nicht nur die russischen – haben selbst vor gegnerischen Spionen mehr Respekt und Achtung als vor Überläufern und Doppelagenten aus den eigenen Reihen. Der Hass auf einen Doppelagenten oder Überläufer steigt mit dessen »Wert«, also der Anzahl und Qualität von Informationen, die er verraten hat. Nicht durch Zufall forderten Hardliner in Washington zum Beispiel nach der Enttarnung der russischen Doppelagenten Aldrich Ames (CIA) und Robert Hanssen (FBI) in den 1990er Jahren zum ersten Mal seit 1951 die Todesstrafe in einem Spionagefall.[325] Beide hatten zehn Jahre lang alles verraten, was CIA und FBI über die russischen Geheimdienste wussten. Nach der Enttarnung des KGB-Doppelagenten Aldrich Ames 1994 wurde sogar ein spezieller Gesetzeszusatz erlassen, der die Todesstrafe für Spionage auch in Friedenszeiten erlaubt, wenn Geheimnisse der nationalen Verteidigung der USA preisgegeben wurden.

Brachiale physische Gewalt ist ebenso ein klares Zeichen für den Hass auf eine Zielperson: Damit lassen sich Feindschaft sowie eine besondere Verachtung der Opfer ausdrücken. Die stumpfe Gewalteinwirkung und die Verstümmelungen beispielsweise, die dem kroatischen Politemigranten Stjepan Djureković 1983 in München oder dem NS-Kriegsverbrecher Herberts Cukurs 1965 in Montevideo nach dem Tod zugefügt wurden, zeugen nicht nur von Hass, sondern symbolisieren auch Rache und Strafe.

Es reicht dabei nicht, Hass und Rache zu befriedigen, sondern dies muss auch bekannt werden. Die Öffentlichkeit, die der israelische Mossad nach der Entführung Adolf Eichmanns, der Ermordung Herberts Cukurs oder nach den Tötungen der Olympia-Attentäter suchte, ist ein hervorragendes Beispiel dafür. Rache für den Holocaust oder das Olympia-Attentat von 1972 brauchte eine emotionale Befriedigung, die nicht geheim bleiben durfte, da sie sich an ein großes Publikum richtete. Emotionen brauchen eine Bühne, was erklärt, warum Geheimdienstmorde, bei denen emotionale Motive und psychologische Botschaften eine wichtige Rolle spielen, öffentlich werden.

INFOBOX

- Es gibt eine Reihe von Gründen, warum Geheimdienste töten:
  1. als Mittel für Außen-, Innen- oder Verteidigungspolitik
  2. zur Einflussnahme auf von Einzelpersonen geprägte Organisationen
  3. als Machtdemonstration
  4. zur Abschreckung
  5. als Strafe und Rache
- Zu jeder Opfergruppe passen spezifische Motive (zum Beispiel Strafe und Abschreckung für Geheimdienstüberläufer).
- In den meisten Fällen gibt es eine Kombination dieser Motive.
- Geheimdienstmorde senden klare und starke psychologische Botschaften.

KAPITEL 8

Wie erfolgreich Geheimdienstmorde wirklich sind: die Bilanz

Der Erfolg geheimdienstlicher Tötungsoperationen hat unterschiedliche Ebenen, von denen nur die erste einfach zu messen ist. Um zu messen, wie erfolgreich Geheimdienstmorde sind, muss erst klar sein, was »Erfolg« bedeutet. Dabei hilft es, umgekehrt zu fragen, was denn ein Fehlschlag oder Misserfolg einer Tötungsoperation ist. Die Ergebnisse sind verblüffend.

Was Erfolge und Fehlschläge unterscheidet: die drei Ebenen von Erfolg

»Das Ziel einer negativen Behandlung [Beschönigung für Tötung, Anm. d. A.] ist die Tötung der Zielperson. Einen Halbtoten gibt es nicht. Wenn er am Leben bleibt, heißt das, wir sind gescheitert« – so fasste ein Veteran der für Tötungen zuständigen Caesarea-Einheit des israelischen Mossad »Erfolg« zusammen.[326] Diese Logik mag einleuchtend sein und vor allem für Tötungen im militärischen Kontext zutreffen. Trotzdem ist sie nur teilweise wahr.

Der tatsächliche Tod der Zielperson ist natürlich immer das Ziel einer Tötungsoperation. Doch ein Überleben muss nicht zwangsläufig bedeuten, dass die Operation fehlschlug. Denn die Zielperson kann durch den Anschlag auch derart physisch oder psychisch geschädigt werden, dass sie ihre Tätigkeit nicht mehr ausüben kann. Dies gilt insbesondere für Sprengstoff- oder Giftanschläge.

Was sind weitere Dimensionen von »Erfolg« bei Geheimdienstmorden? Hier hilft ein Negativbeispiel: 2010 tötete ein Agententeam des israelischen Mossad den Waffenkäufer der Hamas, Mahmoud al-Mabhouh, in einem Hotelzimmer in Dubai. Die Agenten injizierten ihm ein Betäubungsmittel, das zum Tod durch Ersticken führte.[327] Es gelang dem gesamten Mossad-Team – immerhin mehr als 20 Agenten –, Dubai zu verlassen. Doch kurze Zeit später veröffentlichte die Polizei von Dubai Foto- und Videoaufnahmen der Agenten. Sie alle wurden enttarnt, der Mord wurde in der Weltöffentlichkeit publik. Das lag daran, dass die Agenten, die bereits zweimal zuvor nach Dubai gereist waren, um ihr Opfer zu observieren, immer wieder mit denselben Pässen gereist waren, da der Mossad in der kurzen Zeit nicht so viele neue Tarnidentitäten mit gültigen ausländischen Pässen herstellen konnte. Manche Beobachter sprachen anschließend von einem peinlichen Fiasko, Mossad-Chef Meir Dagan hingegen verwies auf den Tod der Zielperson und darauf, dass alle Agenten zurückgekehrt waren. Was also war die Operation: Erfolg, weil Mabhouh getötet wurde, oder Fehlschlag, weil sie aufflog? Irgendwie war die Operation beides zugleich.

Das Beispiel ist vielsagend in Bezug auf die Definition des Erfolges geheimdienstlicher Tötungen: Wie auch ein CIA-Mitarbeiter bestätigt, gehören Geheimhaltung und Tarnung einer Tötung zu den festen Bestandteilen von »Erfolg«.[328] Ein erfolgreicher Geheimdienstmord muss geheim bleiben. Diese Geheimhaltung kann wiederum zwei Formen haben: Einmal könnte der Mord so verschleiert werden, dass er gar nicht als Mord zu erkennen ist, zum Beispiel könnte ein Giftmord als natürlicher Herztod getarnt werden. Die zweite Variante ist, dass der Mord zwar als Mord erkennbar ist, die Täter aber so »sauber« arbeiten und so effektiv ihre Spuren verwischen, dass er nicht mit einem Geheimdienst in Verbindung gebracht werden kann und ungeklärt bleibt.

Dieses für den Erfolg von Tötungsoperationen wichtige Credo der absoluten Geheimhaltung scheint in den letzten 20 Jahren jedoch aufzuweichen: Immer öfter bekennen sich Staaten, allen voran die USA und Israel, entweder öffentlich oder durch gezielte Indiskretionen zu Tötungsoperationen. Das Ziel dabei: eine zumindest indirekte öffentliche Rechtfertigung und Legitimation.[329] Bei vielen (wenn auch nicht allen) Geheimdienstmorden bezieht sich Geheimhaltung also vor allem auf die Geheimhaltung der Identitäten von beteiligten Personen, der Methoden und operativen Einzelheiten.

Und auch ein drittes Erfolgsmerkmal geheimdienstlicher Tötungen verdeutlicht ein Negativbeispiel: Abbas al-Musawi war Anfang der 1990er-Jahre Generalsekretär des militärischen Flügels der Hisbollah im Libanon und wurde am 16. Februar 1992 durch einen geheimen israelischen Hubschraubereinsatz getötet. Dass in Musawis Wagen gleichzeitig auch Frau und Kind saßen, als ihn die Raketen trafen, sorgte für einen ersten negativen Effekt der Tötung. Viel wichtiger war jedoch, dass Musawis Nachfolger Hasan Nasrallah nicht nur einen wesentlich aggressiveren Kurs gegen Israel einschlug, sondern sich auch als viel geschickterer Organisator und Stratege bewies. Die Tötung Musawis – darin waren sich auch die israelische Führung und Geheimdienste schnell einig – hatte die Sicherheitslage deutlich verschlechtert.[330] War die gezielte Tötung Abbas al-Musawis also ein Erfolg? Das kurzfristige (taktische Ziel) der Operation – der Tod Musawis – wurde zweifelsohne erreicht. Trotzdem war diese Tötung aus strategisch-langfristiger Sicht eher ein Misserfolg.

Zu einem ähnlichen Schluss kam der israelische Inlandsgeheimdienst Schin Bet nach der Tötung Salah Schehades, Mitglied der palästinensischen Hamas und Anführer der Kassam-Brigaden, im Jahr 2002. Mehrmals wurde die Operation verschoben, doch am

22. Juli 2002 erteilten Geheimdienste und Regierung die Freigabe und eine israelische F-16-Maschine bombardierte Schehades Haus in Gaza. Obwohl die israelischen Geheimdienste monatelang versucht hatten auszuschließen, dass Zivilisten zu Schaden kamen, tötete der Angriff nicht nur die Zielperson, sondern auch Schehades Frau und Kind sowie zehn weitere Zivilisten, darunter sieben Kinder, und verwundete 150 Menschen schwer. Aufgrund der Unverhältnismäßigkeit der Operation kam der Schin Bet zu dem Schluss, dass zwar die Zielperson ausgeschaltet wurde, die Operation jedoch trotzdem als gescheitert anzusehen sei.[331]

Der Tod der Zielperson ist nur das kurzfristige, taktische Ziel und damit nur die *erste Ebene* des Erfolges von Geheimdienstmorden. Die Geheimhaltung beziehungsweise das Bekanntwerden einer Operation ist hingegen die *zweite Ebene*. Eine Operation kann auf der taktischen Ebene, sprich: der Tötung der Zielperson, erfolgreich sein, aber durch Enttarnung, Imageschaden, politische und diplomatische Konsequenzen und PR-Skandale als Misserfolg enden. Darüber hinaus gibt es eine *dritte Ebene* des Erfolges: Die Frage, ob die Tötung der Zielperson auch die gewünschten langfristigen (strategischen) Auswirkungen hat. [332] Was nützt die Tötung einer Einzelperson, wenn dadurch nicht die gewünschten Effekte erzielt werden, weil zum Beispiel die Aktivitäten einer Organisation nicht im gewünschten Sinne dadurch verändert werden? Diese strategische Ebene geheimdienstlicher Tötungen ist ein wesentlicher Schlüssel zur Bewertung ihres Erfolges.[333]

Perfekter Geheimdienstmord und absoluter Misserfolg

Wie würde nach dieser Definition von Erfolg der perfekte Geheimdienstmord aussehen? Nach der Analyse der über 120 Einzelfälle in diesem Buch ergeben sich folgende Charakteristika: Der *perfekte Geheimdienstmord* …

1. endet mit dem Tod der Zielperson.
2. wird überhaupt nicht als Mord erkannt.
3. wird nicht öffentlich bekannt.
4. schadet keinen Unbeteiligten.
5. erreicht die erhofften langfristigen, strategischen Ziele.

Leider wird der perfekte Geheimdienstmord dadurch zu einem Paradoxon, einer theoretischen Unmöglichkeit: Wie für dieses Buch interviewte Geheimdienstmitarbeiter nicht müde wurden zu betonen, ist der perfekte (Geheimdienst-)Mord unmöglich. Denn wenn er tatsächlich »perfekt« ist, dann verhindern die Eigenschaften 2 (unerkannt) und 3 (geheim), dass wir als Beobachter überhaupt davon erfahren. Geheimhaltung und Geheimnis, entweder dadurch, dass der Mord nicht als Mord erkennbar ist, dass er »glaubhaft dementiert« werden kann oder einem anderen Täter zugeschrieben wird, ist – dies bestätigt ein ehemaliger CIA-Mitarbeiter – eine Grundvoraussetzung für den »perfekten Geheimdienstmord«.[334] Wenn wir aber nicht davon erfahren, lässt sich auch nicht beurteilen, ob der Mord sein langfristig-strategisches Ziel erreicht oder verfehlt hat. In diesem Sinne ist also keiner der in diesem Buch untersuchten Geheimdienstmorde »perfekt« – denn wir wissen ja genug davon, um ihn genauer zu analysieren. Und umgekehrt bedeutet dies, dass nur solche Fälle hier auf ihren Erfolg untersucht werden können, bei denen zumindest die Geheimhaltung fehlschlug und die deswegen zwangsläufig nicht vollends erfolgreich gewesen sein können.

Den perfekten Geheimdienstmord kann es also nicht geben beziehungsweise macht seine Perfektion es unmöglich, ihn zu erkennen. Umgekehrt jedoch ist ein absoluter Misserfolg bei einer Tötungsoperation tatsächlich möglich und für uns zu erkennen. Er ist gekennzeichnet durch den genauen *Gegensatz des perfekten Mordes*:

1. Die Zielperson überlebt.
2. Der Mordanschlag wird öffentlich.

3. Der Mordanschlag wird als Anschlag erkannt.
4. Es kommen Unbeteiligte zu Schaden.
5. Die strategischen Ziele des Mordanschlages werden nicht erreicht.

Es gibt Fälle, die einem »absoluten Misserfolg« sehr nahe kommen. So zum Beispiel der Fall des russischen KGB-Offiziers Nikolaj Chochlow: Dieser bekam 1954 den Auftrag, Georgi Okolowitsch, den Vorsitzenden der antikommunistischen Emigrantenorganisation »Bund der russischen Solidaristen« zu töten. Doch Chochlow überlegte es sich anders, warnte sein Opfer und lief zu den Amerikanern über. Die KGB-Zentrale setzte ihn auf ihre Todesliste. 1957 überlebte Chochlow einen Anschlag des KGB mit dem radioaktiven Gift Thallium nur knapp. Dazu inszenierten die Amerikaner eine medienwirksame Pressekonferenz mit Chochlow, bei der er detailliert auspackte.[335] Im Falle Chochlows überlebte die Zielperson, der Fall wurde sowohl erkannt als auch öffentlich und keine strategischen Hoffnungen wurden erfüllt. Schlimmer konnte der KGB nicht scheitern.

Ein »absoluter Misserfolg« war auch die sogenannte Lillehammer-Affäre des israelischen Mossad: 1973 tötete die Caesarea-Einheit des Mossad eine falsche – völlig unschuldige – Person. Am 21. Juli 1973 sprangen mehrere Mossad-Agenten neben Ahmed Bouchiki aus einem Auto vor seiner Wohnung im norwegischen Lillehammer und erschossen ihn. Fälschlicherweise hielten sie ihn für einen der Attentäter auf die israelische Olympia-Mannschaft in München 1972, Ali Hassan Salameh.[336] Durch die Verwechslung der Zielperson überlebte das tatsächliche Ziel, der Fall wurde erkannt und öffentlich, es starb eine unbeteiligte Person und das strategische Ziel der Operation wurde nicht erreicht – eben ein absoluter Misserfolg.

Die Erfolgsbilanz

Die verschiedenen Ebenen des Erfolgs von Geheimdienstmorden haben gezeigt, dass bei dieser Bewertung eine ganze Reihe Fragen gestellt werden müssen:

Erfolgsbilanz des politischen Attentats

Wie erfolgreich sind – gemessen an den aufgestellten Kriterien – politische Attentate? Geheimdienstmorde gegen Politiker, Staatsmänner und Amtsinhaber sind selbst innerhalb der Regierungen und Geheimdienste, die sie durchführen, hoch umstritten. Die Gründe dafür sind das hohe, nahezu unkalkulierbare Risiko und die politischen Kosten, die damit einhergehen. Werden hochrangige Politiker anderer Staaten ermordet, können die politischen, wirtschaftlichen und militärischen Folgen fatal sein und den langfristigen, strategischen Erfolg dieser Operationen beeinflussen.

1979 tötete der KGB mit der »Operation Agat« den afghanischen Präsidenten Afizullah Amin.[337] Dies war der Auftakt des Umsturzes, mit dem die Sowjetunion Afghanistan wieder enger an sich binden wollte. Zunächst endete die Operation mit einem taktischen Erfolg, Amin wurde getötet und Barack Karmal als neuer Präsident eingesetzt. Was als handstreichartiger Putsch begann, entwickelte sich schnell zu einem Bürgerkrieg, der die Sowjetunion in ein jahrelanges, erfolgloses militärisches Engagement zog. Strategisch war die Operation also ein Misserfolg.

Erfolgreicher waren die CIA-Bemühungen im Kongo. Zwar wurde der Plan, den zu Unabhängigkeit und Sowjetunion tendierenden Ministerpräsidenten Patrice Lumumba zu vergiften, nicht umgesetzt, aber die CIA unterstützte (ebenso wie Großbritannien und Belgien) den Umsturz von 1961, im Zuge dessen Lumumba getötet wurde. In der Folge stützte die CIA die Militärregierung des Nachfolgers Mobutu als »Bollwerk« gegen sowjetischen Einfluss in Zentralafrika. Die Folgen waren jedoch jahrelange Instabilität, Kämpfe, Diktatur und ständige Menschenrechtsverletzungen. Ein strategischer Erfolg waren die CIA-Operationen also im Hinblick auf ein Zurückdrängen der Sowjetunion. Die zahlreichen zivilen Opfer, jahrzehntelange Instabilität und Diktatur verhinderten aber einen umfassenden Erfolg.

Wie schwer die Folgen eines politischen Attentats zu kalkulieren sind, zeigte auch das Beispiel der Vergiftung des ukrainischen Präsidentschaftskandidaten Wiktor Juschtschenko 2004. Einerseits überlebte Juschtschenko das Dioxin-Attentat und machte Russland dafür öffentlich verantwortlich. Andererseits gewann er die anstehenden Präsidentschaftswahlen und brachte die Ukraine auf einen pro-westlicheren Kurs. Das Attentat war also auf jeder Ebene ein Misserfolg.

Die Erfolgsbilanz politischer Attentate ist also bestenfalls durchwachsen, mit einer Tendenz ins Negative. Sie treten oft im Zuge von *regime change*, also Umstürzen, auf. Diese haben jedoch zumeist unkalkulierbare Folgen und enden oft in Instabilität, Diktaturen und Menschenrechtsverletzungen. Zu diesem Ergebnis kam auch eine Untersuchung von über 80 US-amerikanischen *regime-change*-Operationen: Diese wiesen sämtlich kurzfristig-taktische Erfolge, begleitet von langfristig-strategischen Misserfolgen auf.[338]

Wie lässt sich erklären, warum politische Attentate und Umstürze trotzdem immer wieder angewandt werden? Gezielte Tötungen und politische Attentate sind eine scheinbar einfache und kostengünstige Option in der Sicherheitspolitik.[339] Ein Attentat oder Umsturz wirkt oftmals wie das *kleinere Übel im Vergleich zu vielen Alternativen*: militärische Intervention und Krieg, Wirtschaftssanktionen oder diplomatische Verhandlungen. Die beiden letzteren Optionen sind zumeist schon erschöpft, wenn zum Mittel des Attentats gegriffen wird. Gezielte politische Attentate werden von

Entscheidungsträgern also in Erwägung gezogen, wenn dringend gehandelt werden muss, aber keine politischen Alternativen bereitstehen und kein militärischer Konflikt begonnen werden soll.

Die Erfolgsbilanz der zweiten Art politischer Attentate, geheime Tötungen von Oppositionellen, Dissidenten und Aktivisten, ist noch schwieriger zu beurteilen. Auf der taktischen Ebene zeigen sich hier oft »Erfolge« durch die Tötung von Zielpersonen; diese werden jedoch sehr oft öffentlich und führen zu einem Imageverlust, was die Kosten-Nutzen-Analyse für die ausführenden Staaten trübt. Der langfristig-strategische Erfolg dieser Einzeloperationen ist hingegen zumeist kaum zu bewerten, da die Antwort auf die Frage, was gewesen wäre, wenn sie nicht gestorben, sondern weiter politisch aktiv gewesen wären, reine Spekulation ist.

Der »Regenschirmmord« an dem bulgarischen Dissidenten Georgi Markow 1978 in London ist dafür ein Paradebeispiel: Markow wurde erfolgreich getötet, und der Täter entkam. Damit wurden auch die emotionalen Motive hinter dem Mord, die persönliche Feindschaft und der Hass von Staats- und Parteichef Todor Zhiwkow, befriedigt. Und in der Gemeinschaft bulgarischer Politemigranten hinterließ der plötzliche Giftmord einen nachhaltigen Eindruck.[340] Allerdings wurde der Fall ab dem ersten Tag öffentlich mit dem kommunistischen Regime in Bulgarien in Verbindung gebracht. Ein weltweiter Imageverlust des Landes folgte, der bis in die 1990er-Jahre anhielt. Doch hat die Tötung Markows (und einiger anderer Politemigranten) das bulgarische Regime langfristig stabilisiert? Diese Frage ist kaum zu beantworten. Nach Markows Tod hielt sich der Kommunismus noch zwölf Jahre und die bulgarischen Politemigranten spielten für die politische Entwicklung des Landes kaum eine Rolle. Dies war jedoch auch bereits vor dem Mord an Markow so. Der strategische Effekt, den der Mord auf den Machterhalt des Regimes hatte, lässt sich also nicht messen.

Der Erfolg von Mordanschlägen russischer Geheimdienste auf Oppositionelle ist bestenfalls gemischt: Anna Politkowskaja und Boris Nemzow sind zum Beispiel zwei prominente Fälle, in denen die Tötung (nach mehrmaligen Versuchen) glückte. Dem gegenüber stehen jedoch mindestens genauso oft operative Fehlschläge, bei denen das Opfer überlebte: Zum Beispiel der Nemzow-Vertraute Wladimir Kara-Mursa 2015 und 2017, der Aktivist Pjotr Wersilow 2018, der kritische Dichter Dimitri Bykow 2019 oder Alexej Nawalny 2020. Vor allem durch mehrmalige Angriffe oder Vergiftungen erreichten diese Fälle ein großes Ausmaß globaler Aufmerksamkeit, wurden also öffentlich. Der langfristige Erfolg hingegen bleibt wieder schwer zu beurteilen: Zwar wurde mit dem Mord an Politkowskaja eine besonders laute und renitente Kritikerin zum Schweigen gebracht, doch traten andere Journalisten an ihre Stelle. Ob der Mord nun den Machterhalt gesichert oder langfristig aufgrund des öffentlichen Aufsehens eher gefährdet hat, ist schwer zu beurteilen.

Geheime politische Attentate auf Oppositionelle, Dissidenten und Aktivsten haben also eine sehr gemischte Erfolgsbilanz. Das liegt vor allem daran, dass der langfristige Nutzen der Morde nur schwer bis gar nicht zu beurteilen ist. Wie sehr tragen einzelne Morde dazu bei, Diktaturen auf Dauer zu festigen? Und fallen Diktaturen trotz oder nicht genau wegen solcher Attentate irgendwann zusammen? Zu diesen Fragen gibt es keine kurzen Antworten und keine einfache »Erfolgsbilanz«. Denn für den Machterhalt eines Systems spielen nicht ein oder zwei einzelne Attentate eine Rolle, sondern eine Vielzahl über Jahre verteilter Attentate. Charakteristisch bei der Erfolgsbilanz dieser Art des Geheimdienstmordes ist auch, dass er sehr oft ein großes Maß an Öffentlichkeit und Aufsehen mit sich bringt. Dies steht im Zusammenhang damit, dass die Befriedigung persönlich-emotionaler Motive wie Hass und das Aussenden einer Drohbotschaft bei Attentaten auf Oppositionelle ein wichtiges Motiv ist. Dazu ist Öffentlichkeit und Aufsehen notwendig, während gerade so viel Geheimhaltung aufrechterhalten wird, wie für ein halbwegs plausibles Dementi gebraucht wird.

Erfolgsbilanz der Geheimdienstmorde an Wissenschaftlern

Eine Untergruppe des politischen Attentats sind Geheimdienstmorde an Wissenschaftlern. Der israelische Mossad war in drei unterschiedlichen Regionen zu drei unterschiedlichen Zeiträumen in solche Tötungen involviert: Erstmals Anfang der 1960er gegen ehemalige NS-Wissenschaftler, die im ägyptischen Raketenprogramm tätig waren. Beispielhaft war der Fall des 1960 in München entführten und schließlich in Israel getöteten Heinz Krug. Die zweite Phase beinhaltete die Tötungen von Wissenschaftlern, die für den irakischen Diktator Saddam Hussein arbeiteten. Exemplarisch dafür war die Tötung des kanadischen Raketenwissenschaftlers Gerald Bull, der für Saddams Regime an einer »Superkanone« arbeitete. 1990 erschossen drei Mossad-Agenten Bull vor seiner Haustür in Brüssel.[341] Das dritte Beispiel sind die Tötungen von Wissenschaftlern, die am gegenwärtigen iranischen Atomprogramm arbeiteten. Ein Beispiel war die Tötung von Massud Ali-Mohammadi, einem der führenden Wissenschaftler des Atomprojektes. Er starb am 12. Januar 2010, als er kurz nach acht Uhr morgens in sein Auto im Norden Teherans stieg. Der Mossad hatte ein mit Sprengstoff ausgestattetes Motorrad neben seinen Wagen gestellt und zündete die Bombe genau in diesem Moment.

Bei allen drei Beispielen wartet der Mossad mit einer positiven Erfolgsbilanz auf. Vor allem die Aktionen gegen das irakische und iranische Waffenprogramm waren erfolgreich. Hier wurden nicht nur die taktischen, sondern auch die langfristigen, strategischen Ziele erreicht: In allen Fällen wurden Tötungen angewandt, um eine offene militärische Konfrontation zu vermeiden; und in allen

Fällen wurden führende Wissenschaftler ausgeschaltet und die verbleibenden verunsichert. Das milderte die Tatsache, dass die Fälle erkannt und öffentlich bekannt wurden: Absolute Geheimhaltung war bei den israelischen Tötungen von Wissenschaftlern allerdings zu keinem Zeitpunkt das Ziel! Es sollte nur so viel Geheimhaltung und Tarnung gewährleistet sein, dass die Agenten vor Ort unerkannt fliehen konnten. Da die psychologische Botschaft, die durch die Tötung an die anderen Wissenschaftler ausgesandt werden sollte, essenzieller Bestandteil dieser Operationen war, bedeutete die fehlende absolute Geheimhaltung keinen Misserfolg.

Wichtig war vor allem, dass in allen drei Fällen die Raketen- beziehungsweise Nuklearprogramme tatsächlich gestoppt beziehungsweise effektiv gestört und verlangsamt wurden. Die realistische Zielsetzung trug direkt zum Erfolg dieser Aktionen bei. Das strategische Ziel der Tötungen wurde also erreicht. Dabei gilt jedoch ein wichtiger Zusatz: Bei keiner der drei groß angelegten Aktionen waren die geheimen Tötungen von Wissenschaftlern das einzige Mittel. Stattdessen agierte Israel sowohl politisch, durch diplomatische Initiativen, als auch durch andere, nicht militärische Mittel. Der berühmte Computer-Wurm STUXNET, der nach 2008 die iranische Uran-Anreicherungsanlage in Natanz infizierte und außer Kraft setzte, war ein Beispiel dafür.

Erfolgsbilanz geheimer Tötungen in militärischen Konflikten

Diese Art der gezielten geheimdienstlichen Tötungen unterscheidet sich in vielerlei Hinsicht von den anderen Arten: Dies betrifft vor allem die Geheimhaltung. Da Tötungen in militärischen Konflikten ohnehin an der Tagesordnung sind, fallen einzelne Geheimdiensttötungen weniger auf und absolute Geheimhaltung ist weniger wichtig.

Seit 2001 läuft das US-amerikanische Drohnenprogramm der CIA. Obgleich die genauen Angaben zu Einsätzen, Tötungen und zivilen Opfern umstritten sind, zeigt sich, dass diese Tötungen aus rein taktisch-operativem Blickwinkel erfolgreich erscheinen, was heißt, dass viele Zielpersonen getötet wurden. Allein zwischen 2009 und 2017 sollen nach offiziellen Angaben 542 Drohneneinsätze mit 3797 Todesopfern geflogen worden sein. Dabei starben mindestens 324 Zivilisten (nach inoffiziellen Schätzungen mindestens doppelt so viele). Allein im Jahr 2018 bestätigte das US-Pentagon den Tod von mindestens 499 Zivilisten bei Drohneneinsätzen.[342] Das zeigt: Drohneneinsätze führen zu einer relativ hohen Anzahl an Todesopfern unter Unbeteiligten. Das hat damit zu tun, dass oft Gebäude oder Fahrzeuge beschossen werden, ohne dass vorab mit Sicherheit festgestellt werden kann, ob sich ausschließlich die Zielperson darin aufhält.

Die israelischen Geheimdienste gingen nach internen Bekundungen bei Drohnenangriffen in den vergangenen Jahrzehnten zu dem Grundsatz über, den Feuerbefehl zu erteilen, sobald es nicht den positiven Beweis für Zivilisten im direkten Umkreis gab.[343] Ähnlich wie bei den USA bedeutete dies die fundamentale Umkehr der Grundsätze, die noch Anfang der 2000er für Drohnenangriffe galten, bei denen erst nach positiver Identifikation der Zielperson und einer genaueren Analyse möglicher ziviler Opfer Feuerbefehl gegeben wurde. Galt zu Beginn des Drohnenkrieges noch, dass ein Nachweis für den Ausschluss ziviler Opfer vorliegen musste, reicht heute das Fehlen eines Nachweises für das Gegenteil. Dies ist offenkundig die deutlich riskantere Möglichkeit, die dementsprechend oft zu einer höheren Anzahl ziviler Opfer führt. Es muss bei Drohneneinsätzen jedoch berücksichtigt werden, dass sie Teil militärischer Konflikte sind, Gewalt also einerseits mehr oder minder allgegenwärtig ist und andererseits die militärischen Alternativen, wie Flächenbombardements, Artilleriebeschuss oder Häuserkampf, noch wesentlich mehr Opfer fordern könnten.

Die Frage nach dem langfristigen, strategischen Erfolg geheimer Tötungsoperationen in militärischen Konflikten ist kompliziert und umstritten. Ursprünglich waren zum Beispiel die US-Drohnenangriffe ein Mittel, um die konventionelle Kriegsführung durch die gezielte Ausschaltung hochrangiger, aber schwer zu fassender Anführer von Taliban, al-Qaida und dem sogenannten Islamischen Staat zu ergänzen. Mit der Zeit wurde der Kreis der Zielpersonen immer weiter bis zur mittleren Befehlsebene ausgeweitet.[344]

In den über 20 Jahren seit dem erstmaligen Einsatz von Kampfdrohnen für »gezielte Tötungen« zeigte sich darüber hinaus: Der Drohnenkrieg der USA ist ein effektives Mittel zur Tötung von Terroristen. Allerdings konnten sie die Sicherheitslage in den Zielländern, vor allem Afghanistan, Pakistan oder Jemen, kaum verbessern. Manche Beobachter attestieren dem »Drohnenkrieg« sogar, mehr neue Terroristen zu produzieren, als alte zu beseitigen.[345]

Der Kampf gegen den islamistischen Terrorismus wurde durch Drohnentötungen nicht gewonnen. Dies hat vor allem damit zu tun, dass kurzfristige operative Erfolge von gezielten Tötungen darüber hinwegtäuschen, dass es keine langfristige politische und militärische Strategie gibt. Viele Terroristen konnten erfolgreich getötet werden, doch der Terrorismus wurde dadurch nicht geschwächt.[346] Auf der strategischen Ebene haben diese Einsätze damit eine ähnlich durchwachsene Erfolgsbilanz wie zum Beispiel die »Operation Phoenix« der CIA in Vietnam. Auch hier täuschten kurzfristige Erfolge bei der Verhaftung, Befragung und Tötung kommunistischer Rebellen in Vietnam darüber hinweg, dass sie den Vietnamkrieg der USA auf der strategischen Ebene nicht positiv beeinflussten. Die hohe Anzahl ziviler Opfer macht es darüber hinaus schwierig, von einem »Erfolg« zu sprechen.

Erfolgsbilanz der Geheimdienstmorde an Überläufern

Bei den Mordanschlägen auf Geheimdienstüberläufer stechen vor allem die Negativbeispiele heraus, wie die Fälle von Nikolaj Chochlow, Oleg Ljalin oder Juri Nosenko, die die Attentate des KGB entweder überlebten (Chochlow) oder gar nicht gefunden werden konnten (Ljalin und Nosenko). Hier standen also auf der taktisch-operativen Ebene Misserfolge. Im Falle Chochlows kam noch ein gewaltiges PR- und Imagedesaster dazu. In anderer Hinsicht war auch der Fall des Überläufers Nicholas Shadrin, den der KGB 1975 in Wien entführte, ein Misserfolg: Er starb im Auto auf dem Weg nach Prag, doch sein Tod war die unbeabsichtigte Folge einer falschen Dosierung des verwendeten Beruhigungsmittels. Allerdings blieb dieser Fall bis in die 1990er-Jahre geheim, und das Verschwinden Shadrins sendete trotz des ungewollten Todes eine psychologische Botschaft. Die Bilanz der Überläuferjagd des KGB während des Kalten Kriegs liest sich also sehr erfolglos. Zu diesem Schluss kam auch die KGB-Führung in den 1970er-Jahren und stellte das Programm weitgehend ein.[347] Allerdings sendeten allein die Versuche des KGB, seine Überläufer zu »bestrafen«, eine mächtige Botschaft über die Bereitschaft, Skrupellosigkeit und operativen Fähigkeiten des KGB. Diese stand zwar im Missverhältnis zu den operativen oder strategischen Erfolgen, trug aber zum Image und zur Furcht vor dem KGB maßgeblich bei.

Dieses Gesamtbild hat sich auch in den letzten 15 Jahren, in denen wieder ähnliche Mordfälle an russischen Überläufern bekannt wurden, nicht geändert. Auf der taktischen Ebene war die Vergiftung Alexander Litwinenkos 2006 ein Erfolg; die Vergiftung Sergej Skripals 2018 war hingegen ein Misserfolg. Beide Fälle erregten auch ein Höchstmaß an öffentlicher Aufmerksamkeit durch eine Berichterstattung, die nahezu live vonstattenging, ebenso wie die öffentliche Identifizierung der mutmaßlichen Täter. Die psychologische Botschaft und die Machtdemonstration der russischen Geheimdienste funktionierten perfekt. Auf der langfristigen, strategischen Ebene sind die russischen Geheimdienstmorde an Überläufern allerdings wenig effektiv. Trotz der Morde und Mordversuche, bei denen eine beachtliche Dunkelziffer nicht erkannter Fälle absolut wahrscheinlich ist, und trotz der damit einhergehenden Machtdemonstration funktioniert die Abschreckungsstrategie der russischen Geheimdienste nicht oder nicht vollends. Überläufer aus Geheimdiensten, Militär und Staatsapparat oder große Doppelagenten waren in jedem Jahrzehnt zu verzeichnen, und auch ihre Qualität hat nicht abgenommen. Diese Art des Geheimdienstmordes scheint also lediglich bei der Befriedigung emotionaler Motive sowie bei der Machtdemonstration erfolgreich. Selbst auf der taktischen Ebene (Tod der Zielperson) ist die Bilanz bestenfalls gemischt. Strategischer Nutzen und Erfolg sind schlicht nicht vorhanden.

Bilanz

Die Untersuchung des Erfolgs von Geheimdienstmorden legt den Schluss nahe, dass sie – gemessen an dem hier vorgeschlagenen Drei-Ebenen-Modell – nur eine mäßige Erfolgsbilanz haben. Dies liegt vor allem daran, dass sie ihre langfristigen, strategischen Ziele – sofern überhaupt vorhanden – oft deutlich verfehlen. Darüber hinaus bleiben sie nur selten auf Dauer unerkannt und geheim. Umgekehrt zeigen die Beispiele aber auch, dass dies vor allem daran liegt, dass politische und geheimdienstliche Führungen irreale Hoffnungen und Erwartungen an den Nutzen geheimdienstlicher Tötungen haben, die Folgen einer Tötung nur unzureichend kalkulieren oder das Mittel geheimdienstlicher Tötungen nur selten in eine politische, wirtschaftliche und militärische Gesamtstrategie zur Lösung (sicherheits-)politischer Probleme einbinden.

Die Beispiele von Tötungen irakischer und iranischer Wissenschaftler durch die israelischen Geheimdienste stehen demgegenüber als »Positivbeispiel« für strategisch erfolgreiche Geheimdienstmorde. Hier konnten strategische Ziele wie die Verlangsamung von Rüstungsprojekten und damit Zeit und Druck für politische Lösungen erreicht werden.

Erfolgreich sind Geheimdienste mit Tötungsoperationen auch im Sinne einer Machtdemonstration und dem Verbreiten psychologischer Botschaften. Macht und Angst werden selbst durch fehlgeschlagene Operationen befördert. Sowohl die Mordanschläge der russischen Geheimdienste auf ihre Überläufer als auch zum Beispiel die »Gespensterjagd« des israelischen Mossad auf NS-Kriegsverbrecher vermittelten ein Bild der Stärke und operativer Erfolge, die beide Programme niemals hatten. Als Mittel zur Machtdemonstration sind Geheimdienstmorde also relativ erfolgreich. Dies gilt auch für die im vorherigen Kapitel beschriebenen emotional motivierten Motive von Geheimdienstmorden wie Rache, Hass und Strafe. Diese sind vergleichsweise einfach durch einen taktisch-operativen Erfolg, sprich: die Tötung der Zielperson, zu erreichen. Die langfristige, strategische Abschreckungswirkung ist wiederum nur teilweise gegeben.

Die Unterscheidung zwischen kurzfristigem, taktisch-operativem und langfristigem, strategischem Erfolg von Geheimdienstmorden – das Drei-Ebenen-Modell – ist zentral für eine Erfolgsbilanz. Die vielen taktisch-operativen Erfolge der israelischen Geheimdienste im Kampf gegen Terror, Hamas oder Hisbollah etwa verdeutlichen einen Trugschluss: Die erfolgreichen Tötungen trugen auf lange Sicht nicht zu einer verbesserten äußeren und inneren Sicherheit bei. Stattdessen – so der Experte Ronen Bergman – förderten sie eine politische Kultur, die politische Probleme durch verdeckte Geheimdienstoperationen statt durch politische Gesamtstrategien lösen will. Dieses Diktum gilt auch für die Erfolgsbilanz vieler anderer geheimdienstlicher Tötungen: Sie sind ein taktischer Erfolg, aber ein strategischer Fehlschlag.[348]

Sind geheimdienstliche Tötungen also den Aufwand, das Risiko, die Menschenleben sowie den Ansehensverlust wert? In vielen Fällen müsste die Antwort auf diese Frage eigentlich ein klares Nein sein. Und doch nimmt die Anzahl von Geheimdienstmorden seit den frühen 2000ern stetig zu. Eine ausführliche Antwort auf die Frage, warum das trotz der mäßigen Erfolgsbilanz und den hohen politischen Kosten so ist, findet sich in Kapitel 10.

INFOBOX

- Der »Erfolg« von Geheimdienstmorden hat drei Ebenen:
  1. Tod der Zielperson
  2. Geheimhaltung
  3. langfristig-strategische Wirkung der Tötung
- Der »perfekte Geheimdienstmord« ist nicht zu erkennen und bleibt geheim.
- Taktisch-operativ, also im Hinblick auf kurzfristige Ziele, sind Geheimdienstmorde oft erfolgreich.
- Strategisch-langfristig sind Geheimdienstmorde nur selten erfolgreich.
- Nur geheimdienstliche Tötungen von Wissenschaftlern haben eine »positive« Erfolgsbilanz.
- Politische Attentate und Tötungen in Konflikten haben wegen unvorhersehbarer strategischer Folgen eine sehr durchwachsene Erfolgsbilanz, sind aber oft das »kleinere Übel«.
- Geheimdienstmorde an Überläufern und Doppelagenten haben eine sehr schlechte Erfolgsbilanz.

KAPITEL 9

Dürfen die das? Geheimdienstmorde versus Recht und Moral

Sind geheimdienstliche Tötungsoperationen mit geltendem Recht vereinbar? Diese Frage erscheint dem gesunden Menschenverstand geradezu absurd. Doch die Antwort ist verblüffend: Per se sind geheime und gezielte Tötungen nicht illegal! Stattdessen kommt es auf eine Vielzahl von Faktoren an, zu denen es auch noch unterschiedliche Rechtsauffassungen gibt.[349]

Internationales Recht und Selbstermächtigung

Maßgeblich für die rechtliche Bewertung geheimer Tötungen sind das humanitäre Völkerrecht und die Menschenrechte. Diese werden von den Vereinten Nationen (UN) gesammelt und – zumindest in der Theorie – überwacht. Nach den Bestimmungen des Internationalen Rechts sind geheime und gezielte Tötungen im Allgemeinen weder legal noch illegal. Dies gilt sowohl in militärischen Konflikten als auch bei Kriminalitätsbekämpfung. Es gibt also kein allgemeines Urteil über die Rechtmäßigkeit von Tötungsoperationen und jeder Einzelfall muss für sich betrachtet werden.[350]

Untersuchungen zur Rechtmäßigkeit von Tötungsoperationen wurden vor allem durch den »Krieg gegen den Terror« und den Einsatz von Kampfdrohnen befeuert. In traditionellen Konflikten zwischen Staaten war die Rechtslage zur Unterscheidung von rechtmäßiger Gewalt, zwischen Kombattanten und Nicht-Kombattanten, zwischen Militär und Geheimdienst, zwischen Zivilisten und Kämpfern einfacher. Doch moderne »asymmetrische Konflikte«, in denen Staaten gegen nicht-staatliche Gruppierungen kämpfen, und der globale Terrorismus haben diese Grenzen verwischt.

Jahrzehntelang waren sich Regierungen und ihre Völkerrechtler uneins, ob Terrorismus und Terrorabwehr als Kriminalitätsbekämpfung oder als militärischer Konflikt zu behandeln sind. Mit Beginn des neuen Jahrtausends nahmen dann »gezielte Tötungen« als Strategie zur Terrorabwehr rapide zu. Im Jahr 2000, als Israel während der zweiten Intifada palästinensische Selbstmordattentate mit »gezielten Tötungen« von Terroristen bekämpfte, gab der Stabschef der israelischen Armee, Schaul Mofas, ein rechtliches Gutachten in Auftrag. Dieses sollte die Frage klären, ob Israels »Politik der gezielten Tötungen« von Terroristen nach geltendem Internationalen Recht legal oder illegal war.[351] Das Gutachten führte unter anderem den Begriff des »illegalen Kombattanten« für Terroristen ein, um Terroristen von regulären Soldaten (deren Tötung legal ist) zu unterscheiden und ihre außergerichtliche Tötung jedoch zu legalisieren.

Ebenso führte das Gutachten das Recht auf Selbstverteidigung an, das eine Tötungsoperation zur Abwendung direkter Gefahren erlaubt. Wenn möglich, seien Verhaftungen vorzuziehen und Tötungsoperationen müssten so begrenzt wie möglich sein, also zivile Opfer vermeiden. Darüber hinaus dürften nur der Ministerpräsident und der Verteidigungsminister Befehle zur Durchführung von Tötungsoperationen geben.[352] Das israelische Gutachten setzte also eine Reihe von Regeln, die Tötungsoperationen in Ausnahmefällen legalisieren sollten. Der Oberste Gerichtshof Israels bestätigte 2006 diese Rechtsauffassung. Seitdem ist das israelische Gutachten zum Vorbild für ähnliche Rechtsgutachten der USA und Russlands geworden. De facto haben sich Israel, die USA und

Russland mit ihren Rechtsgutachten eine eigene Rechtsauffassung geschaffen, die ihre Strategie der gezielten Tötungen im Kampf gegen den Terror legalisieren soll.[353] Der Begriff der »gezielten Tötungen« (*targeted killings*) wurde dabei eingeführt, um auch begrifflich zwischen vorgeblich legalen Tötungen und illegalen Morden (*assassinations*) zu unterscheiden.

Damit Tötungsoperationen legal und rechtmäßig sind, müssen – nach geltendem Internationalen Recht – bestimmte Voraussetzungen gegeben sein und bestimmte Regeln beachtet werden. Tötungen:

- müssen *notwendig* zur Abwehr direkten Schadens sein.
- sind zur *Selbstverteidigung* erlaubt.
- müssen *verhältnismäßig* sein (das heißt, zivile Opfer müssen ausgeschlossen beziehungsweise vermieden werden).
- müssen das *letzte Mittel* sein (alle Alternativen müssen ausgeschöpft oder unmöglich sein).
- müssen *gerechtfertigt* beziehungsweise *begründet* werden.
- müssen Zielpersonen treffen, die *direkt an feindseligen Kampf- oder Angriffshandlungen beteiligt* sind oder solche planen.
- dürfen auf *ausländischem Territorium* nur durchgeführt werden, wenn der andere Staat sein Einverständnis gibt; wenn die Tötung durch Selbstverteidigung gerechtfertigt ist; wenn der Zielstaat an einem Angriff gegen den ausführenden Staat beteiligt ist; wenn der Zielstaat Gewalt, die von seinem Territorium ausgeht, nicht unterbinden kann oder will.
- sind illegal, wenn sie zur *Rache* oder zur *Abschreckung* dienen.[354]

Diese Regeln zeigen den gegenwärtigen Stand des Internationalen Rechts. Dabei sind weder die Regelungen noch die Definitionen einzelner Begriffe einheitlich, allgemein akzeptiert oder unumstritten. Dementsprechend viel Kritik gibt es an dieser Lesart und an der Anwendung von Tötungsoperationen durch »die großen Drei« Israel, USA und Russland.

Besonders heftige Debatten toben um die Unterscheidung zwischen »Kombattanten« und »Nicht-Kombattanten« und um die Definition von »Terrorismus« beziehungsweise »Terroristen«. Wer ist denn nun ein Terrorist und entspricht dem rechtlichen Status eines Kriminellen oder eines regulären Kämpfers? Für die Entscheidung, ob, wann und wie Terroristen mit gezielten Aktionen getötet werden dürfen, sind diese Fragen grundlegend. In der Praxis legen die ausführenden Staaten dies jedoch für sich selbst aus und handeln entsprechend.

Diese Unterscheidungen sind auch wichtig für die Militärs und Geheimdienste, die Tötungsoperationen ausführen. Sinn des israelischen Rechtsgutachtens von 2001 war es, Rechtssicherheit für Armee und Geheimdienste herzustellen. Die Frage, wer wen und wann töten darf, hängt also an diesen Definitionen.

Das zeigt sich zum Beispiel an der rechtlich komplizierten Lage von Geheimdienstmitarbeitern, die an Tötungsoperationen teilnehmen: Anders als Soldaten sind Geheimdienstmitarbeiter keine »Kombattanten« und werden deswegen nicht nach dem Kriegsvölkerrecht, sondern als Zivilisten nach dem Strafrecht behandelt. Kurz gesagt: Geheimdienstmitarbeiter haben – auch in militärischen Konflikten – keine Immunität, sind keine Kriegsgefangenen und können für jede Tötung im Ausland strafrechtlich verfolgt werden. Grundsätzlich ist ihnen die Teilnahme an »feindseligen Handlungen« in militärischen Konflikten erlaubt, außerhalb militärischer Konflikte jedoch verboten.[355] Viele der in diesem Buch geschilderten Geheimdienstmorde fallen daher unter die Kategorie illegaler »außergerichtlicher Hinrichtungen«.

Geheimdienste aber – das machte auch die UN immer wieder klar – werden vor allem wegen des hohen Grades an Geheimhaltung für Tötungsoperationen eingesetzt. Anders zum Beispiel als das US-Militär macht die CIA keine Angaben zu ihrem Drohnenprogramm. Offiziell treten Geheimdienste nicht als Akteure bei

Tötungsoperationen in Erscheinung und halten eine Politik des *can neither confirm nor deny* (»Wir können das weder bestätigen noch dementieren«), wie es zum Motto der CIA wurde, aufrecht. Und auch Regierungen nehmen zu den Aktivitäten ihrer Geheimdienste grundsätzlich keine Stellung. Im vergangenen Jahrtausend bestritten daher generell Staaten und Geheimdienste die Durchführung »gezielter Tötungen«.[356]

Diese Intransparenz schafft rechtliche Probleme: Damit Tötungsoperationen rechtmäßig im Sinne des Internationalen Rechts sein können, müssen sie gerechtfertigt werden. Ein Staat muss die Gründe für eine Tötung (sowie entsprechende Beweise) zumindest teilweise öffentlich machen. Dies unterbleibt jedoch allzu oft, oder die Begründungen bleiben mehr als lückenhaft. Die Geheimhaltung und Intransparenz widersprechen daher den Versuchen, Tötungsoperationen zu legalisieren und als rechtmäßig anzusehen.[357] In den letzten Jahren war zu beobachten, dass immer mehr Staaten eine Form der »nachlässigen Geheimhaltung« bei Tötungsoperationen pflegen und zum Beispiel durch gezielte Indiskretionen (»leaken«) gegenüber Medien versuchen, ihre Aktionen indirekt, aber öffentlich zu rechtfertigen.[358]

Ein gewichtiges Problem für die Rechtmäßigkeit von Tötungsoperationen sind fehlende Kontrollmechanismen. Dies gilt innerhalb von Geheimdiensten, von Regierungen und für die parlamentarische Kontrolle. Der US-amerikanische Auslandsgeheimdienst CIA ist hierfür das beste Beispiel: Bis 1975 unterlagen die »verdeckten Aktionen« (*covert actions*), zu denen auch Tötungen gehörten, lediglich der internen Freigabe des Director of Operations und des Weißen Hauses. Als Reaktion auf die Enthüllungen des CIA-Programmes zur Tötung ausländischer Staatsmänner wurden 1975 neue Regeln geschaffen: Die Tötung von Staatsmännern wurde verboten, der Präsident musste in *presidential findings* die Notwendigkeit einer »verdeckten Aktion« erläutern und das Parlament informieren. Erst im Nachgang der »Iran-Contra-Affäre« der CIA 1987 musste das Weiße Haus solche Informationen mindestens zwei Tage *vor* der Durchführung einer »verdeckten Aktion« acht Mitgliedern aus Kongress und Senat vorlegen. Gerade im »Krieg gegen den Terror« gestaltete sich diese Praxis immer diffuser, mal informierte das Weiße Haus erst nach der Durchführung, mal nur Stunden vorher, mal erfolgte eine ausführliche Argumentation, mal unterblieb sie. Problematisch ist dabei, dass die Parlamentarier ausschließlich auf die Informationen von CIA und Weißem Haus angewiesen bleiben und unter enormem (Zeit-)Druck stehen. Gleichfalls haben sie kein Vetorecht, können also eine laufende Tötungsaktion nicht stoppen.[359]

In der internationalen Arena sind andere Faktoren von grundlegender Bedeutung für die Bewertung gezielter Tötungen: Vor allem die Frage, ob Staaten das Recht zur vorauseilenden Selbstverteidigung haben, ist dabei entscheidend. Dürfen zum Beispiel Israel oder die USA einen Hisbollah-General durch einen Drohnenangriff töten, wenn sie ihn entweder für einen vergangenen Terrorangriff verantwortlich machen oder Informationen haben, nach denen ein Angriff unter Führung dieses Generals bevorsteht? Die Tötung des Generals der iranischen Revolutionsgarden Qasem Soleimani durch eine US-amerikanische Drohne am 3. Januar 2020 in Bagdad war so ein Fall. Die US-Regierung machte Soleimani für Angriffe auf US-Stützpunkte im Irak verantwortlich und beschuldigte ihn der Planung eines neuen Anschlages. Dadurch rechtfertigten sie seine Tötung mit dem Recht auf Selbstverteidigung. Der Internationale Gerichtshof teilte diese Auffassung jedoch nicht. Ebenfalls höchst umstritten ist, ob Staaten ihr Recht auf Selbstverteidigung vorauseilend praktizieren dürfen, ob sie also Personen töten dürfen, bevor diese einen Angriff durchgeführt haben, oder erst danach.[360]

Ein weiterer großer Kritikpunkt an der Praxis gezielter Tötungen und der dadurch etablierten Rechtsauffassung und Rechtsanwendung ist, dass Tötungsoperationen von einer Ausnahme zur neuen Regel geworden sind. Die vermeintliche Rechtssicherheit ermutigte die israelischen, amerikanischen und russischen Militärs und Geheimdienste dazu, dieses Mittel immer öfter anzuwenden. Die Juristin Gabriella Blum etwa, die an dem israelischen Rechtsgutachten der Streitkräfte über gezielte Tötungen mitarbeitete, stellt diese Kritik in den Vordergrund: Das Gutachten von 2001 sollte Regeln schaffen, wie Tötungen als außergewöhnliche Maßnahmen in außergewöhnlichen Fällen im Einklang mit geltendem Recht durchgeführt werden könnten. Stattdessen, so Blum, nahmen es Militärs und Geheimdienste als Legitimation, um gezielte Tötungen zur regulären Praxis im »Kampf gegen den Terror« zu machen.[361] Das galt bei Weitem nicht nur für Israel. Russland zum Beispiel nahm 2006 die israelische und US-amerikanische Rechtsauffassung als Grundlage für seine neuen Anti-Terror-Gesetze, die unter anderem den Inlandsgeheimdienst FSB dazu ermächtigen, Terroristen auch im Ausland zu töten.[362] Gezielte Tötungen als Strategie im »Kampf gegen den Terror« und die mit ihnen einhergehende Rechtsauffassung hatten also einen Schneeballeffekt und immer mehr Staaten folg(t)en.

Sanktionen, Krieg, Auslieferung und Entführung: (un)mögliche Alternativen

Ein wichtiges Dilemma bei der rechtlichen und moralischen Bewertung von geheimdienstlichen Tötungen ist die Frage der Alternativen: Nach internationalem Recht ist die Anwendung tödlicher Gewalt im Rahmen von Kriminalitätsbekämpfung – zu der auch Terrorabwehr gehören kann – nur dann erlaubt, wenn andere Maßnahmen nicht möglich sind. Kurz: Die Tötung muss alternativlos sein. Dies gilt allerdings ausdrücklich nicht für militärische Konflikte beziehungsweise im Krieg.

Was aber sind diese Alternativen? »Schwache« Alternativen wären Versuche, durch das Ausüben von Druck, etwa durch Verhaftung oder Drohung gegen Familienangehörige, oder aber durch Diskreditierungsversuche Einzelpersonen zu einer Verhaltensänderung oder zum Aufgeben zu bewegen. Beide Möglichkeiten sind allerdings nicht weniger zweifelhaft und illegal und bieten oft nur bedingte Erfolgsaussichten.

Eine weitere Option wäre eine Auslieferung. Befreundete Staaten, zum Beispiel innerhalb der EU, würden einen formalen Auslieferungsantrag und die Bitte um Rechtshilfe an den Staat richten, in dem sich die Zielperson aufhält. Darin würden die Vorwürfe und etwaige Beweise aufgeführt, die Zielperson müsste von der Polizei ihres Aufenthaltslandes festgenommen und anschließend an das andere Land ausgeliefert werden. Dies wäre das rechtsstaatliche Vorgehen, das allerdings auch viele Nachteile bietet: Das Zielland kann das Ersuchen ablehnen, die Bearbeitung kann sehr lange dauern und die Zielperson in der Zwischenzeit wieder verschwinden, Gerichte und Anwälte können die Auslieferung verhindern, die Zielperson und ihre Organisation würden durch die Maßnahmen aufgeschreckt. Die deutschen Raketenwissenschaftler, die schon unter den Nazis in der Rüstung arbeiteten und Anfang der 1960er-Jahre für das ägyptische Raketenprogramm tätig wurden, sind dafür ein Beispiel: Weder Ägypten noch Deutschland hatte sie auf Ersuchen Israels festgenommen. Gleichzeitig bestand die Gefahr, dass ein Auslieferungsersuchen (für das es keine rechtliche Grundlage zwischen diesen Staaten gab) die Zielpersonen alarmieren und zum Untertauchen hätte bewegen können.

Eine Alternative zur Auslieferung ist die Entführung einer Zielperson im Ausland. Diese kann mit Wissen und Genehmigung des Ziellandes stattfinden, muss es aber nicht. Ohne eine solche Genehmigung sind Entführungen beziehungsweise Verhaftungen und Abtransport immer illegal. Entführungen werden in der Regel dann eingesetzt, wenn Geheimdienste die Zielpersonen entweder verhören wollen oder wenn die Zielperson vor ein ordentliches Gericht gestellt werden soll. Die Probleme geheimdienstlicher Entführungen sind vielfältig: Zum einen sind sie diplomatisch heikel. Zum anderen stehen der Aufwand, die Ressourcen und die notwendige Ausstattung einer Tötungsaktion kaum nach. Dieser Aufwand wird zumeist nur in Kauf genommen, wenn die Zielperson tatsächlich im eigenen Land vor Gericht gestellt werden soll und kann. 1960 entführte der israelische Mossad zum Beispiel einen der Organisatoren des Holocausts, Adolf Eichmann, aus Argentinien. In Israel wurde Eichmann vor Gericht gestellt und anschließend hingerichtet. Das Ziel der Geheimdienstaktion war dabei klar: Der Prozess sollte ermöglicht werden, deshalb brauchte man Eichmann lebend.[363]

Ähnlich verfuhren US-Geheimdienste, als sie 1992 den ehemaligen Soldaten Jeffrey Carney, der 1985 in die DDR übergelaufen war, auf offener Straße in Berlin-Friedrichshain entführten und in die USA brachten, wo er wegen Verrats verurteilt wurde.[364] Ziel der Aktion auch hier: einen Gerichtsprozess ermöglichen. Ebenfalls in Berlin entführt wurde der vietnamesische Wirtschaftsfunktionär Trinh Thanh im Sommer 2017. Auch er wurde zurück in die Heimat gebracht und dort vor ein Gericht gestellt.[365] Die *extraordinary renditions*, also die Entführung von Terrorverdächtigen zur Befragung in *black-site*-Gefängnissen durch die US-Geheimdienste Anfang der 2000er-Jahre waren ebenfalls ein Beispiel für Entführungen. Diese zielten allerdings auf Befragung und Informationsgewinnung statt auf Gerichtsprozesse ab.[366]

Sind die Zielpersonen einer Operation aber keine Einzelpersonen, Kriminelle oder Terroristen, sondern politische oder militärische Gegner, bietet sich auch das Instrument der Sanktionen an. Diese sind ein politisches Mittel und können ein Handelsembargo oder das Einfrieren von Konten bedeuten. Sanktionen sind eine niedrige Schwelle des politischen Konflikts und werden oft als erste Maßnahmen angewandt. In der Regel wird aber ein sanktionierter Staat Gegensanktionen verhängen, was nicht unbedingt zu einer Deeskalation des Konfliktes beiträgt. Die Wirksamkeit dieses Instruments ist also ungewiss. Abseits davon ist das Hauptproblem, dass dieses Mittel nur effektiv sein kann, wenn es von vielen Partnern angewendet wird und Verstöße gegen die Sanktionen kontrolliert und geahndet werden. Sanktionen auf den Weg zu bringen und tatsächlich umzusetzen ist also ein mühsamer Prozess.

Das andere politische Instrument, das eine Alternative zu gezielten Tötungen darstellt, ist ein offener militärischer Konflikt und Krieg. Diese Option ist allerdings in jeder Hinsicht extremer, aufwendiger, teurer und riskanter. Deshalb erscheinen einigen Staaten Tötungsoperationen – so paradox es klingen mag – als »friedlichere«, präzisere, kostengünstigere, aber auch vermeintlich einfachere Alternative.

Während relativ klar ist, warum Sanktionen oder Auslieferungsanträge oft nicht das Mittel der Wahl sind, ist weniger eindeutig, warum Geheimdienste nicht öfter zum Mittel der Entführung greifen. Bei Einzelpersonen, kriminellen oder terroristischen Organisationen ist eine Entführung durchaus möglich; was aber ist zum Beispiel mit ausländischen Wissenschaftlern, die in einem ausländischen Rüstungsprogramm arbeiten? Was mit Staatsmännern, die militärische oder terroristische Angriffe planen und durchführen? Oder was ist mit Gebieten, in denen zwischen Terrororganisationen und Staat kaum zu unterscheiden ist? In der Logik vieler Geheimdienste und ihren Regierungen scheidet in diesen Fällen eine Entführung aus. Ähnlich bei Geheimdienstüberläufern: Manche, wie Nicholas Shadrin 1975 in Wien, versuchten die sowjetisch-russischen Geheimdienste zu entführen (obgleich Shadrin aufgrund einer Überdosierung des Betäubungsmittels dabei verstarb). Bei den meisten anderen wurde sich diese Mühe erst gar nicht gemacht und gleich eine Tötungsoperation gestartet. Die einfachste Erklärung dafür ist, dass eine Tötung im Ausland weniger Aufwand bedeutet als eine komplizierte Entführungsoperation.

Zwei wichtige Voraussetzungen müssen also erfüllt sein, damit Entführungen als Alternative zu geheimen Tötungen attraktiv erscheinen: Erstens muss ein reales Interesse daran bestehen, die Zielperson vor ein Gericht zu stellen und einen Prozess abzuhalten. Und zweitens müssen die operativen und logistischen Voraussetzungen gegeben sein, um die Zielperson überhaupt außer Landes bringen zu können.

Umgekehrt gibt es jedoch einen gewichtigen Grund, warum Tötungsoperationen attraktiver als die hier genannten Alternativen erscheinen: Sie sind einfacher und können (zumindest teilweise) geheim gehalten und dementiert werden. Auslieferungen, Sanktionen, Krieg und auch Entführungen erfordern hingegen komplizierte politische und rechtliche Argumentationen und Rechtfertigungen. Diese – recht simple – Logik erklärt auch, warum oft Geheimdienste (und nicht etwa Polizeikräfte oder Militär) diese Tötungsoperationen durchführen: Sie haben nicht nur die notwendigen Ressourcen und das Know-how, sondern operieren auf der Grundlage von Geheimhaltung. Geheimdienstliche Tötungsoperationen werden in aller Regel von den beteiligten Regierungen abgestritten und wenn sie doch einmal zugegeben werden, werden sie in der internationalen Arena nicht oder kaum begründet.[367] Dazu kommt auch, dass solche Tötungen mitunter leichter durchzuführen sind als ihre Alternativen. Schon 2010 warnte zum Beispiel die UN davor, dass unbemannte Kampfdrohnen Tötungsoperationen erleichtern und als »einfaches« und kostengünstiges Instrument erscheinen lassen würden. Dies senkt die Hemmungen und Restriktionen für ihren Einsatz.[368]

All das macht geheime Tötungen für viele Regierungen und Geheimdienste zu einem beliebten Mittel. Im Vergleich zu offenen militärischen Konflikten versprechen sie weniger Opfer, Kosten und Schäden bei leichterer und vor allem schnellerer Durchführbarkeit. Gleichzeitig erfordern sie weniger rechtlichen und politischen Aufwand bei vermeintlich größeren Erfolgsaussichten, als es etwa bei Sanktionen oder Auslieferungen der Fall ist.

Und die Moral von der Geschicht'?

Die Frage, ob gezielte Tötungen und Geheimdienstmorde legal und rechtmäßig im Sinne geltenden Rechts sind, ist immer nur eine Seite. Die Frage, ob sie auch ethisch-moralisch gerechtfertigt sind, die andere. Geltendes Internationales Recht muss keineswegs auch moralischen Anforderungen entsprechen. Wie so oft in der Politik sind auch international geltende Gesetze lediglich der Spiegel dessen, worauf sich gesetzgebende Politiker einigen konnten. In der Regel gilt dabei, dass sich Staaten und ihre Regierungen bei global geltenden Regelungen auf noch weniger einigen können und einen noch größeren Hang zum kleinsten gemeinsamen Nenner haben als Politiker und Parteien innerhalb desselben Staates. Experten haben Tötungsoperationen deshalb in unterschiedliche Typen unterteilt: solche, die weder legal noch moralisch sind; solche, die zwar legal, aber nicht moralisch sind; solche, die illegal, aber moralisch sind, und schließlich solche, die sowohl legal als auch moralisch sind.[369]

Wenn wir unser Bauchgefühl befragen, erscheinen uns in Deutschland geheimdienstliche Tötungsoperationen als absolutes moralisches No-Go. Geheimdienstmord – das geht gar nicht! In der Öffentlichkeit – vor allem, aber nicht nur in Deutschland – ist der moralische Aufschrei nach Geheimdienstmorden oder gezielten militärischen Tötungen immer recht laut.

Diese moralische Ächtung geheimer Tötungsoperationen ist mindestens so alt wie die Tradition geheimer Morde. Viele der moralischen und rechtlichen Fragen und Regelungen des modernen Krieges können bis ins Mittelalter zurückverfolgt werden. »Spezialoperationen«, zu denen gezielte Tötungen gehören, waren schon im damaligen Verständnis nur schwer mit ritterlichen Idealen und Konventionen von »Ehre« zu vereinbaren. Zur ritterlichen Ehre gehörte der offene Kampf in der Schlacht, Mann gegen Mann, Armee gegen Armee. Spezialoperationen hingegen bestanden aus Ermordung, Täuschung, Betrug, Bestechung, Fallen, (Hinter-)List und verdeckten Angriffen. Schon im Mittelalter gab es also einen Konflikt zwischen der Notwendigkeit eines »Erfolges« und den geltenden Regeln für »Fair Play«.[370]

Nun sind die Tage der Ritter lange gezählt, und moderne Sicherheitspolitik hat wenig mit dem Mittelalter gemein. Nicht geändert hat sich hingegen die Tatsache, dass Krieg, militärische Konflikte, Außen- und Sicherheitspolitik immer weiter reglementiert werden. Diese Regeln sollen, zumindest der Theorie nach, eine Grenze zwischen »gut« und »schlecht«, zwischen »erlaubt« und »verboten« abbilden. Ebenfalls nicht geändert hat sich aber auch die Tatsache, dass gezielte und geheime Tötungen als unehrenhaft und unmoralisch angesehen werden.

Ein wichtiger Indikator für die moralische Bewertung von Tötungsoperationen ist die Frage, ob Staaten und Gesellschaften die Todesstrafe als legitim und moralisch gerechtfertigt ansehen. Eine grundsätzliche Leitlinie dabei ist: Wer die Todesstrafe im eigenen Land akzeptiert, der kann sie auch bei Geheimdienst- oder Militäroperationen im Ausland leichter hinnehmen. Deutschland und die Staaten der EU haben nach dem Zweiten Weltkrieg die Todesstrafe abgeschafft und geächtet. Geheimdienstmorde und gezielte Tötungen erscheinen aus diesem Blickwinkel zunächst einmal moralisch verwerflich. Im internationalen Kontext, vor allem gegenüber den mächtigen Staaten, die solche Operationen ausführen, steht diese moralische Position allerdings relativ allein da.

Bereits beschrieben wurde die rechtliche Argumentation von Ländern wie den USA, Israel oder Russland. Diese vereint ein rechtliches »Wir dürfen das« mit einem moralischen »Das ist gut so«. Die moralische Seite von Tötungsoperationen ist dabei keineswegs so eindeutig zu bewerten, wie man auf den ersten Blick annehmen könnte. Die schwierige Frage nach der Moralität geheimer Tötungen verdeutlicht zum Beispiel das »Hitler-Argument«: Es stellt die Frage, ob eine rechtzeitige gezielte Tötung Adolf Hitlers als Teil einer geheimdienstlichen oder militärischen Spezialoperation nicht Millionen Leben hätte retten können und damit moralisch gerechtfertigt gewesen wäre. Paradoxerweise ist in diesem Gedankenspiel die Frage des Zeitpunktes von eminenter Bedeutung: In den 1930er-Jahren nämlich wäre eine gezielte Tötung Adolf Hitlers eine hochgradig illegale Operation gewesen, die das gewählte Oberhaupt eines souveränen Staates zum Ziel gehabt hätte, das noch keine feindlichen Kampfhandlungen begonnen hatte.[371] Dieses moralische Argument (»den nächsten Hitler verhindern«) wird oft mit dem oben beschriebenen Recht auf präemptive, also vorauseilende, Selbstverteidigung verknüpft.

Nicht jeder Diktator ist ein neuer Hitler, und nicht jede Geheimdiensttötung trägt dazu bei, aggressive Diktaturen zu bremsen. Die Morde an russischen Geheimdienstüberläufern, iranischen Oppositionellen oder DDR-Fluchthelfern zum Beispiel hatten nichts dergleichen zum Ziel. Nichtsdestoweniger zeigt das »Hitler-Argument«, dass die Frage nach der (Un-)Moral von Geheimdiensttötungen komplizierter ist, als sie auf den ersten Blick erscheint.

Dazu braucht es letztlich aber nicht unbedingt ein rein theoretisches Gedankenspiel. Das Beispiel der Ermordung Reinhard Heydrichs am 27. Mai 1942 verdeutlicht diesen Umstand noch besser: Heydrich, Leiter des Reichssicherheitshauptamts (RSHA), »Stellvertretender Reichsprotektor in Böhmen und Mähren« und NS-Kriegsverbrecher wurde durch ein getarntes Attentat in Prag getötet. Der Slowake Jozef Gabčík und der Tscheche Jan Kubiš hatten, verkleidet als deutsche Soldaten, sein offenes Fahrzeug mit einer Maschinenpistole und einer Anti-Panzer-Granate angegriffen. Heydrich wurde von Granatsplittern getroffen und starb einige Tage später im Krankenhaus. Die beiden Attentäter waren vom britischen Geheimdienst Special Operations Executive (SOE) ausgebildet worden und mit dem Fallschirm in der besetzten Tschechoslowakei abgesprungen (»Operation Anthropoid«). Dieser Mordanschlag wäre nach heutigen UN-Richtlinien illegal, da keine öffentliche Rechtfertigung erfolgte und die Täter geheim und getarnt vorgingen.[372] Und doch erscheint uns die illegale Tötung eines Nazi-Kriegsverbrechers in Kriegszeiten nicht sonderlich unmoralisch!

Auch die Geheimdienstmorde beziehungsweise Mordanschläge und Entführungen des israelischen Mossad gegen die NS-Kriegsverbrecher Herberts Cukurs, Alois Brunner und Adolf Eichmann eignen sich dafür, hoch komplizierte Fragen zur Moralität solcher Operationen zu stellen. Rechtlich gesehen war die Entführung Adolf Eichmanns durch Mossad-Agenten 1960 in Argentinien illegal; rechtlich gesehen war es auch illegal, als der Mossad dem SS-Mann Alois Brunner, der sich nach 1945 dem syrischen Geheimdienst in Damaskus andiente, zweimal (1961 und 1980) Briefbomben schickte, die ihn zwar nicht töteten, aber einige Finger und ein Auge kosteten; und illegal war auch die Ermordung des »Henkers von Riga« Herberts Cukurs, der nach dem Zweiten Weltkrieg nach Brasilien flüchtete und 1965 vom Mossad in Uruguay getötet wurde. Alle diese Geheimdienstoperationen waren illegal – doch waren sie auch unmoralisch? Sind die Racheaktionen des Mossad gegen NS-Kriegsverbrecher, die nie vor Gericht gestellt wurden, moralisch zu verurteilen?

Darüber hinaus gibt es andere Argumentationen, die die Komplexität der Moral von Geheimdienstmorden verdeutlichen: Ein kontrafaktisches, theoretisches Argument ist zum Beispiel die Frage, ob »unehrenhafte« Geheimdienstmorde nicht das kleinere Übel im Vergleich zur Alternative eines offenen militärischen Konfliktes sind. Dieses Argument besagt, dass mögliche Alternativen zu Tötungsoperationen noch »schlimmer« sein können, also noch mehr militärische und zivile Opfer und Schäden bedeuten würden. Dabei vorausgesetzt wird natürlich, dass sich politische Lösungen bereits als nutzlos erwiesen haben, dass also alle Mittel der zivilen Politik und Diplomatie bereits ausgeschöpft wurden. So argumentierten die israelischen Geheimdienste bei ihren Operationen zur Störung des irakischen und iranischen Atomprogramms in den 1980er- beziehungsweise 2000er-Jahren: Die Optionen waren entweder ein offener militärischer Angriff auf den Irak beziehungsweise Iran, der zweifellos einen unkalkulierbaren Flächenbrand im gesamten Nahen Osten ausgelöst hätte, oder eine Kombination verdeckter Operationen, bestehend aus der gezielten Tötung von Wissenschaftlern, Cyber-Angriffen und wirtschaftlichen Sanktionen. Israel entschied sich gemeinsam mit den USA für Letzteres, ein großflächiger Krieg wurde vermieden. War also die rechtlich und moralisch geächtete Option geheimer Tötungen am Ende die moralisch bessere Operation, die weniger Opfer forderte? Der damalige Chef des israelischen Auslandsgeheimdienstes Mossad, Meir Dagan, hielt zum Beispiel die Anwendung von Attentaten zum Stopp des iranischen Nuklearprogramms für »weitaus moralischer« als das Risiko einer militärischen Intervention, die mehr Menschenleben gekostet hätte.[373] Doch, ob diese einfache Aufrechnung der Anzahl von Todesopfern auch ein moralischer Freifahrtschein für Tötungsoperationen ist, wird bis heute kontrovers diskutiert.

Auf diese Fragen gibt es keine eindeutigen und einfachen Antworten. Stattdessen berühren sie den Kern uralter moralphilosophischer Diskussionen, die den Horizont (und den Umfang) dieses Buchs bei Weitem übersteigen. Allein die Existenz und Bedeutung dieser Fragen zeigt jedoch, dass manche Geheimdienstmorde keine eindeutige moralische Qualität haben. Entgegen dem reflexartigen moralischen Aufschrei können geheimdienstliche Tötungen nicht so einfach als unmoralisch abgetan werden. Diese Erkenntnis sollte die Basis für weitere, komplizierte Überlegungen zu diesem Thema sein.

INFOBOX

- Geheimdienstmorde werden fast ausnahmslos von Staaten verübt, die auch die Todesstrafe praktizieren.
- Die meisten Geheimdienstmorde und gezielten Tötungen werden von der UN als illegal eingestuft, bleiben jedoch folgenlos.
- Israel, die USA und Russland haben sich durch eigene Rechtsgutachten selbst zu »gezielten Tötungen« ermächtigt.
- »Gezielte Tötungen« sind nicht per se illegal, aber Intransparenz, Geheimhaltung, fehlende Rechtfertigungen, fehlende Kontroll- und Aufsichtsmechanismen sowie der Hang zur Verselbstständigung und gewohnheitsmäßigen Nutzung stehen ihrer Legalität im Weg.
- Geheime Tötungen werden auch als Alternative zu einem offenen Krieg (mit mehr Opfern) eingesetzt.
- Manche Staaten sehen einen Mangel an praktikablen Alternativen zu gezielten Tötungen.
- Nicht immer ist eine moralische Bewertung von Tötungsoperationen eindeutig (zum Beispiel bei der Tötung von NS-Kriegsverbrechern).

KAPITEL 10

»Das neue Zeitalter der Attentate«: Warum Geheimdienstmorde nicht neu sind und ihre Anzahl steigt

Seit der Jahrtausendwende hat die Anzahl öffentlich bekannter Geheimdienstmorde rapide zugenommen. Politiker, Journalisten und Experten in Deutschland sprechen von einer Renaissance oder einer neuen Welle von Geheimdienstmorden. In den USA riefen Kommentatoren bereits 2005 das »neue Zeitalter der Attentate« (*new age of assassinations*) aus. Und 2020 sprach ein britischer Geheimdienstexperte angesichts der zahlreichen bekannt gewordenen Geheimdienstmorde der vergangenen Jahre vom *great age of assassinations.*[374] Doch wie neu ist das Phänomen geheimer politischer Morde und staatlicher Tötungsoperationen? Zahlreiche in diesem Buch behandelte Beispielfälle zeigen, dass Geheimdienstmorde eine lange Tradition haben. Diese wird im ersten Abschnitt dieses Kapitels beleuchtet. Der zweite Abschnitt widmet sich der aktuellen Frage: Wieso gerade jetzt? Hier werden die Ursachen erläutert, warum Geheimdienstmorde und Tötungsoperationen seit einiger Zeit wieder stark zunehmen. Dabei werden sieben Gründe für die »neue Welle der Geheimdienstmorde« vorgeschlagen. Der dritte und letzte Abschnitt dieses Kapitels wagt einen Blick in die Zukunft: Wird es mittel- und langfristig mehr oder weniger Geheimdienstmorde geben?

Alter Wein in neuen Schläuchen: die Tradition geheimdienstlicher Tötungen

Auch wenn es in den Darstellungen von Tagespresse oder Politikern den Anschein haben mag: Geheimdienstmorde und Tötungsoperationen sind nichts Neues. Im Gegenteil, sie haben eine lange Tradition. Politische Attentate sind ein Phänomen, so alt wie die Menschheitsgeschichte: König Phillip II., Vater von Alexander dem Großen, fiel 336 vor Christus einem Mordanschlag durch seinen Leibwächter zum Opfer und auch die Ermordung von Gaius Julius Caesar, der am 15. März 44 vor Christus von einer Gruppe Senatoren um Brutus und Cassius mit 23 Messerstichen getötet wurde, zeugt von der langen Tradition solcher Anschläge.[375] Echte Geheimdienstmorde gibt es erst seit dem ausgehenden 19. Jahrhundert, der Geburtsstunde der modernen Geheimdienste.

Doch Vorsicht: Geheime Attentate wurden auch von nicht-staatlichen Geheimgesellschaften verübt. Das wohl prominenteste Beispiel dafür ist die Ermordung des österreichischen Thronfolgers Franz Ferdinand am 28. Juni 1914 in Sarajevo. Der Täter, Gavrilo Princip, war Mitglied des vornehmlich aus Offizieren bestehenden serbisch-nationalistischen Geheimbundes Schwarze Hand.[376] Und auch in Deutschland begingen Geheimgesellschaften, vor allem nach dem Ersten Weltkrieg, viele politische Morde, wie im nächsten Kapitel ausführlich gezeigt wird.

Ähnlich wie heute gab es auch schon frühere »Wellen von Geheimdienstmorden«, also Phasen, in denen besonders viele Geheimdiensttötungen zu beobachten waren. Dazu gehörten sowohl die Perioden um die beiden Weltkriege als auch besonders heiße Phasen des Kalten Krieges zwischen 1946 und 1961 sowie Mitte der 1970er- bis Mitte der 1980er-Jahre. Anschließend folgte – zumindest in (West-)Europa – eine relativ ruhige Phase. Die Anschläge vom 11. September 2001 und der folgende »Krieg gegen den

Terror« markierten dann einen Wendepunkt. Damals begann die heute zu beobachtende neue Welle von Geheimdienstmorden, die in den letzten Jahren erheblich Fahrt aufgenommen hat. Diese »Wellenbewegungen« werden auch von Geheimdienstlern beschrieben. So verwies zum Beispiel der Präsident des deutschen Inlandsnachrichtendienstes (Bundesamt für Verfassungsschutz, BfV) Thomas Haldenwang 2019 darauf, dass es heute wieder so viele Agenten und Geheimdiensttötungen gebe wie zuletzt im Kalten Krieg.[377]

Doch nicht nur das generelle Phänomen »Geheimdienstmord« lässt sich historisch gut zurückverfolgen. Auch die drei großen Geheimdienstnationen, die heute auf diesem Feld besonders aktiv sind – USA, Israel und Russland –, haben ihre ganz eigene Tradition in Sachen geheime Tötungen, wobei die russische die älteste ist.

Geheimdienstliche Tötungen haben in Russland zwei Traditionslinien: eine zaristische und eine sowjetische. Bereits 1881 gründete das Zarenregime unter Alexander III. die legendäre Geheimpolizei Ochrana (»Schutz«). Ihre Aufgabe war es, die zahlreichen gegen den Zaren und die Monarchie kämpfenden revolutionären Bewegungen zu unterwandern und zu zerschlagen.[378] Dazu arbeitete die Ochrana nicht nur in Russland, sondern unterhielt auch Stützpunkte im Ausland, überall dort, wo russische Politemigranten anzutreffen waren, wie in Paris, München oder Berlin.[379] Neben Observationen, Postkontrolle und dem Anwerben beziehungsweise Einschleusen von Spitzeln war die Ochrana vor allem für den Einsatz von diskreditierenden Fälschungen, Folterverhören und *agents provocateurs* (»Lockspitzeln«) bekannt.

Einer der bekanntesten Ochrana-Lockspitzel war Jewno Asef. Asef hatte im deutschen Exil während der 1890er-Jahre Kontakte zu russischen Sozialdemokraten und der Partei der Sozialrevolutionäre. Zur selben Zeit wurde er als Ochrana-Agent angeworben und bekam einen regelmäßigen Agentenlohn. Anfang des 20. Jahrhunderts war Asef zurück in Russland und stieg zum Leiter des bewaffneten Arms der Partei der Sozialrevolutionäre auf. Die nächsten Jahre spielte er ein Doppelspiel: Für die Partei plante und organisierte er politische Attentate, wie zum Beispiel jenes auf den russischen Innenminister Wjatscheslaw Plehwe 1904. Gleichzeitig verriet er seine Kameraden an die Ochrana, die aufgrund der Terroranschläge immer schärfer gegen die Opposition vorging. Trotz langjähriger Gerüchte über Asefs Spitzeltätigkeit wurde er erst 1909 enttarnt und floh nach Berlin, wo er 1918 völlig verarmt starb.[380]

Die zweite Traditionslinie ist das Gegenstück zur Ochrana: der revolutionäre Terror und seine Vorliebe für politische Attentate. Diese Taktik wurde nach der Russischen Revolution von 1917 zu einer der grundlegenden Methoden der neu gegründeten Außerordentlichen Allrussischen Kommission zur Bekämpfung von Konterrevolution, Spekulation und Sabotage, kurz: Tscheka. Die Tscheka war die Geburtsstunde des späteren NKWD beziehungsweise KGB. Nach ihrer Gründung am 5. Februar 1917 entfesselte die Tscheka den »Roten Terror«, zu dem die Verfolgung politischer Gegner, Massenverhaftungen, Folter, Internierungen und Erschießungen gehörten. Explizit griff die Tscheka dabei auf die Erfahrungen und das Know-how der zaristischen Geheimpolizei Ochrana zurück: Dimitri Jewsejew, Ausbilder bei der Tscheka, war so der Auffassung, dass die Tscheka nicht zögerlich dabei sein dürfte, aus den Erfahrungen der Ochrana zu lernen. Dieses Wissen ließ er in seine zwei operativen Handbücher *Hauptziele des Aufklärungsdienstes* und *Kurzanleitung der Tscheka über die Beschaffung von Informationen* einfließen.[381]

Dazu gehörten auch Attentate und Morde im Ausland. So sollen die Auslandsagenten des Tscheka-Nachfolgers OGPU General Pjotr Wrangel, General der antikommunistischen Weißgardisten im russischen Bürgerkrieg, 1928 in seinem Haus in Brüssel vergiftet haben. 1930 entführten die hochrangigen OGPU-Offiziere Jakov Serebrjanski und Sergei Puzitski den ebenfalls weißgardistischen und immer noch in antikommunistischen Organisationen aktiven General Alexander Kutepow in seinem Pariser Exil. Nach einigen Berichten soll Kutepow noch während der Entführung an einem Herzinfarkt verstorben sein, nach anderen Berichten wurde er nach Moskau gebracht und hingerichtet.[382]

Und auch Geheimdienstüberläufer gehörten schon früh zu den Opfern russischer Mordanschläge. So zum Beispiel Ignaz Reiss: Er war einer der großen Spione der Sowjetunion in der Zwischenkriegszeit, spionierte und sabotierte als Mitglied des kommunistischen Untergrundes in Österreich, Deutschland und Frankreich. Ab 1932 war er in Paris stationiert, doch am 17. Juli 1937 schickte er einen Brief nach Moskau, in dem er mit der Sowjetunion unter Stalin brach. Für den sowjetischen Diktator auf dem Höhepunkt des Großen Terrors war das Hochverrat. Reiss floh mit seiner Frau in die Schweiz, wurde dort aber nur kurze Zeit nach seinem Abtauchen von Gertrude Schildbach kontaktiert, die ihn um ein Treffen bat. Was Reiss nicht wusste: Schildbach, ebenfalls sowjetische Agentin, hatte das Treffen mit ihm im Namen von Roland Abbiate, gleichfalls sowjetischer Agent, eingefädelt. Bei dem Treffen lockte sie Reiss in eine Falle, und Abbiate erschoss ihn mit einer Maschinenpistole auf einer Landstraße außerhalb von Lausanne.[383]

In der Tscheka – und nach ihr der OGPU, dem NKWD und dem KGB – flossen die zwei Traditionslinien russischer Geheimdiensttötungen zusammen. Und auch heute noch ist es diese Tradition der Tscheka, auf die sich die russischen Geheimdienste ausdrücklich als Ursprung berufen.[384] Tötungen und »scharfe Maßnahmen« gehören also zum Selbstverständnis und der Tradition russischer Geheimdienste.

Aber auch die israelischen Geheimdienste haben bei geheimen Tötungsoperationen eine Traditionslinie, die bis an den Anfang des 20. Jahrhunderts zurückreicht. Hier waren es jüdische revolutionäre beziehungsweise Schutz- und Tarnorganisationen, die Anschläge und gezielte Morde in Palästina einsetzten, um für ihre Unabhängigkeit zu kämpfen. Die älteste und bekannteste dieser Organisationen war die Haganah (»Die Verteidigung«), eine 1920 gegründete paramilitärische Organisation der Jewish Agency for Israel im damals unter britischem Mandat stehenden Palästina. Sie sollte die Juden in Palästina vor arabischen Übergriffen schützen und schmuggelte dafür auch Waffen ins Land. Einer ihrer Organisatoren war der spätere erste Ministerpräsident David Ben-Gurion.[385]

1931 zerstritt sich die Haganah über den Einsatz des »persönlichen Terrors«, also die Frage nach gezielten Mordanschlägen, gegen die Ben-Gurion Stellung bezog. Daraufhin spaltete sich der radikalere Irgun (»Nationale Militärorganisation«, auch: ETZEL) ab. Der Irgun wollte nicht nur mit Waffengewalt für den Schutz der Juden in Palästina sorgen, sondern stand auch für eine Politik von Terroranschlägen gegen arabische und britische Einrichtungen, die letztlich zu einem eigenen Staat führen sollten. Am 22. Juli 1946 führte der Irgun zum Beispiel einen Bombenanschlag auf das King David Hotel in Jerusalem durch, wo Teile der britischen Mandatsregierung residierten. Der Anschlag kostete zwischen 90 und über 170 Menschen das Leben. Einer der Organisatoren des Attentats, Menachim Begin, war zwischen 1942 und 1948 einer der Anführer des Irgun und 1977 der sechste Ministerpräsident Israels.[386]

Während des Zweiten Weltkrieges kam es im August 1940 zu einer weiteren Abspaltung in Form des von Avraham Stern gegründeten Lechi. Von der britischen Mandatsregierung wurde diese Organisation als »Stern-Gang« bezeichnet, um ihren »verbrecherischen Charakter« hervorzuheben. Der Lechi trat in der Zeit des Zweiten Weltkrieges, als der Irgun eine friedlichere Politik gegenüber den

Briten vertrat, für eine härtere Gangart ein. Anschläge auf die Briten in Palästina gehörten ebenso dazu wie auf arabische Einrichtungen und Siedlungen. Am 6. November 1944 zum Beispiel erschossen die beiden Lechi-Mitglieder Eliyahu Bet-Zouri und Eliyahu Hakim den britischen Minister im Nahen Osten, Lord Moyne Walter Guinness, vor seinem Haus in Kairo. Zahlreiche weitere Morde und Bombenattentate folgten, auch nachdem die britische Polizei Stern 1942 erschoss. Eine weitere wichtige Figur des Lechi, Jitzchak Schamir, wurde 1943 einer der neuen Anführer. Zwischen 1955 und 1965 war Schamir im israelischen Geheimdienst Mossad unter anderem für die Jagd auf ehemalige NS-Wissenschaftler im Dienst des ägyptischen Raketenprogramms zuständig, bevor er 1980 zum Außenminister und 1983 zum Premierminister aufstieg.[387]

Sowohl Haganah als auch Irgun und Lechi wurden nach der Staatsgründung Israels 1948 offiziell aufgelöst. Ihre Mitglieder, Ausrüstung und Strukturen wurden in die Israeli Defense Forces (IDF) und den neuen Geheimdienst Mossad überführt. Eine wichtige Figur dabei: Isser Harel, der ab 1942 den Nachrichtendienst der Haganah leitete, 1952 zum Chef des Mossad und 1957 zum Chef aller israelischen Geheimdienste ernannt wurde. In den 1950ern und Anfang der 1960er-Jahre war Harel maßgeblich an den Mossad-Operationen zur Entführung und Tötung von NS-Kriegsverbrechern beteiligt.[388]

Die zahlreichen Abspaltungen von immer radikaleren Organisationen gingen vor allem auf die Frage des Einsatzes von Gewalt zurück. Mit der Gründung des Staates Israel 1948, der sich seitdem im permanenten Kriegs- und Bedrohungszustand befindet, wurden diese Traditionen und Erfahrungen in die neuen Geheimdienste, allen voran den Mossad, übergeben. Anführer von Haganah, Irgun und Lechi hatten im Staat Israel nach 1948 leitende politische, militärische und geheimdienstliche Positionen inne.

Der US-amerikanische Geheimdienst CIA hat ebenfalls eine entsprechende Tradition. Diese reicht zurück bis in die Tage des Zweiten Weltkrieges, als der erste US-amerikanische Auslandsgeheimdienst, das Office of Strategic Services (OSS), 1942 gegründet wurde. Das OSS unterstand direkt den Stabschefs im Kriegsministerium und hatte neben der Informationsbeschaffung im Ausland einen sehr »robusten Auftrag«: Nach dem Kriegseintritt der USA war das OSS unter anderem mit psychologischer Kriegsführung, der militärischen Unterstützung und Ausbildung von Widerstandsgruppen gegen die Nazis, Sabotage- und Anschlagsaktionen oder Unterstützung bei Luftlandeoperationen der Alliierten im Einsatz. Bekannt wurde das OSS dabei auch für seine technischen Entwicklungen und die Ausrüstung, von Handschuhpistolen und anderen getarnten Schuss- und Stichwaffen hin zu Geheimtinte oder Funkgeräten.[389]

Auch den legendären »D-Day«, die alliierte Invasion in der Normandie 1944, bereitete das OSS zusammen mit seinem britischen Pendant SOE sowie französischen, belgischen und niederländischen Unterstützern vor. Diese »Operation Jedburgh« bestand in paramilitärischen Fallschirmeinsätzen von 300 speziell ausgebildeten und mit Waffen, Funkgeräten und Geld ausgerüsteten Soldaten. Sie sollten die Invasion durch Anschlagsoperationen, Informationen und Hilfestellung absichern und einleiten. Einer dieser 300 »Jeds« war William Colby, der von 1973 bis 1976 Leiter der CIA wurde. Von seinen OSS-Erfahrungen machte Colby in der CIA ausführlich Gebrauch: Nach dem Ende des Zweiten Weltkrieges organisierte er in Schweden die Aufstellung von verdeckten Partisanenkämpfern, die im Falle einer sowjetischen Invasion hätten aktiv werden sollen. 1959 wurde Colby der »Station Chief« der CIA in Saigon, Vietnam, wohin er 1968 auf Anweisung von US-Präsident Johnson zurückkehrte, um das berühmt-berüchtigte »Phoenix-Programm« zur Guerillaabwehr zu leiten, bei dessen

Durchführung es zu massenhaften Folterungen und Tötungen gekommen sein soll. 1973 dann ernannte Präsident Nixon Colby zum Leiter der CIA, bevor er wegen der CIA-Beteiligung an den Mordplanungen gegen ausländische Staatsoberhäupter sowie der Rolle der CIA im Watergate-Skandal und der Überwachung Tausender Amerikaner 1976 zurücktreten musste.[390]

Mit Sicherheit der bekannteste OSS-Veteran in den Reihen der CIA war Allen Dulles, der von 1953 bis 1961 den amerikanischen Geheimdienst leitete. Für das OSS arbeitete Dulles seit 1941, unter anderem in Bern, wo er militärische Informationen über das Deutsche Reich beschaffte, und 1945 auch als »Station Chief« des OSS in Berlin. Dulles' Vorstellungen eines schlagkräftigen amerikanischen Auslandsgeheimdienstes setzte er nach 1953 um: Auf sein Konto gingen der missglückte gewaltsame Putsch gegen den iranischen Ministerpräsidenten Mossadegh (»Operation Ajax«) 1953, der von der CIA unterstütze Staatsstreich in Guatemala 1954 (»PBSUCESS«), das Drogenprogramm der CIA (»MKULTRA«), die Entsendung bewaffneter Widerstandsgruppen nach Osteuropa bis Mitte der 1950er-Jahre, die jahrelangen Planungen zur Ermordung Fidel Castros (»Operation Mongoose«) sowie die fehlgeschlagene Invasion in der Schweinebucht 1961. Letztere besiegelte Dulles' Rücktritt. Doch nur zwei Jahre später wurde er wieder vom US-Präsidenten berufen: Dieses Mal als eines der sieben Mitglieder der Warren-Untersuchungskommission für das Kennedy-Attentat.[391]

Die Liste der »verdeckten Aktionen« (*covert actions*) der CIA – Anschläge, Morde, Sabotageakte oder Staatsstreichpläne – ist lang und beginnt lange vor dem »Krieg gegen den Terror«. Anders als bei anderen Nachrichtendiensten gehörte die aktive Beeinflussung anderer Staaten – auch unter Ausübung von Gewalt – schon immer zum Selbstverständnis der CIA. Die Geburt des ersten amerikanischen Auslandsgeheimdienstes OSS im Zweiten Weltkrieg hat dazu nicht wenig beigetragen.[392]

Die neue Welle: sieben Gründe für die hohe Anzahl von Geheimdienstmorden

Geheimdienstmorde sind also beileibe keine neue Erscheinung. Doch seit Anfang des Jahrtausends zeichnet sich eine neue Welle ab, wie sie zuletzt während der Hochzeiten des Kalten Krieges zu beobachten war. Geheimdienstmorde passieren auch nicht mehr nur »irgendwo«, in Krisenregionen oder Kriegsgebieten, sondern überall, auch in Deutschland. Woher kommt diese neue Welle? Als Ursache können sieben Gründe genannt werden.

Grund 1: Der »Krieg gegen den Terror«

Der nach den Anschlägen auf das World Trade Center vom 11. September 2001 begonnene »Krieg gegen den Terror« (*war on terror*) hat alles verändert. Das gilt für Sicherheitspolitik im Allgemeinen, aber auch für militärische Konflikte und Geheimdienste im Speziellen. Wichtig dabei: Im »Krieg gegen den Terror« stehen Staaten (wie die USA oder Israel), ihre Armeen und Geheimdienste kleineren, nicht-staatlichen Gruppen wie al-Qaida, Hisbollah, Hamas oder dem sogenannten Islamischen Staat gegenüber. Statt offener Schlachten setzen diese unterlegenen Gegner auf Guerillataktiken, zu denen vor allem Terroranschläge gegen die Zivilbevölkerung gehören (»asymmetrische Konflikte«). Die sogenannte »Politik der gezielten Tötung« von Terroristen war eine Reaktion seitens der Staaten – allen voran der USA, Israels und auch Russlands –, um »gezielt« gegen Terrorismus vorzugehen und dabei die enormen Kosten und Risiken offener, militärischer Konfrontationen zu meiden.

Wie sehr der »Krieg gegen den Terror« zu der neuen Welle von Geheimdienstmorden beigetragen hat, verdeutlicht die weltweit größte Geheimdienstnation – die USA: Sie weichten ihr 1976 formalisiertes Verbot von Mordanschlägen auf und machten *targeted killings*, vor allem durch Drohnenangriffe, zu einem Instrument ihrer Sicherheitspolitik. Dieser Schritt entfaltete eine Sogwirkung auf andere Staaten und führte zu einem rasanten Anstieg geheimdienstlicher Tötungen. Die Anzahl der Staaten, die dieses Mittel einsetzen, die Liste der Zielpersonen sowie die Methoden und die Operationsgebiete wurden dabei immer mehr ausgeweitet.[393] Neben den Drohnenangriffen verdeutlicht aber auch das Beispiel der Ermordung Zelimkhan Khangoshvilis 2019 in Berlin die Auswirkungen dieser Prozesse: Der von Russland als »Terrorist« gesuchte Khangoshvili sollte um jeden Preis getötet werden – auch mitten in der deutschen Hauptstadt.

Grund 2: Die Auflösung der alten internationalen Ordnung

Gleichzeitig zum globalen Kampf gegen den Terrorismus zeigte sich nach 2001 überdeutlich, dass die alte Weltordnung ins Wanken geriet und sich heute vielleicht sogar in Auflösung befindet. Das internationale System mit den Vereinten Nationen an der Spitze war ein Produkt des Zweiten Weltkrieges. Bis zum Ende des Kalten Krieges reflektierte es vor allem die Siegermächte dieses Krieges. Dazu gehörte ab 1975 die Konferenz für Sicherheit und Zusammenarbeit in Europa (KSZE), die nach 1990 zur dauerhaften Organisation für Sicherheit und Zusammenarbeit in Europa (OSZE) wurde. Und schließlich auch der Internationale Gerichtshof (IGH) und der Internationale Strafgerichtshof (IStGH) in Den Haag. Letzterer ist für Menschenrechtsverstöße zuständig, unter die auch illegale Tötungen fallen. Doch weder die USA noch Russland oder Israel erkennen dessen Zuständigkeit für ihre »Politik der gezielten Tötungen« an.

Besonders gravierend ist auch die ständige Blockade des Sicherheitsrates der Vereinten Nationen, die durch die Differenzen zwischen den Weltmächten USA, Russland und China entsteht.[394] Der damalige deutsche Außenminister Heiko Maas zum Beispiel bezeichnete den Sicherheitsrat im Jahr 2020, als Deutschland als zeitweiliges Mitglied aus dem Rat ausschied, als »nur noch bedingt handlungsfähig«.[395] Diese Organisationen, die internationale Regeln durchsetzen und Konflikte lösen sollen, haben in den vergangenen Jahrzehnten also erheblich an Einfluss und Prestige verloren. Diese Entwicklung scheint sich – sichtbar zum Beispiel an der Ablehnung des Internationalen Strafgerichtshofs durch die USA, Russland oder China oder dem Ende amerikanisch-russischer Abrüstungsvereinbarungen – in den letzten Jahren zu beschleunigen.

Das macht es immer schwieriger, Konflikte zu lösen und internationale Regeln durchzusetzen. Und das hat große Auswirkungen auf die Zunahme von Geheimdienstmorden: Staaten fürchten, anders als früher, keine Konsequenzen für solche Handlungen mehr. Der Präsident des deutschen Auslandsnachrichtendienstes (BND), Bruno Kahl, charakterisierte in einer Rede im Juni 2020 den mangelnden Widerstand der internationalen Gemeinschaft gegen Geheimdienstmorde als eine wichtige Ursache für fehlende Hemmungen mancher Staaten beim Einsatz dieses Mittels.[396] Auch sein Vorgänger, der ehemalige BND-Präsident Gerhard Schindler, machte die Erosion des internationalen Systems als einen Hauptgrund für die Zunahme von Geheimdienstmorden verantwortlich.[397]

Grund 3: Der Aufstieg neuer (Regional-)Mächte

Eng mit der Auflösung der alten internationalen Ordnung verbunden ist der dritte Grund für die Zunahme von Geheimdienstmorden: der Aufstieg neuer (Regional-)Mächte. Dazu gehören zum Beispiel Saudi-Arabien, der Iran, Israel, Brasilien, Indien oder Pakistan. Da manche von ihnen mit aggressiven Taktiken versuchen, ihre Stellung als Regionalmacht auszuweiten und zu festigen, entsteht eine Vielzahl von ständig schwelenden Konflikten. Diese treffen dann auf das unter dem zweiten Punkt beschriebene internationale System, das diese Konflikte nicht mehr lösen kann. Stattdessen sind die Großmächte Russland, USA oder China zwar immer stark in diese Konflikte involviert, ohne eine Lösung herbeizuführen. In diesem brisanten Gemisch ständiger Konflikte unter- und oberhalb der Schwelle militärischer Konflikte sind Geheimdienstmorde für manche Staaten ein vermeintlich einfaches und risikoarmes Instrument.

Grund 4: Globalisierung und Migration

Sowohl der Kampf gegen den Terrorismus als auch die Erosion des alten internationalen Systems und der Aufstieg neuer (Regional-) Mächte sind globale Phänomene. Die in den letzten 30 Jahren beschleunigte Globalisierung transportiert diese Konflikte dabei immer schneller und immer weiter in alle Regionen der Welt. Regionale Prozesse und Konflikte bleiben heutzutage nicht lange regional. Auch das ist zwar kein grundlegend neues Phänomen, es hat aber im letzten Jahrzehnt sowohl an Ausmaß als auch an Geschwindigkeit zugenommen.

Globale Migration ist ein Teil dieser Entwicklung. Einerseits sind Fluchtbewegungen und Migration oftmals Folge von anhaltenden Kriegen, Terror und regionalen Konflikten. Andererseits transportiert globale Migration diese regionalen Entwicklungen in andere Teile der Welt: Regierungsgegner, die vom Geheimdienst ihres Heimatlandes im Ausland überwacht werden; Terroristen, die sich in Flüchtlingsströmen tarnen; Flüchtlinge, die sich radikalisieren; religiöse, ethnische oder sonstige Konflikte, die sich zwischen Migrantengruppen in der neuen Heimat fortsetzen. Sowohl Zielpersonen als auch Täter, die durch einen regionalen Konflikt am anderen Ende der Welt miteinander verbunden sind, finden sich in der globalisierten Welt an viel mehr Orten als noch vor einigen Jahrzehnten. Globalisierung und Migration haben dadurch einen starken Effekt auf die neue Welle von Geheimdienstmorden: Sie sorgen dafür, dass Geheimdienstmorde auch in vermeintlich ruhigen und sicheren Regionen, weit entfernt von den eigentlichen Konfliktschauplätzen, zunehmen. Das gilt auch für Deutschland: Dass zum Beispiel Zelimkhan Khangoshvili am 23. August 2019 in Berlin erschossen wurde, hatte eigentlich mit dessen Aufenthaltsland wenig zu tun. Hintergrund des Mordes waren der russisch-tschetschenische Konflikt. Nach Deutschland kam Khangoshvili als politischer Flüchtling, und hier sah der russische Geheimdienst offenbar seine Chance für die Ausschaltung eines von ihm gesuchten »Terroristen«.

Ganz ähnlich verhielt es sich auch beim »Mykonos-Attentat« in Berlin 1992. Hier erschossen zwei iranische und ein libanesischer Täter vier kurdisch-iranische Exilpolitiker in einem Berliner Restaurant. Den Auftrag dazu hatte der iranische Geheimdienst gegeben. Hintergrund war der ständig schwelende Konflikt zwischen der kurdischen Minderheit und dem radikal-islamischen Regime in Teheran. Berlin und Deutschland als Schauplatz war auch hier auf das Zusammentreffen von Opfern (von denen ein Teil in Berlin wohnte, ein anderer Teil für eine Versammlung anreiste) und Tätern (von denen ebenfalls ein Teil in der Stadt wohnte) zurückzuführen. Migration hatte auch hier weit entfernte regionale Konflikte an einen anderen Ort transportiert.

Grund 5: Offener Krieg lohnt sich nicht mehr

Angesichts immer neuer Konflikte in der Welt mag es wie ein Paradoxon klingen, doch: »Klassischer« Krieg – der militärische Konflikt zwischen Staaten und ihren Armeen – lohnt sich kaum noch. Die Kosten für Kriege steigen immer weiter, gleichzeitig bringen sie immer weniger Nutzen. Der »klassische« Krieg versprach Gebietsgewinne, Ressourcen, Bevölkerung, Absatzmärkte und Ansehen, manchmal sogar Frieden (oder zumindest Befriedung). Davon ist heute wenig geblieben, wie die Kriege der vergangenen Jahrzehnte beweisen. Die Weltwirtschaft basiert einerseits immer mehr auf Wissen und weniger auf Ressourcen, und andererseits hat die Globalisierung für friedliche Alternativen zu Krieg, was den Zugang zu Ressourcen anbelangt, geführt. Und auch außerhalb wirtschaftlicher Überlegungen hat der Krieg – zumindest für die großen westlichen Staaten – an Nutzen verloren. Hohe Kosten, Aufwand, schlechte Publicity und weitere negative Folgen führen dazu, dass moderne Regierungen klassische Kriege eher meiden.[398] Und genau hier kommen Kommandoeinsätze, Drohnentötungen und verdeckte Aktionen ins Spiel!

Geheimdienstaktionen, insbesondere sogenannte gezielte Tötungen bieten eine – zumindest vermeintlich –risikoärmere und kostengünstigere Alternative zu unrentablen Kriegen. Insbesondere angesichts der Bedrohung durch kleine Organisationseinheiten wie Terrornetzwerke, gegen die offener Krieg kaum möglich ist, werden gezielte Tötungen als flexibles, risikoarmes und kostengünstiges Mittel angesehen. Sogar der gefeierte Bestseller-Autor und Globalhistoriker Yuval Noah Harari empfiehlt Regierungen den Einsatz »verdeckter Aktionen« als bestes Mittel zur Terrorbekämpfung in einem Zeitalter, in dem Krieg ineffektiv und unrentabel ist.[399] Diese Strategie wurde in Kapitel 7 ausführlich beschrieben. Ungeachtet der Kritik, die an ihr berechtigterweise erhoben werden kann, muss festgehalten werden: Geheimdienstliche Tötungsoperationen bieten zumindest in den Augen vieler Regierungen eine mit handfesten Vorteilen einhergehende Alternative zum Krieg. Daher wird dieses Instrument immer öfter eingesetzt – und eine Umkehr dieses Trends ist nicht in Sicht!

Grund 6: Neue Technologien

Der sechste Grund für die neue Welle an Geheimdienstmorden sind technologische Entwicklungen: An erster Stelle steht hierbei die Entwicklung von Drohnen (oder »unbemannten Luftfahrzeugen« – *unmanned air vehicles*, kurz: UAV). Aufklärungsdrohnen kamen erstmals während der Balkankriege in den 1990er-Jahren zum Einsatz; doch erst im »Krieg gegen den Terrorismus« nach 2001 wurden sie von Aufklärungs- zu Tötungsinstrumenten.[400] Ihren ersten tödlichen Einsatz hatten die mit Hellfire-Raketen ausgestatteten Drohnen am 7. Oktober 2001 – nicht einmal einen Monat nach den Terrorangriffen vom 11. September – bei dem fehlgeschlagenen Versuch, den Taliban-Führer Mullah Omar in Afghanistan zu töten.[401]

Seitdem sind fast 20 Jahre vergangen und immer mehr Staaten, etwa Israel, Frankreich, Großbritannien, Russland, die Türkei, China, Indien, Pakistan oder der Iran, haben entweder eigene »Killerdrohnen« entwickelt, gekauft oder zumindest ernsthafte Bestrebungen zum Aufstieg als »Drohnenmacht« an den Tag gelegt. Tendenz steigend. Automatisierte oder ferngesteuerte Tötungstechnologien sind deshalb begehrt, weil sie scheinbar präzise Operationen zu scheinbar geringen Kosten beziehungsweise bei geringem eigenem Risiko ermöglichen.

Grund 7: Neue Öffentlichkeit

Der siebte und letzte Grund hat weniger mit Geheimdienstmorden an sich als mit einer Veränderung der Geheimhaltung zu tun: Wir wissen heute viel mehr über Geheimdienstmorde und erhalten auch viel schneller Informationen über sie als noch vor 30 oder 50 Jahren. Das hat mehrere Gründe: Zum einen weichten Staaten und Regierungen, allen voran die USA und Israel, seit der Jahrtausendwende ihre Geheimhaltungspraxis in Bezug auf Tötungsoperationen selbst auf. Je stärker auf dieses Mittel zurückgegriffen wurde, desto mehr Informationen ließen die Regierungen durch gezielte Indiskretionen und Leaks selbst durchsickern, während Tötungen offiziell nicht kommentiert werden. Dafür gibt es zwei Gründe: Zum einen, wie in Kapitel 7 und 8 gezeigt, werden so psychologische Botschaften verbreitet, Stärke demonstriert und Angst geschürt. Zum anderen soll diese »nachlässige Geheimhaltung« öffentliche Rechtfertigung und Legitimation erzeugen.[402]

Gleichzeitig führen allerdings auch digitale Technologien immer mehr zur Erosion von absoluter Geheimhaltung und Staatsgeheimnis: Geheimdienste müssen mit immer mehr anderen Behörden kooperieren und Informationen verbreiten, wobei immer mehr und öfter Informationen austreten (sogenannte Leaks); digitale Technologien reproduzieren und verbreiten Informationen in enormer Geschwindigkeit; professionelle Medien, aber auch Laienjournalisten erzeugen und verbreiten immer mehr Bilder, Videos und Informationen; und ein Leben ohne digitalen Fußabdruck durch Kommunikationsdaten, Bewegungsprofile, Social-Media-Accounts und Daten in Datenbanken ist schon lange nicht mehr möglich. Alle diese Informationen tragen dazu bei, dass die Mauer des Schweigens und des Geheimnisses um Geheimdienstmorde bröckelt.[403]

Der Fall des im März 2018 im englischen Salisbury vergifteten ehemaligen russischen Geheimdienstoffiziers Sergej Skripal ist eines der besten Beispiele für diese Entwicklung: Rund zwei Monate nach dem Giftanschlag gelang es investigativen Journalisten der britischen Online-Plattform Bellingcat, ausführliche Informationen über drei mutmaßliche Täter zu veröffentlichen. Grundlage für die Recherchen war ein Überwachungsfoto vom Londoner Flughafen, das zwei der drei Täter zeigte. Mithilfe von Internetsuchmaschinen, im Netz (illegal) gekauften Datenbanken von

Meldeadressen, Kfz-Registrierungen und Mobilfunkanbietern entlarvte Bellingcat den russischen Militärgeheimdienst GRU als Auftraggeber des Anschlages. Die Lebensläufe der Hauptverdächtigen konnten teilweise rekonstruiert, ihre Verbindung zum Geheimdienst belegt und ihre Bewegungsprofile im Umfeld der Tat erstellt werden. Und dies alles von Journalisten mithilfe von digitalen Hilfsmitteln.

Diese neue und nachlässige Quasi-Geheimhaltung hat starke Auswirkungen auf Geheimdienstmorde: Sie sorgt dafür, dass wir heute viel mehr über dieses Thema wissen, viel mehr Fälle, Täter und Opfer ans Licht kommen. Diese Entwicklung erklärt auch die gefühlte Zunahme von Geheimdienstmorden in den letzten Jahrzehnten: Geheime Tötungen sind heute leichter als das zu erkennen, was sie sind, und bleiben seltener geheim.

Düstere Zukunftsaussichten

Am 20. August 2020 – mitten im Corona-Sommer – erschütterte die Nachricht von der Nowitschokvergiftung des russischen Oppositionellen Alexej Nawalny die Öffentlichkeit. Im selben Monat soll auch der Vizechef des Terrornetzwerks al-Qaida, Abu Mohamed al-Masri, von Mossad-Agenten in der iranischen Hauptstadt Teheran erschossen worden sein. Am 27. November 2020 wurde, ebenfalls nahe Teheran, der Chef-Wissenschaftler des iranischen Atomprogramms, Mohsen Fachrisadeh, erschossen.

Diese Fälle sprechen eine klare Sprache und geben ein alarmierendes Signal für die Zukunft: Nicht einmal während des Höhepunktes einer globalen Pandemie, die die Welt in Atem hielt, ebbte die Welle von Geheimdienstmorden ab. In dieselbe Richtung deutet auch die Rückkehr der Terroranschläge in Europa im Herbst 2020. Nach einer kurzen Corona-Pause erschütterten islamistische

Terrorangriffe in Dresden, Paris, Nizza und Wien die Öffentlichkeit. Und auch extremistische Corona-Gegner begannen im Oktober 2020 mit kleinen Sprengstoffanschlägen in Berlin.

Die Aussichten für die nahe und mittelfristige Zukunft scheinen nicht gut! Keine der genannten Ursachen für die anhaltend hohe Anzahl an Geheimdienstmorden – der Kampf gegen den Terror (1), die Auflösung der alten internationalen Ordnung (2), der Aufstieg neuer (Regional-)Mächte (3), Globalisierung und Migration (4), unrentabler Krieg (5), technologische Entwicklungen (6) oder die neue digitale Öffentlichkeit (7) – verliert derzeit an Bedeutung.

Im Gegenteil, ob Corona oder nicht, es scheint, als nähmen alle diese Faktoren erst einmal weiter an Fahrt auf. Internationale Konflikte wurden zu Beginn der Corona-Pandemie durch diese überschattet, kehren aber mit voller Wucht zurück. Gleichzeitig versagen alte Konfliktlösungsmechanismen, das Vertrauen in internationale Organisationen sinkt und – wie auch die Pandemie zeigte – die Kooperation zwischen Staaten erscheint bei der Bewältigung von Herausforderungen eher rückläufig. Darüber hinaus scheinen einige Regierungen und Geheimdienste darauf gehofft zu haben, im Windschatten der globalen Corona-Pandemie unbeobachtet ihre Tötungsoperationen durchführen zu können. Die oben genannten Faktoren legen nahe, dass die neue Welle von Geheimdienstmorden in der nahen Zukunft nicht verschwinden wird. Stattdessen ist es derzeit am wahrscheinlichsten, dass die Anzahl erkannter Geheimdienstmorde weiter steigen wird.

INFOBOX

- Geheimdienstmorde sind kein neues, sondern ein sehr altes Phänomen.
- Viele Geheimdienste haben eine Tradition von geheimdienstlichen Tötungen.
- Diese Geheimdienste haben ihren Ursprung entweder im Krieg oder als revolutionär-terroristische Organisationen.
- In Europa gab es nach dem Ende des Kalten Krieges eine Ruheperiode mit weniger Geheimdienstmorden, die nun vorüber ist.
- Es gibt mindestens sieben Gründe für die neue Welle von Geheimdienstmorden:
  1. »Krieg gegen den Terror«
  2. Auflösung der internationalen Ordnung
  3. Aufstieg neuer (Regional-)Mächte
  4. Globalisierung und Migration
  5. »klassischer« Krieg wird unrentabel
  6. neue Technologien
  7. neue Öffentlichkeit
- In Zukunft wird es zu mehr Geheimdienstmorden (auch in Europa und Deutschland) kommen.

KAPITEL 11

Deutsche Geheimdienstmorde

Geheimdienstmorde sind ein Thema, das in der öffentlichen Wahrnehmung in Deutschland nur »die anderen«, sprich ausländische Bürger und Geheimdienste, zu betreffen scheint. Dies entspricht zwar im Jahr 2021 teilweise den Tatsachen, es ist jedoch gar nicht so lange her, dass deutsche Geheimdienste auch auf der ausführenden, der Täterseite standen. Den bundesdeutschen Nachrichtendiensten – BND, Verfassungsschutz und MAD – sind solche Aktionen seit ihrer Gründung nach dem Zweiten Weltkrieg verboten. Anders sah es jedoch zwischen 1949 und 1990 im zweiten deutschen Staat, der DDR, aus. Der nach sowjetischem Vorbild errichtete DDR-Geheimdienst übernahm auch die Tradition von Geheimdienstmorden aus Moskau. Dies ist nur ein Beispiel dafür, dass es im Gegensatz zum Gefühl, dass Geheimdienstmorde nur »ganz weit weg« passieren oder nur von bestimmten Schurkenstaaten ausgeführt werden, auch eine deutsche Tradition gibt.

Dabei gibt es zwei Arten von deutschen Geheimdienstmorden: einmal die – nach dem Untergang der DDR nicht fortgeführte – Geschichte von Morden und Anschlägen, die von deutschen Geheimdiensten und Agenten durchgeführt wurden. Und auf der anderen Seite Mordanschläge ausländischer Geheimdienste, die in Deutschland verübt werden. Bei Letzteren müssen weder Täter noch Opfer deutsche Staatsbürger sein (und sind es in der Regel tatsächlich nicht), aber die Tat findet auf deutschem Staatsgebiet statt. Für beide Arten von deutschen Geheimdienstmorden finden sich viele Beispiele. Die Kategorie ausländischer Geheimdienstmorde in Deutschland ist dabei die weitaus größere. Solche Tötungen lassen sich dabei bis in die jüngste Vergangenheit finden – mit einer düsteren Zukunftsaussicht.

Morde und Anschläge deutscher Geheimdienste

Am 30. Juli 1916 bebte um zwei Uhr morgens die Erde in New York. Gewaltige Explosionen, die bis zu einer Stärke von 5,0 auf der Richterskala für Erdbeben reichten, erleuchteten den Hafen von Black Tom Island in Jersey City, New Jersey, am Ufer des Hudson River, gegenüber von New York. In Black Tom lagerten über 1000 Tonnen Munition, die die USA an Großbritannien und Frankreich liefern wollten, um die Materialschlacht gegen das Deutsche Reich im Ersten Weltkrieg zu gewinnen. Doch in der Nacht des 30. Juli lösten verschiedene Brandherde eine Kettenreaktion aus, und die gesamte Munition flog in die Luft. Dabei starben sieben Menschen, der Sachschaden betrug damals unglaubliche 20 Millionen Dollar (davon allein 100.000 Dollar Schaden an der Freiheitsstatue). Ein gewaltiger Terroranschlag – der offenbar auf das Konto deutscher Agenten ging. Der slowakische Einwanderer Michael Kristoff soll zusammen mit zwei von der deutschen Marine angeworbenen Hafenarbeitern das Feuer gelegt haben. Ihre Auftraggeber sollen die deutschen Diplomaten und Militärattachés Franz von Papen (der spätere Reichskanzler) und Franz von Rintelen gewesen sein. Diese bestritten die Tat jedoch ihr Leben lang. Trotzdem zahlte die Bundesrepublik Deutschland noch bis in die 1970er-Jahre Reparationsleistungen für den Black-Tom-Anschlag an die USA.[404]

Am 4. Juni 1922, Pfingstsonntag, ging der Oberbürgermeister von Kassel und ehemalige Ministerpräsident der Weimarer Republik Philipp Scheidemann mit seiner Tochter spazieren. Unvermittelt traten zwei Männer – Hans Hustert und Karl Oehlschläger – an ihn heran und spritzten ihm tödliche Blausäure ins Gesicht. Das Gift, das eigentlich zum Herzstillstand führen sollte, wurde jedoch teilweise vom Wind verweht und Scheidemann überlebte. Die beiden Täter Hustert und Oehlschläger, die von einem dritten Mann abgesichert wurden, waren ehemalige Frontkämpfer, die sich nach dem Ende des Ersten Weltkrieges erst dem Freikorps von Hermann Ehrhardt und dann dessen rechtsterroristischer Geheimgesellschaft Organisation Consul angeschlossen hatten. Das fehlgeschlagene Attentat auf Scheidemann war nur ein Akt der Serie politischer Attentate, die die junge Weimarer Republik erschütterte. Nur 20 Tage später, am 24. Juni 1922, verübten drei Mitglieder der Organisation Consul einen weiteren politischen Mord. Ziel war der amtierende deutsche Außenminister Walther Rathenau, der bei seinem Haus in Berlin-Wilmersdorf mit einer Maschinenpistole und einer Handgranate getötet wurde. Bereits am 26. August 1921 hatten zwei andere Mitglieder der Organisation Consul – Heinrich Tillessen und Heinrich Schulz – den Reichstagsabgeordneten und ehemaligen Finanzminister Matthias Erzberger in seinem Schwarzwälder Kurort erschossen.[405]

Anders als in der Weimarer Zeit planten und begingen deutsche Geheimdienste in der NS-Zeit ganz regulär Morde. Geheimdienstchef Wilhelm Canaris persönlich leitete eine geplante Anschlagsserie des deutschen Geheimdienstes Amt Ausland/Abwehr während des Zweiten Weltkrieges: die »Operation Pastorius«. Um die gerade in den Krieg eingetretenen USA zu demoralisieren, sollten zwei Teams von je vier Agenten per U-Boot in die USA geschmuggelt werden und dort Sprengstoffanschläge auf kritische Infrastruktur wie Staudämme und Schleusen sowie Fabriken begehen. Dazu hatte die Abwehr acht Agenten rekrutiert, zwei deutschstämmige Amerikaner und sechs deutsche Auswanderer. Sie alle wurden in

Brandenburg speziell im Umgang mit Sprengstoff, Sabotagetaktiken und ihrer Tarnung geschult. Im Juni 1942 landeten beide Teams in den USA – doch es kam schnell ganz anders als geplant. George John Dasch, einer der Teamleader, und sein Teammitglied Ernst Peter Burger überlegten es sich kurz nach Eintreffen in den USA anders und verrieten die Aktion an das FBI. Die Strafe war drakonisch: Die sechs anderen Abwehr-Agenten wurden auf dem elektrischen Stuhl hingerichtet, Dasch und Burger bekamen lebenslange beziehungsweise 30-jährige Haftstrafen.[406]

Einen noch tollkühneren Anschlagsplan sollen nach sowjetischer Darstellung Adolf Hitler und sein SS-Offizier Otto Skorzeny 1943 gefasst haben: Nachdem die deutsche Abwehr über abgehörte Funkmeldungen der US-Marine mitbekam, dass sich Stalin, Churchill und US-Präsident Roosevelt für Ende November 1943 zum Gipfeltreffen in Teheran verabredet hatten, sollten alle drei Anführer der alliierten Mächte im Handstreich ermordet werden. Ausgeführt werden sollte die Operation von zwei Teams deutscher Fallschirmspringer, zu denen auch Otto Skorzeny persönlich gehörte. So lautet jedenfalls die Darstellung, die Stalin seinen westlichen Partnern bei dem Treffen am 28. November 1943 präsentierte. Stalin berief sich dabei auf Informationen seiner NKWD-Spione, und bis heute glauben russische Experten an dieses »Unternehmen Weitsprung«. Sowohl Churchill und Roosevelt als auch Historiker hatten jedoch starke Zweifel an diesem angeblichen Komplott. Zum einen war die NS-Spionagezelle in Teheran im November 1943 schon lange nicht mehr aktiv, zum anderen hätte eine Handvoll deutscher Agenten schweres Spiel gehabt mit den über 3000 sowjetischen Sicherheitsleuten, die die Konferenz bewachten. Und auch Otto Skorzeny selbst tat das »Unternehmen Weitsprung« in seinen Memoiren als Unsinn ab.[407]

Ein anderes Beispiel ist die sogenannte Petergruppe. Diese Terrorgruppe um Otto Schwerdt alias »Peter Schäfer« führte gegen Ende des Zweiten Weltkrieges im Auftrag des NS-Geheimdienstes SD über 90 Morde und Anschläge im besetzten Dänemark durch. So erschoss die Gruppe zum Beispiel 1944 den im Widerstand gegen das NS-Regime aktiven Pastor und Schriftsteller Kaj Munk. Und auch Sprengstoffanschläge, wie zum Beispiel der Anschlag auf das Straßenbahndepot von Arhus 1944, ging auf das Konto der »Petergruppe«.[408] Die Anschläge sollten Widerstandsgruppen angehängt werden oder als Rache für Aktionen des Widerstandes gelten.

Walter Linse war 1949 aus Chemnitz nach West-Berlin geflohen und Mitglied des Untersuchungsausschusses Freiheitlicher Juristen. Dort prangerte er Menschenrechtsverletzungen in der DDR und UdSSR an. Daraufhin ließ ihn der DDR-Geheimdienst am 8. Juli 1952 aus West-Berlin entführen. Dazu holte der Dienst den schwerstkriminellen Harry Bennewitz aus dem Gefängnis, der Linse zusammen mit drei anderen Mittätern in ein gekapertes West-Berliner Taxi zerrte, ihm dabei ins Bein schoss und trotz des Versuchs eines LKW-Fahrers, das Entführerfahrzeug zu rammen, nach Ost-Berlin entkam. Von dort wurde Linse nach Moskau gebracht und wegen Spionage, antisowjetischer Propaganda und Bildung einer antisowjetischen Organisation zum Tode verurteilt und am 15. Dezember 1953 erschossen.[409]

Im Februar 1975 wurde Siegfried Schulze im Treppenhaus seiner West-Berliner Altbauwohnung in der Kurfürstenstraße 25 mit einem Handkantenschlag ins Genick angegriffen. Die Karatetechnik hätte Schulze töten sollen, doch sie blieb wirkungslos. Es kam zum Kampf mit seinen Angreifern, im Laufe dessen Schulze nur dank eines aus der Waffe gefallenen Magazins nicht erschossen wurde. Schließlich flohen die Angreifer und erst 1992 kam heraus: Sie waren vom DDR-Geheimdienst rekrutierte Kriminelle, Decknamen »IM Rennfahrer« und »IM Karate«. Der 1972 aus der DDR geflohene Schulze engagierte sich in der sogenannten Kampfgruppe gegen Unmenschlichkeit mit Protestaktionen und Sprengstoffangriffen gegen die Berliner Mauer – dafür hätte er sterben sollen.[410]

Winfried Baumann war erst Fregattenkapitän der DDR-Marine und dann Abteilungsleiter im Militärgeheimdienst der DDR. 1970 wurde er wegen Alkoholproblemen entlassen, was ihn jedoch nicht daran hinderte, sich 1977 mit vielen aufgebauschten Geschichten dem westdeutschen Auslandsnachrichtendienst BND anzudienen. Doch nur zwei Jahre später bekam der DDR-Geheimdienst Wind von der Sache, Baumann wurde verhaftet und 1980 in Leipzig per Kopfschuss hingerichtet.[411]

Genauso erging es ein Jahr später Werner Teske, dem letzten Opfer der Todesstrafe auf deutschem Boden. Teske war Offizier der DDR-Auslandsspionage HV A, zuständig für Wirtschaftsspionage in der Bundesrepublik. 1978 plante er seine Flucht in die Bundesrepublik, stahl geheime Akten und Gelder aus der Geheimdienstzentrale. 1980 kam ihm die Spionageabwehr auf die Schliche, und Teske gestand. Am 26. Juni 1981 wurde die Todesstrafe von Hermann Lorenz, dem letzten Henker in Deutschland, durch einen ohne Vorwarnung mit einem Schalldämpfer ausgeführten Kopfschuss vollstreckt.[412]

Ja, auch Deutschland hat – oder vielmehr hatte – eine Tradition der Geheimdienstmorde! Sogar eine stark ausgeprägte. Diese reichte vom Deutschen Kaiserreich über die Weimarer Republik und Nazi-Deutschland bis in die DDR. Die Zeit der Weimarer Republik zwischen 1919 und 1933 war dabei eine Hochzeit des politischen Attentats. Rechte Terrorattentate und sogenannte Fememorde erschütterten Deutschland und die damals junge Republik. Rechte und kommunistische Untergrundorganisationen, Geheimbünde und Freikorps lieferten sich regelrechte Bandenkriege, untereinander, gegeneinander und gegen den Staat. Oftmals bestanden Querbezüge zwischen den geheimen Untergrundorganisationen und dem Staatsapparat, Täter wurden von Sympathisanten und Mitverschwörern im Staatsdienst gedeckt oder gewarnt. Polizei – auch die Preußische Geheimpolizei – und Militär traten aber offiziell nicht als Täter geheimer Morde in Erscheinung. Die politischen Attentate der Weimarer Zeit passen also nicht ganz in das klassische Muster von Geheimdienstmorden. Nichtsdestoweniger waren sie Teil einer Geheimdiensttradition und -kultur. Dies wurde auch in der NS-Zeit deutlich, als Mitglieder von Gestapo, Reichssicherheitshauptamt, dem Amt Ausland/Abwehr oder dem Sicherheitsdienst SD ähnlich ruchlos vorgingen.

Auf der anderen Seite des politischen Spektrums stellten deutsche Kommunisten zum Beispiel Untergrundkämpfer für Spezialaktionen im Spanischen Bürgerkrieg der 1930er-Jahre. Diese alte Garde deutscher Kommunisten, die in der Weimarer Republik und danach in der Illegalität untergetaucht und in Kämpfe verwickelt war, wurde nach 1949 auch zur »Aufbaugeneration« des DDR-Geheimdienstes. Dort tradierte sie auch ihre Einstellung und Erfahrung mit Attentaten.

Es waren die autoritären Regime und Diktaturen Deutschlands, die ihren Geheimdiensten – im Krieg und im Frieden – Mordaufträge erteilten. Besonders in den Zeiten des Ersten und Zweiten Weltkrieges kam es zu von Geheimdiensten geplanten und ausgeführten Kommandounternehmen, Anschlägen, Sabotage und Mordplänen. Dabei unterschieden sie sich nicht von den anderen Geheimdiensten, die in diesem Buch wegen ihrer Mordaufträge behandelt werden. Dies darf jedoch nicht darüber hinwegtäuschen, dass sowohl die Preußische Geheimpolizei, die NS-Geheimdienste und auch der DDR-Geheimdienst vor allem eine Aufgabe hatten: die Überwachung und Kontrolle der eigenen Bevölkerung. Hier waren Gewaltaktionen an der Tagesordnung. Geheimdienst in Deutschland meinte vor allem eines: eine Geheimpolizei mit allen Vollmachten.

In der Bundesrepublik wurde ab 1950 mit dieser Tradition gebrochen, als erst dem Verfassungsschutz und kurze Zeit später auch dem Bundesnachrichtendienst und dem Militärischen Abschirmdienst Mord, Entführung und ähnliche »scharfe Maßnahmen« verboten wurden. Der in Mannheim geborene »Champagner-Spion« des israelischen Mossad, Wolfgang Lotz, der in Ägypten deutsche und andere Beteiligte des ägyptischen Raketenprojekts ausspionierte, formulierte diese Selbstbeschränkung der deutschen Nachrichtendienste ganz salopp: »Keine Frauen, keine Bomben, keine Drogen, keine Erpressung. Was ist denn das für ein Geheimdienst?«[413]

Geheimdienstmorde in Deutschland

Wladimir Nesterowitsch fühlte sich sicher im noch immer französisch besetzten Mainz. Es war kaum ein Jahr her, dass er seinen Posten als Leiter der Zelle des sowjetischen Militärgeheimdienstes in der sowjetischen Botschaft in Wien verlassen hatte und in Berlin zu den Franzosen übergelaufen war. Diese hatten ihn in ihre Kaserne in Mainz geschickt, wo er auf Nachricht aus Paris warten sollte. Am 6. August 1925 ging Nesterowitsch spazieren und trank in einem Café mit zwei Männern ein Bier. Einer der beiden war Gustav Golke, Mitarbeiter der Kommunistischen Internationalen, der Nesterowitsch im Auftrag der Sowjetunion vergiftete.[414] Unbedingt in die Reihe ausländischer Mordanschläge in Deutschland gehören auch die sowjetischen Tötungsoperationen in der Bundesrepublik während der 1950er-Jahre. Bereits mehrfach in diesem Buch erwähnt wurden etwa die Giftanschläge auf Nikolaj Chochlow und Lew Rebet, beide 1957, und Stepan Bandera 1959.

Am 28. Juni 1961 wurde Walter Heck vor seinem Haus in Karlsruhe niedergeschossen. Der 51-jährige Waffenhändler, der unter anderem Flammenwerfer auf Schiffen nach Algerien schmuggelte, um die algerische Unabhängigkeitsbewegung zu unterstützen, starb Mitte Juli an seinen Verletzungen. Der Mordanschlag wird der Terrororganisation Rote Hand zugeschrieben, bei der es sich offenbar um eine Tarnorganisation des französischen Geheimdienstes handelte, mithilfe derer Anschläge auf Unterstützer der algerischen Unabhängigkeitsbewegung während des Algerienkrieges (1954 bis 1962) verübt wurden. Mindestens acht Attentate soll die Rote Hand in Deutschland Ende der 1950er- und Anfang der 1960er-Jahre begangen haben.[415]

Heinz Krug war Jurist und Waffenhändler und arbeitete während des Zweiten Weltkrieges für das NS-Regime in Peenemünde an der Entwicklung der V1- und V2-Raketen. Ende der 1950er-Jahre diente er sich mit einer Reihe anderer Wissenschaftler dem ägyptischen Militär an, um Raketen zu bauen, die Israel erreichen konnten. Als der israelische Geheimdienst Mossad davon erfuhr, geriet Krug ins Visier. In München betrieb er eine Tarnfirma für den Im- und Export benötigter Materialien. Am 11. September 1962 entführte ein Team von vier Mossad-Agenten Krug und brachte ihn nach Israel. Dort verhörte man ihn wochenlang mit »harten Methoden«, bevor er schließlich erschossen und seine Leiche aus einem Flugzeug über dem Mittelmeer geworfen wurde.[416]

Auch iranische Geheimdienstaktionen in Deutschland halten bis in die Gegenwart an. Bereits mehrfach erwähnt wurde das »Mykonos-Attentat« 1992 in Berlin. Und 2017 stand der 31-jährige pakistanische Student Syed Mustafa H. wegen geheimdienstlicher Agententätigkeit für den Iran vor Gericht. Syed Mustafa hatte im Auftrag der al-Quds-Einheit der iranischen Revolutionsgarden den Bundestagsabgeordneten und Vorsitzenden der Deutsch-Israelischen Gesellschaft Reinhold Robbe auf Schritt und Tritt überwacht. Das Ziel war offenbar, Informationen und ein Bewegungsprofil für einen Anschlagsplan gegen Robbe zu sammeln.[417]

Im Sommer 2018 verhafteten Polizisten an der Raststätte Spessart auf der A3 bei Aschaffenburg dann einen iranischen Diplomaten. Der 46-jährige Assadollah Assadi war als Diplomat an der Botschaft in Wien akkreditiert und nach Angaben der belgischen Polizei Kontaktmann für ein belgisch-iranisches Terroristenpärchen. Das Pärchen war mit einer 500-Gramm-Bombe samt Zündern in Belgien verhaftet worden, ihnen wurde ein versuchter Sprengstoffanschlag auf eine von über 20.000 Menschen besuchte Veranstaltung von Gegnern des iranischen Regimes im französischen Villepinte vorgeworfen. An der Veranstaltung nahm auch ein ehemaliger französischer Außenminister sowie Rudy Giuliani, Rechtsberater des damaligen US-Präsidenten Donald Trump, teil. Als Auftraggeber des Attentats identifizierten belgische und französische Geheimdienste das iranische Regime und seinen Geheimdienst MOIS, für den Assadi Kontakt mit dem Pärchen gehalten haben soll. 2021 wurde Assadi zu 20 Jahren Gefängnis verurteilt.[418]

Der vorerst letzte Geheimdienstmord auf deutschem Boden ereignete sich 2019. Die tödlichen Schüsse wurden von einem mutmaßlichen Agenten des russischen Geheimdienstes FSB abgefeuert. Sein Opfer war Zelimkhan Khangoshvili, ein georgischer Tschetschene, der in den Tschetschenienkriegen der 90er- und 2000er-Jahre gegen Russland gekämpft hatte und erst kurz zuvor als politischer Flüchtling nach Deutschland gekommen war. Am 23. August 2019 erschoss ihn Vadim Krasikov im Berliner Park Kleiner Tiergarten mit zwei Schüssen aus einer schallgedämpften und modifizierten Glock-26-Pistole.[419]

Diese Liste ließe sich mühelos fortsetzen. Deutschland ist zwar weder militärisches Konfliktgebiet noch geografisch in einer unruhigen Region gelegen. Allerdings gibt es bestimmte Faktoren, die immer wieder dafür sorgen, dass Geheimdienstmorde in Deutschland zum Thema werden. Die wenigsten dieser Faktoren sind neu, sie haben sich aber im vergangenen Jahrzehnt verstärkt.

Einer dieser Faktoren ist Deutschlands Bedeutung als europäische Regionalmacht und globale Wirtschaftsmacht. Daraus erwachsen nicht nur vielfältige wirtschaftliche, politische und persönliche Verbindungen ins Ausland, sondern auch eine politische

Bedeutung. Dies ist eine der Erklärungen dafür, warum zum Beispiel die russischen Oppositionellen Pjotr Wersilow und Alexej Nawalny nach ihrer Vergiftung durch mutmaßlich russische Geheimdienste nach Deutschland kamen. Die hervorragende medizinische Betreuung war dabei nur ein Faktor, die Hoffnung auf Deutschlands politische Autorität und Bedeutung als liberales Gegengewicht zu Russland ein anderer.

Die wirtschaftlich und politisch stabile liberale Demokratie Deutschlands ist ein Anziehungspunkt für politische Flüchtlinge, Oppositionelle und Dissidenten aus den unruhigen Regionen Europas (und zunehmend der ganzen Welt). Auch dieses Phänomen ist nicht neu, bereits im 19. Jahrhundert flohen beispielsweise russische Liberale und Gegner des Zarismus in verschiedene deutsche Fürstentümer und Königreiche. Später kamen auch Kommunisten oder Sozialrevolutionäre hinzu und nach der Russischen Revolution 1917 emigrierten zahlreiche russische Anti-Kommunisten nach Deutschland. Alle diese russischen Emigrantengruppen gerieten alsbald in den Fokus der russisch-sowjetischen Geheimdienste – auch in Deutschland.[420] Dies verdeutlicht auch das oben beschriebene Beispiel des 1925 in Mainz ermordeten Geheimdienstüberläufers Wladimir Nesterowitsch.

Russische Emigranten sind jedoch beileibe nicht die einzige Gruppe, die zum Ziel von Geheimdienstmorden werden kann. Deutschland war auch im Kalten Krieg Zielland für Politemigranten aus vielen Ländern und Regionen. Die Geheimdienste ihrer Heimatländer störten sich aber wenig an Landesgrenzen und verfolgten sie entsprechend darüber hinaus. Manche bis zum Tod. Die Beispiele der kroatischen Politemigranten wie Stjepan Djureković, Josip Senić oder Marijan Šimundić wurden in diesem Buch mehrfach genannt. Rund 20 Morde und noch mal so viele Mordversuche soll der kroatische Geheimdienst zwischen 1967 und 1989 an Exilkroaten in Deutschland verübt haben.[421]

Politemigranten sind besonders häufig Opfer und Zielpersonen von Geheimdienstmorden. Dies lässt sich verknappt auf die Formel bringen: Je mehr politische Emigranten in Deutschland leben und vor allem aktiv ihrer politischen Arbeit nachgehen, desto mehr von ihnen werden potenzielle Ziele für Geheimdienstmorde. Thomas Haldenwang, Präsident des deutschen Inlandsnachrichtendienstes (Bundesamt für Verfassungsschutz, kurz: BfV) konstatierte im Sommer 2020, dass »es zunehmend andere [Geheimdienste gibt], die sich mehr für die Diaspora interessieren«.[422] Als Beispiele dafür nannte er türkische und iranische Geheimdienste.

Geheimdienstmorde in Deutschland: die Zukunftsaussichten

Immer mehr ausländische Geheimdienste sind in Deutschland aktiv, um Oppositionelle, geflohene Regimeanhänger, ehemalige Geheimdienstler oder andere Personen zu überwachen. Entführungen und Mordanschläge haben dabei zugenommen. Der Präsident des deutschen Auslandsnachrichtendienstes, Bruno Kahl, meinte 2020 auf Nachfrage in öffentlicher Sitzung vor dem Bundestag über die Gewaltaktionen fremder Geheimdienste in Deutschland: »Die Hemmungen, tödliche Gewalt einzusetzen, sind gesunken.« In dieser Einschätzung unterstützt ihn auch der Präsident des Inlandsnachrichtendienstes, Thomas Haldenwang: »Die Methoden werden immer robuster.«[423] Die Liste der Länder, deren Geheimdienste in Deutschland gegen ihre Staatsbürger arbeiten, wird also immer länger.

Die Spionageabwehr des deutschen Inlandsnachrichtendienstes listet vor allem folgende Länder auf: Russland, China, Iran, Nordkorea und die Türkei, seltener auch Indien, Jordanien und Syrien. Tendenz steigend.[424]

Migration und Globalisierung transportieren innen- und außenpolitische Konflikte nach Deutschland. Sie haben aber auch die Verbindungen und Repräsentanten zwischen Deutschland und dem Rest der Welt gestärkt. Damit steigt auch das Risiko, dass Geheimdienstmorde in Deutschland als Reaktion auf regionale Konflikte verübt werden.

Deutschlands Lage in Europa, aber auch sein politisches Gewicht spielt für die zunehmende Anzahl an Geheimdienstmorden und Anschlägen eine große Rolle. Dasselbe gilt für die wirtschaftlich erfolgreiche liberale Demokratie, die eine große Anziehungskraft nach außen entfaltet. Globalisierung und Migration tragen dann dazu bei, dass vermeintlich weit entfernte Konflikte sich hierzulande durch Geheimdienstaktionen manifestieren. Dieses Phänomen ist – wie zahlreiche russische, kroatische oder auch deutsch-deutsche Beispiele des vergangenen Jahrhunderts zeigen – nicht neu. Doch es hat nach einer vermeintlich ruhigen Phase nach 1990 deutlich an Dynamik und Wucht zugelegt. Dabei – auch das muss betont werden – sind nicht Globalisierung oder Migration an sich das Problem. Statistisch gesehen fallen die wenigen schwarzen Schafe, Agenten und Geheimdienstmörder, kaum ins Gewicht in Relation zur Gesamtzahl von Migranten. Auch sind die enorme Bedeutung und der Nutzen globaler wirtschaftlicher Verbindungen nicht von der Hand zu weisen. Nichtsdestoweniger sind Geheimdienstmorde, ebenso wie internationaler Terrorismus, als Begleiterscheinungen von Globalisierung und Migration ein sicherheitspolitisches Problem, dessen Bedeutung zunimmt.

Die Entführung des vietnamesischen Funktionärs Trinh Xuan Thanh aus dem Berliner Tiergarten im Sommer 2017, die Ermordung des tschetschenischen Kämpfers Zelimkhan Khangoshvili in Berlin 2019 oder die Behandlung der vergifteten russischen Oppositionellen Pjotr Wersilow 2018 und Alexej Nawalny 2020 verdeutlichen diese Entwicklung. Russische, amerikanische, aber auch iranische, türkische oder vietnamesische Geheimdienste haben bereits gezeigt, dass sie bereit sind, mit harten Bandagen in Deutschland zu operieren.

Die Sicherheitslage in Deutschland: Wie deutsche Behörden gegen Geheimdienstmorde vorgehen

Deutsche Nachrichtendienste begehen keine Morde. Trotzdem sind sie heute mehr als zu irgendeinem anderen Zeitpunkt seit 1990 mit Geheimdienstmorden anderer Staaten – in Deutschland und im Ausland – konfrontiert. Wenn die Globalisierung ihre hässliche Seite zeigt und innenpolitische oder regionale Konflikte durch Geheimdienstmorde in Deutschland fortgesetzt werden, sind deutsche Sicherheitsbehörden gefragt. Doch wie gut sind sie für diese spezielle Aufgabe gerüstet?

Die Leistungsfähigkeit von Sicherheitsbehörden bei der Verhinderung und Aufklärung von Geheimdienstmorden zu messen ist nicht einfach. Denn verhinderte und aufgeklärte Geheimdienstmorde bleiben oftmals hinter dem Schleier der Geheimhaltung verborgen. Dies gilt vor allem dann, wenn Geheimdienstinformationen zur Verhinderung eines Attentats beigetragen haben.

Trotzdem können einige der in diesem Buch behandelten Fälle Anhaltspunkte dafür liefern, wie deutsche Sicherheitsbehörden bei Geheimdienstmorden vorgingen und wie erfolgreich sie dabei waren. Ein gutes Beispiel dafür, wie langwierig, kleinteilig und kompliziert die Arbeit der Sicherheitsbehörden bei der Abwehr von staatlichen Geheimdienstmorden ist, liefern die Fälle des kroatisch-jugoslawischen Geheimdienstes zwischen den späten 60er- und 80er-Jahren. In diesem Zeitraum, so das Bundeskriminalamt (BKA), soll der kroatische Geheimdienst rund 20 Morde und mindestens genauso viele Mordversuche an kroatischen Exilanten in Deutschland begangen haben. 1977 gelang es dem BKA, durch einen V-Mann eine Geldübergabe mit den eigens dafür nach Deutschland gereisten kroatischen Geheimdienstlern Josip Perković und Ilija Svilar zu durchkreuzen. Die beiden wollten 2000 D-Mark an den V-Mann übergeben, um einen Mord in Auftrag zu geben. Der bis heute unbekannte V-Mann hatte die beiden ans BKA verraten, Svilar wurde verhaftet, Perković konnte entkommen. Seitdem jedoch war sein Name im Zusammenhang mit den Morden an Exilkroaten den deutschen Behörden bekannt.[425] Trotzdem konnten die vielen weiteren Mordanschläge an kroatischen Emigranten nicht verhindert werden. Das galt übrigens auch für den deutschen Auslandsnachrichtendienst BND: Wie im Prozess gegen die Drahtzieher des Mordes an Stjepan Djureković 2016 bekannt wurde, unterhielt der BND offenbar direkte Verbindungen zu dem späteren Mordopfer und führte Djureković ab 1975 als »nachrichtendienstliche Verbindung«. Doch obwohl der BND Djureković warnte, seine regimekritischen Aktivitäten einzuschränken, sah niemand das Attentat voraus.[426] Als Kroatien dann EU-Mitglied werden wollte, knüpfte Deutschland seine Zustimmung an die Auslieferung von Perković und seinem Geheimdienstchef Zdravko Mustač. Beide wurden 2014 ausgeliefert und 2016 in München wegen Beteiligung an der Ermordung von Stjepan Djureković zu lebenslangen Haftstrafen verurteilt. Drei Jahre später allerdings waren sie wieder zurück in Kroatien, wo sie ihre restliche Haftstrafe absitzen sollen. In der Gesamtbilanz bedeutet dies, dass die deutschen Sicherheitsbehörden durchaus in der Lage waren, die Gesamtverantwortlichen zu identifizieren. Mit fast 40 Jahren Verspätung konnten sie sogar zur strafrechtlichen Verantwortung gezogen werden. Die Mordserie in Echtzeit zu stoppen oder abzuwehren war hingegen nicht möglich, wobei über verhinderte Attentate bis auf die beinahe gelungene Verhaftung von Perković 1977 wenig bekannt ist.

Weniger erfolgreich war die Bilanz bei den in diesem Buch immer wieder genannten Mordversuchen des DDR-Geheimdienstes, wie zum Beispiel an Siegfried Schulze oder Wolfgang Welsch. In keinem der Fälle erfolgte eine Vorwarnung, keiner der Fälle wurde vor dem Untergang der DDR aufgeklärt und der geheimdienstliche Hintergrund der Taten wurde offensichtlich nicht einmal vermutet. Nach dem brutalen Überfall auf Schulze in dessen Berliner Wohnhaus 1975 dauerte es bis 1992, bevor die Ermittler anhand des Stasi-Archives die Täter identifizieren und anklagen konnten. Ganz ähnlich auch im Fall Wolfgang Welsch: Auch hier wurde keiner der drei Mordanschläge im Vorfeld erkannt oder verhindert. Und selbst nach Welschs Vergiftung 1981 dauerte es Monate, bis bei einer nachträglichen Laboruntersuchung überhaupt die Mordwaffe – das Gift Thallium – gefunden wurde. Schließlich dauerte es bis 1994, bevor anhand der Geheimdienstakten der Tathergang und der Haupttäter rekonstruiert und vor Gericht gebracht werden konnte. Nach eigenen Angaben wurden Welschs Schilderungen und Anklagen gegen den DDR-Geheimdienst in der Zwischenzeit immer wieder als »Simulation« oder »unglaubwürdig« abgetan.[427]

Äußerst gemischt fiel die Bilanz beim »Mykonos-Attentat« des iranischen Geheimdienstes 1992 in Berlin aus. Obgleich der Drahtzieher des Attentats, Kazem Darabi, seit Anfang der 1980er-Jahre in West-Berlin Gegner des iranischen Regimes ausspähte, operierte er unterhalb des Radars des West-Berliner Verfassungsschutzes. Letztlich führte das sogar zu einem parlamentarischen Untersuchungsausschuss.[428] Dies mag eine Erklärung dafür sein, dass der Anschlag im Vorfeld komplett unerkannt blieb. Demgegenüber funktionierte die Ermittlungsarbeit nach der Tat wesentlich besser, drei der vier Täter konnten identifiziert, verhaftet und verurteilt werden, einer – der Iraner Abdol-Raham Bani-Haschemi – konnte über die Türkei in den Iran flüchten.

Zwar keinen Mord, aber eine Entführung konnten die deutschen Ermittler auch 2017 aufklären: Nachdem der ehemalige vietnamesische Wirtschaftsfunktionär Trinh Thanh im Sommer 2017 aus dem Berliner Tiergarten nach Vietnam entführt worden war, konnten die Behörden sowohl den Tathergang, die logistische Organisation der Entführung über die Slowakei und Tschechien als auch den Kopf der Operation identifizieren – den stellvertretenden Leiter des vietnamesischen Geheimdienstes Tong Cuc (TC) und Zwei-Sterne-General Duong Minh Hung. Trotzdem gelang es lediglich, einen Helfer der Operation, den Vietnamesen Nguyen Hai Long, zu verhaften. 2018 wurde er in Berlin zu fast vier Jahren Haft wegen »geheimdienstlicher Agententätigkeit« verurteilt. Dies war möglich, da Augenzeugen die Entführung rund um die Siegessäule in Berlin beobachtet hatten, ein Autofahrer sogar die Verfolgung und dabei auch das Fluchtfahrzeug aufgenommen hatte.[429]

Im selben Jahr gelang es der Spionageabwehr des Bundesamtes für Verfassungsschutz (BfV), den bereits erwähnten pakistanischen Studenten Syed Mustafa H. zu enttarnen, der Reinhold Robbe ausspioniert hatte. Der Agent fiel der deutschen Spionageabwehr auf und wurde anschließend verhaftet, das Gericht wies darauf hin, dass das von H. erstellte Bewegungsprofil die Grundlage für einen Anschlag hätte werden können. Ob dieser bereits in Planung war und so konkret von einem verhinderten Mordanschlag gesprochen werden kann, muss allerdings offen bleiben.[430]

Überaus aufschlussreich ist auch der Fall des 2019 in Berlin vom russischen Geheimdienst ermordeten Zelimkhan Khangoshvili. Auch hier gab es vor der Tat keine konkreten Warnungen oder Informationen. Trotzdem wurde der verurteilte Täter Vadim Krasikov alias »Vadim Sokolov« nur wenige Minuten nach der Tat verhaftet. Ausschlaggebend dafür waren zwei Augenzeugen, die die Tat beobachten und eine Funkstreife der Berliner Polizei alarmieren konnten. Diese nahm den Täter bei der Entsorgung seiner

Waffe, seiner Kleidung und des Fluchtfahrrads fest. Es war also auch hier eine Kombination aus Zufall (Augenzeugen) und guter Polizeiarbeit, die zur Verhaftung des Täters führte. Bemerkenswert waren aber noch zwei weitere Umstände der Tataufklärung: Zum einen warnte ein deutscher Nachrichtendienst nur wenige Wochen nach der Tat vor einem Giftanschlag auf Vadim Krasikov im Gefängnis, was zu seiner Verlegung auf die Krankenstation führte.[431] Offen blieb, ob diese Informationen den Charakter einer allgemeinen Warnung überstiegen, denn auch im Umfeld der Prozesseröffnung gegen den Täter im Sommer 2020 wurde klar: Die deutschen Nachrichtendienste hatten offenbar keine Informationen über den Täter und die Mordpläne. Stattdessen berief sich die Anklageschrift des zuständigen Generalbundesanwaltes auf die Rechercheergebnisse der britischen Journalistenplattform Bellingcat.[432] Ob dies auch als Ausdruck mangelnder Informationen durch deutsche Sicherheitsbehörden zu werten war, blieb unklar. Zumindest jedoch wurden offenbar keine für den Prozess relevanten Informationen an den Generalbundesanwalt übergeben.

Eine Analyse dieser ausgewählten Fälle zeigt ein klares Bild: Gute Ergebnisse erzielten die deutschen Behörden bei der Aufklärung von Geheimdienstmorden und der Ermittlung von Tätern und Hintermännern *nach* der Tat. Die ausgeführten Fälle von Geheimdienstmorden an kroatischen Exilanten in Deutschland oder der »Mykonos-Mord« sind gute Belege hierfür. Und auch der Vergiftungsfall Alexej Nawalny aus dem Sommer 2020 war bezeichnend: Hier konnten dank hervorragender wissenschaftlicher Expertise ausführliche und belastbare Informationen zur Verfügung gestellt werden.

Geheimdienstmorde im Vorfeld zu erkennen, davor zu warnen und entsprechend zu verhindern, war hingegen nicht die starke Seite deutscher Sicherheitsbehörden. Hier müssen allerdings verschiedene Faktoren bedacht werden: Zum einen ist der Grad der

Geheimhaltung extrem hoch, viele Fälle sind also – wie auch deutsche Beamte gerne betonen – nach wie vor unbekannt und geheim.[433] Andererseits sind die Aufgaben und Zuständigkeiten der deutschen Nachrichtendienste relativ beschränkt: Sie dürfen Vorfeldaufklärung leisten; sobald handfeste Hinweise auf Straftaten vorliegen, müssen diese an BKA, LKA und Staatsanwaltschaften weitergegeben werden. Einen Geheimdienstmord im Vorfeld aber mit gerichtsfesten Beweisen hieb- und stichfest erkennen zu können ist so gut wie unmöglich. Nach der praktizierten Arbeits- und Kompetenzverteilung in der deutschen Sicherheitsarchitektur wären in diesem Fall dann auch nicht mehr die geheimen Nachrichtendienste, sondern die Polizei zuständig.

Das Verhindern eines Geheimdienstmordes im Vorfeld ist um ein Vielfaches schwieriger als dessen Aufklärung. Zu verhindern sind solche Aktionen nämlich nur, wenn man über belastbare Informationen aus den Zentralen gegnerischer Geheimdienste verfügt und deren Verbindungskanäle mit Agenten vor Ort rechtzeitig durchkreuzen oder aber Mittelsmänner und ausführende Täter als Doppelagenten rekrutieren kann. Die Komplexität des Ganzen offenbart sich an dem eben zitierten Beispiel Vadim Krasikovs: Woher wussten die deutschen Beamten von möglichen Giftanschlagsplänen, und wie konkret waren die Hinweise beziehungsweise Planungen der Tat? Rettete ihm seine Verlegung das Leben, und verhinderten die deutschen Nachrichtendienste damit einen Geheimdienstmord? Dies lässt sich – Stand heute – nicht abschließend beurteilen. Damit zeigt das Beispiel par excellence, wie kleinteilig und schwierig zu bewerten die (mögliche) Verhinderung von Geheimdienstmorden ist.

Kurzum: Zur Verhinderung von geheimdienstlichen Tötungsoperationen braucht es eine schlagkräftige Spionageabwehr und Gegenspionage. Dafür plädierten auch Bruno Kahl und Thomas Haldenwang, die Chefs von BND und Verfassungsschutz, 2020 vor dem

Deutschen Bundestag.[434] Doch selbst dann ist es schwer möglich, wirklich alle Pläne gegnerischer Geheimdienste zu durchkreuzen.

Spionageabwehr und Gegenspionage sind bei den deutschen Nachrichtendiensten allerdings traditionell Sorgenkinder. Schon zu Zeiten des Kalten Krieges war hier die Bilanz von Verfassungsschutz und BND eher mau. Vor allem das Rekrutieren von Quellen in den Ost-Geheimdiensten Stasi und KGB war keine Stärke. Gleichzeitig genießen Spionageabwehr und Gegenspionage keine Priorität bei der politischen Führung. Die Gegenspionage des BND, also die gezielte Informations- und Quellengewinnung in anderen Geheimdiensten, wurde nach 1990 zeitweilig sogar ganz eingestellt. Erst nach Ukrainekrise und Skripal-Attentat richtete der BND Presseberichten zufolge wieder eine Gegenspionageeinheit ein. 2018 soll dort allerdings nur »eine niedrige zweistellige Anzahl an Mitarbeitern« tätig gewesen sein, mit dem Ziel, die Einheit auf bis zu 50 Mitarbeiter aufzustocken.[435] Damit wäre die Einheit, die sowohl russische, chinesische, iranische und nordkoreanische Geheimdienste aufklären muss, allerdings deutlich unterbesetzt. Ex-BND-Präsident Gerhard Schindler gab zu bedenken: »Das muss man entweder richtig oder gar nicht machen, 50 Mann bringen nichts.«[436] Planungen und Vorbereitungen von Geheimdienstmorden so im Vorfeld zu verhindern erscheint kaum möglich. Wie unterbesetzt die Spionageabwehr des Verfassungsschutzes war und ist, wurde auch im Zuge der Enthüllungen Edward Snowdens öffentlich: So gab es bis 2011 offenbar nur einen Mitarbeiter, der für die »360-Grad-Spionageabwehr«, also die Spionageabwehr gegen »sonstige Staaten« wie USA oder Vietnam, verantwortlich war. Nach 2015 soll dieser Bereich auf 12 bis 20 Stellen aufgestockt worden sein.[437]

Zur Verhinderung der mehr werdenden Geheimdienstmorde in Deutschland bleiben also Spionageabwehr und Gegenspionage wichtige Zukunftsaufgaben. In Ansätzen waren hier in den letzten

Jahren Reformen erkennbar. Andere Themen wie islamistischer Terror und Rechtsextremismus haben jedoch größere Priorität.

Nicht vergessen werden sollte darüber hinaus: Deutschland ist immer noch eines der sichersten Länder der Welt, und Geheimdienstmorde stellen in aller Regel für die Bevölkerung in Deutschland keine akute Bedrohung dar. Dies liegt vor allem daran, dass professionelle Täter versuchen, gezielt spezielle Zielpersonen wie Exilanten oder Politiker umzubringen, und dies möglichst abseits der Öffentlichkeit. Allerdings verdeutlichen Geheimdienstmorde die Notwendigkeit einer guten Polizeiausbildung, solider Ermittlungsarbeit sowie einer gesteigerten nachrichtendienstlichen Expertise auf diesem Gebiet. Geheimdienstmorde sind eine große Herausforderung für die deutschen Sicherheitsbehörden. Und diese Herausforderung wird in der Zukunft nicht kleiner werden.

INFOBOX

- Auch Deutschland hat eine lange Geschichte geheimer politischer Morde und Anschläge.
- Erst seit dem Ende des Zweiten Weltkrieges (BRD) beziehungsweise des Kalten Krieges (DDR) verüben deutsche Geheimdienste keine Morde mehr.
- In Deutschland verüben ausländische Geheimdienste Morde, deren Opfer vor allem politische Emigranten sind.
- Globalisierung, Veränderungen im internationalen System, Deutschlands gestiegenes Gewicht in der Welt, neue Kriege und Migration führen zu einer Zunahme von Geheimdienstmorden in Deutschland.
- Mittelfristig wird es in Deutschland eher mehr als weniger Geheimdienstmorde geben.

- Deutsche Sicherheitsbehörden erzielen gute Ergebnisse bei der Aufklärung von Geheimdienstmorden.
- Die Bilanz bei der Verhinderung von Geheimdienstmorden ist dürftig.
- Zur Verhinderung von Geheimdienstmorden braucht es eine stärkere Spionageabwehr und Gegenspionage.

Chronologische Übersicht

Name	Täter/ Opfer	Datum/ Zeitraum	Ort
1. Michael Kristoff	Täter	30.7.1916	New Jersey, USA
2. Matthias Erzberger	Opfer	26.8.1921	Bad Griesbach
3. Philipp Scheidemann	Opfer	4.6.1922	Kassel
4. Walter Rathenau	Opfer	24.6.1922	Berlin
5. Wladimir Nesterowitsch	Opfer	6.8.1925	Mainz
6. Pjotr Wrangel	Opfer	25.4.1928	Brüssel
7. Aleksander Kutepow	Opfer	6.5.1930	Moskau
8. Ignaz Reiss	Opfer	4.9.1937	Lausanne, Schweiz
9. Ewgen Konowaletz	Opfer	23.5.1938	Rotterdam
10. Leo Trotzki	Opfer	21.8.1940	Mexiko-Stadt
11. Vera Atkins	Täter	1941–1945	UK, Frankreich
12. Nancy Wake	Täter	1942-1945	Frankreich
13. Reinhard Heydrich	Opfer	27.5.1942	Prag
14. George John Dasch, Ernst Peter Burger	Täter	Juni 1942	USA
15. Otto Skorzeny	Täter	November 1943	Teheran, Iran

der behandelten Fälle

Geheimdienst	Methode	Anmerkungen
Deutsches Reich	Sprengstoffanschlag	»Black-Tom-Anschlag«, 7 Tote
Organisation Consul	Erschießen	Geheimorganisation, politischer Mord
Organisation Consul	Gift	Geheimorganisation, politischer Mord; Scheidemann überlebt
Organisation Consul	Erschießen, Handgranate	Geheimorganisation, politischer Mord
GRU	Gift	
OGPU, Sowjetunion	Vermutl. Gift	Mordverdacht, Tod nie als Mord aufgeklärt
GPU, Sowjetunion	Unbekannt	Vom sowjet. Geheimdienst am 26.1.1930 aus Paris entführt, ungeklärte Todesumstände im Gefängnis
NKWD, Sowjetunion	Erschießen	
NKWD, Sowjetunion	Sprengstoff	
NKWD	Erschlagen	
SOE		Rekrutierung/Leitung von ca. 37 Agentinnen des SOE im Spezialeinsatz
SOE, Résistance		Spezialagentin im Einsatz
SOE, tschechoslowakischer Widerstand	Erschießen	
Amt Ausland/Abwehr		»Operation Pastorius«, kam nicht zur Ausführung
SS	Geplantes Attentat	»Unternehmen Weitsprung«, wahrscheinlich nur ein Mythos

Name	Täter/ Opfer	Datum/ Zeitraum	Ort	
16. SMERSCH	Täterorganisation	1943–1946	Sowjetunion/Europa	
17. Lord Moyne Walter Guinness	Opfer	6.11.1944	Kairo	
18. Menachem Begin	Täter	22.7.1946	Jerusalem	
19. Josip Brosz »Tito«	Opfer	1947–1953	Belgrad	
20. Walter Linse	Opfer	8.7.1952/ 15.12.1953	West-Berlin/Moskau	
21. Ethel u. Julius Rosenberg	Opfer	19.6.1953	New York	
22. Mohammed Mossadegh	Opfer	Juni 1953	Teheran	
23. Georgij Okolowitsch	Opfer	1954	Frankfurt a. M.	
24. Zhou Enlai	Opfer	11.4.1955	Flug von Hongkong nach Djakarta	
25. Mostefa Ben Boualaïd	Opfer	1956	Aurés, Algerien	
26. Gamal Abdel Nasser	Opfer	1956	Unbekannt	
27. Wilhelm Lorenzen	Opfer	28.9.1956	Hamburg	
28. Sandor Visney	Opfer	9.12.1956	österreichisch-ungarische Grenze	
29. Nikolaj Chochlow	Opfer	1957	Frankfurt a. M.	
30. Lew Rebet	Opfer	12.10.1957	München	
31. Georg Puchert	Opfer	15.3.1959	Frankfurt a. M.	
32. Stepan Bandera	Opfer	15.10.1959	München	
33. Fidel Castro	Opfer	1960–1965	Havanna u. Kuba	
34. Adolf Eichmann	Opfer	11.5.1960	Buenos Aires	

Geheimdienst	Methode	Anmerkungen
NKWD		Spezialabteilung zur Spionageabwehr
Lechi	Erschießen	
Irgun	Bombenattentat	
NKWD	Gift, Erschießen	Mehrere geplante Anschläge, Tito überlebte
MfS, KGB	Entführung, Erschießen	Vom MfS nach Ost-Berlin entführt, in Moskau hingerichtet
	Hinrichtung (elektr. Stuhl)	Enttarnte NKWD-Spione im Atomprogramm d. USA
CIA	Putschversuch	»Operation Ajax«, Mossadegh überlebt
KGB	Gift	Täter warnte Opfer u. lief über
Geheimdienst der Kuomintang-Partei	Bombe	Enlai aufgrund geheimdienstlicher Warnung nicht an Bord gegangen
SDECE, Frankreich	Bombe	
MI6, UK	Giftgas	Ermordung geplant, aber nicht ausgeführt
»Rote Hand«/SDECE, Frankreich	Bombe	
ungarischer Geheimdienst AVH	Entführung	
KGB	Gift	Ehem. KGB-Offizier, Chochlow überlebte
KGB	Gift	Täter stellt sich später
»Rote Hand«/SDECE, Frankreich	Bombe	
KGB	Gift	Täter stellt sich später
CIA	Gift, Erschießen	Über 600 Mordszenarien geplant, Castro überlebte
Mossad	Entführung	Entführung des NS-Kriegsverbrechers und Hinrichtung in Israel

Name	Täter/ Opfer	Datum/ Zeitraum	Ort
35. Raúl Castro	Opfer	Juni 1960	Flug von Prag nach Havanna
36. Patrice Lumumba	Opfer	September/ Oktober 1960	Leopoldville (heute: Kinshasa), Kongo
37. Wilhelm Beisner	Opfer	16.10.1960	München
38. Walter Heck	Opfer	28.6.1961	Karlsruhe
39. Heinz Krug	Opfer	September/ Oktober 1962	München, Israel
40. Horst Schwirkmann	Opfer	1964	Sagorsk (heute: Sergijew Possad), Sowjetunion
41. Juri Nossenko	Opfer	1964–1978	USA
42. Herberts Cukurs	Opfer	24.2.1965	Montevideo, Uruguay
43. Marijan Šimundić	Opfer	13.9.1967	Stuttgart
44. »Phoenix-Programm«		1965–1972	Vietnam
45. »Operation Condor«		1968–1989	Chile, Argentinien, Brasilien, Bolivien, Paraguay, Uruguay
46. Oleg Ljalin	Opfer	1971–1978	USA
47. Josip Senić	Opfer	9.3.1972	Wiesloch
48. Ahmed Bouchiki	Opfer	21.7.1973	Lillehammer
49. Siegfried Schulze	Opfer	Februar 1975	West-Berlin
50. Nicholas George Shadrin (Nikolai Fjodorowitsch Artamonow)	Opfer	Dezember 1975	Wien

Geheimdienst	Methode	Anmerkungen
CIA	Fingierter Unfall	Plan nicht ausgeführt, um andere Insassen nicht zu gefährden
CIA, Putschisten	Folter, Tötung	Geplante Vergiftung; Unterstützung durch CIA u. Belgien
»Rote Hand«/SDECE, Frankreich	Bombe	Beisner überlebte, verlor ein Bein
»Rote Hand«/SDECE, Frankreich	Erschießen	
Mossad	Entführung	In München entführt, in Israel getötet, Leiche über Mittelmeer abgeworfen
Mutmaßl. KGB	Giftgas	Schwirkmann überlebte
KGB		Mehrere Anschläge geplant, Nossenko überlebte
Mossad	Erschießen	
SDB, Jugoslawien	Erschießen	
CIA, Vietnam		Geheimdienstprogramm zur Guerillabekämpfung mit Verhör, Folter, Ermordung
Chile, Argentinien, Brasilien, Bolivien, Paraguay, Uruguay		Programm zur Bekämpfung von Oppositionellen durch Folter u. Ermordung
KGB		Mehrere Anschläge geplant, Ljalin überlebte
SDB, Jugoslawien	Erschießen	
Mossad	Erschießen	Verwechslung mit Terroristen
MfS	Erschlagen, Erschießen	Schulze überlebte
KGB	Gift	Angebl. versehentliche Vergiftung bei Entführung

Name	Täter/ Opfer	Datum/ Zeitraum	Ort
51. Aleksandr Ogorodnik	Opfer	21.6.1977	Moskau
52. Wadi Haddad	Opfer	29.3.1978	Ost-Berlin, DDR
53. Wladimir Kostow	Opfer	26.8.1978	Paris
54. Georgi Markow	Opfer	7.9.1978	London
55. Wladimir Simeonow	Opfer	Oktober 1978	London
56. Ali Hassan Salameh	Opfer	22.1.1979	Beirut, Libanon
57. Hazifullah Amin	Opfer	27.12.1979	Kabul, Afghanistan
58. Walter Rauff	Opfer	1980	Santiago de Chile
59. Klaus Barbie	Opfer	1980	La Paz, Bolivien
60. Winfried Baumann	Opfer	18.7.1980	Leipzig
61. Carlos Ramirez Sanchez	Täter	21.2.1981	München
62. Werner Teske	Opfer	26.6.1981	Leipzig
63. Wolfgang Welsch	Opfer	1970er-1981	Weinheim, England, Israel
64. Lutz Eigendorf	Opfer	7.3.1983	Braunschweig
65. Papst Johannes Paul II.	Opfer	13.5.1981	Vatikan Stadt
66. Stjepan Djureković	Opfer	28.6.1983	Wolfratshausen, München

Geheimdienst	Methode	Anmerkungen
CIA, KGB	Gift	Ogorodnik beging nach Verhaftung Selbstmord durch Giftpille
Vermutl. Mossad	Gift	Vermutl. Vergiftung durch Zahnpasta
Bulg. Geheimdienst DS	Gift	Kostow überlebte
Bulg. Geheimdienst DS	Gift	»Regenschirmmord«
Vermutl. bulg. Geheimdienst DS	Gift, fingierter Unfall	Geheimdienstverwicklung vermutet
Mossad	Sprengstoff	
KGB	Erschießen	Putsch
Mossad	Erschießen	Zeitgleicher Anschlag auf Rauff u. Barbie geplant, in letzter Sekunde abgesagt
Mossad	Erschießen	Zeitgleicher Anschlag auf Rauff u. Barbie geplant, in letzter Sekunde abgesagt
DDR	Erschießen, Hinrichtung	Hingerichtet wg. Spionage
Securitate, Rumänien	Bombe	Bombenanschlag auf den US-amerikanischen Sender Radio Free Europe
DDR	Erschießen, Hinrichtung	Hingerichtet wg. Spionage; letztes Hinrichtungsopfer in Deutschland
MfS, DDR	Fingierter Unfall, Erschießen, Gift	Drei Mordanschläge, Welsch überlebte
Vermutl. MfS, DDR	Fingierter Autounfall	Geheimdienstverwicklung vermutet
Unbekannt	Erschießen	Geheimdienstverwicklung nicht nachgewiesen
SDB, Jugoslawien	Erschießen	

Name	Täter/ Opfer	Datum/ Zeitraum	Ort
67. Ali Akhbar Mohtaschami	Opfer	14.2.1984	Damaskus, Syrien
68. Jerzy Popiełuszko	Opfer	19.10.1984	Włocławek, Polen
69. Fernando Pereira	Opfer	10.7.1985	Auckland, Neuseeland
70. Vimal Dajibhai	Opfer	4.8.1986	Bristol, UK
71. Arshad Sharif	Opfer	28.10.1986	Bristol, UK
72. Richard Pugh	Opfer	Januar 1987	Oxford, UK
73. Uwe Barschel	Opfer	11.10.1987	Genf
74. Freya Klier, Stephan Krawczyk	Opfer	8.11.1987	Fahrt von Ost-Berlin nach Stendal
75. Sean Savage, Daniel McCann, Mairead Farrell	Opfer	6.3.1988	Gibraltar
76. Peter Ferry	Opfer	23.8.1988	Firmley, UK
77. Alistair Beckham	Opfer	23.8.1988	UK
78. Gerald Bull	Opfer	22.3.1990	Brüssel
79. Jeffrey »Jens« Carney	Opfer	22.4.1991	Berlin
80. Abbas al-Musawi	Opfer	16.2.1992	Nabī Schaith, Libanon
81. Fattah Abdoli, Homayoun Ardalan, Nouri Dehkordi, Sadegh Scharafkandi	Opfer	17.12.1992	Berlin
82. Iwan Kiwelidi	Opfer	August 1995	Moskau
83. Fathi Schakaki	Opfer	26.10.1995	Malta
84. Chalid Maschal	Opfer	25.9.1997	Amman, Jordanien
85. Mohammed »Mullah« Omar	Opfer	7.10.2001	Kandahar, Afghanistan

Geheimdienst	Methode	Anmerkungen
Mossad	Paketbombe	Mohtaschami überlebte, verlor ein Ohr, eine Hand u. einige Finger
Sicherheitsdienst SB, Polen	Erschlagen, Ertränken	
DGSE, Frankreich	Bombe	Sprengstoffanschlag auf Greenpeace-Boot
Unbekannt	Sturz von Brücke	Fall nie aufgeklärt
Unbekannt	Genickbruch	Fall nie aufgeklärt
Unbekannt	Ersticken	Fall nie aufgeklärt, offizielle Version: ein verunglücktes sexuelles Experiment
Unbekannt, vermutl. Mossad	Gift, fingierter Selbstmord	Geheimdienstverwicklung unklar
MfS	fingierter Unfall	Klier u. Krawczyk überlebten
MI5 u. SAS, UK	Erschießen	
Unbekannt	Elektroschock	Fall nie aufgeklärt
Unbekannt	Elektroschock	Fall nie aufgeklärt
Mossad	Erschießen	
DIA, CIA	Entführung	Überläufer entführt u. verurteilt
Israel	Raketenangriff	
Iran	Erschießen	»Mykonos-Attentat«
Unbekannt	Gift	Erstes bekanntes Nowitschok-opfer; Fall nie aufgeklärt
Mossad	Erschießen	
Mossad	Vergiftung	Maschal überlebte
USA	Drohne	Erster bewaffneter Drohnenangriff d. Geschichte; Omar überlebte

Name	Täter/ Opfer	Datum/ Zeitraum	Ort
86. Drohnenprogramm CIA, U.S. Air Force	Täterorganisation	Seit 2001	Pakistan, Afghanistan, Jemen u. a.
87. Salah Schehade	Opfer	23.7.2002	Gaza
88. Emir Ibn al-Chattab	Opfer	2002	Tschetschenien
89. Ahmad Yasin	Opfer	22.3.2004	Gaza
90. Ghaleb Awali	Opfer	12.6.2004	Beirut
91. Wiktor Juschtschenko	Opfer	4./5.9.2004	Kiew, Ukraine
92. Anna Politkowskaja	Opfer	7.10.2006	Moskau
93. Aleksander Litwinenko	Opfer	1.11.2006	London
94. Imad Mughniyya	Opfer	12.2.2008	Damaskus
95. Massud Ali-Mohammadi	Opfer	12.1.2010	Teheran, Iran
96. Mahmoud al-Mabhouh	Opfer	18.1.2010	Dubai
97. Osama bin Laden	Opfer	2.5.2011	Abbottabad, Pakistan
98. Fidan Doğan, Sakine Cansız, Leyla Şaylemez	Opfer	9.1.2013	Paris
99. Timur Kuaschew	Opfer	31.7.2014	Naltschik, Russland
100. Ruslan Magomedragimow	Opfer	24.3.2015	Kaspiysk, Russland
101. Emilian Gebrew	Opfer	April u. Mai 2015	Varna u. Sofia, Bulgarien
102. Reinhold Robbe	Opfer	Ca. 2015	Berlin
103. Boris Nemzow	Opfer	27.2.2015	Moskau

Geheimdienst	Methode	Anmerkungen
CIA, U.S. Air Force	Drohnen	Unbekannte Gesamtzahl; 2009-2017 mind. 542 Drohneneinsätze mit mind. 3797 Todesopfern
Israel	Raketenangriff	
FSB	Gift	
Israel	Raketenangriff	
Israel	Autobombe	
Vermutl. Russland	Vergiftung	Präsidentschaftskandidat; Juschtschenko überlebte
Vermutl. FSB	Gift, Erschießen	Mehrere Mordanschläge, Geheimdienstverwicklung vermutet
FSB	Gift	
Mossad	Sprengstoff	
Mossad	Sprengstoff	
Mossad	Gift	
Navy Seals	Erschießen	
Vermutl. MIT, Türkei	Erschießen	
Vermutl. FSB	Vermutl. Gift	Ungeklärter Fall, FSB-Offiziere aus der Nawalny-Vergiftung nachweisl. vor Ort
Vermutl. FSB	Vermutl. Gift	Ungeklärter Fall, FSB-Offiziere aus der Nawalny-Vergiftung nachweisl. vor Ort
GRU	Gift	Fall nicht restlos aufgeklärt, vermutlich Nowitschok, GRU-Offiziere nachweisl. vor Ort
Iran		Sayed Mustafa H. sammelte vermutl. Informationen für Anschlagsplan gegen Robbe
Vermutl. FSB	Erschießen	Geheimdienstverwicklung vermutet

Name	Täter/ Opfer	Datum/ Zeitraum	Ort
104. Wladimir Kara-Mursa	Opfer	Mai 2015 u. Februar 2017	Moskau
105. Abdulwachid Edilgeriew	Opfer	1.11.2015	Istanbul
106. Akhtar Mohammed Mansur	Opfer	21.5.2016	Belutschistan, Pakistan
107. Kim Jong-nam	Opfer	12.2.2017	Kuala Lumpur, Malaysia
108. Trinh Thanh	Opfer	23.7.2017	Berlin
109. Sergej Skripal	Opfer	5.3.2018	Salisbury, England
110. Arkadi Babtschenko	Opfer (vorgeb-lich)	29.5.2018	Kiew, Ukraine
111. Dawn Sturgess, Charlie Rowley	Opfer	30.6.2018	Amesbury, England
112. Assadollah Assadi	Täter	August 2018	Aschaffenburg, Paris, Brüssel, Wien
113. Pjotr Wersilow	Opfer	11.9.2018	Moskau
114. Jamal Khashoggi	Opfer	2.10.2018	Istanbul
115. Dimitri Bykow	Opfer	15.4.2019	Flug von Jekaterin-burg nach Ufa, Russland
116. Zelimkhan Khangosh-vili	Opfer	23.8.2019	Berlin
117. Abu Bakr al-Baghdadi	Opfer	27.10.2019	Barischa, Syrien
118. Masoud Molavi Vardanjani	Opfer	2.11.2019	Istanbul
119. Nikita Isaew	Opfer	16.11.2019	Tambow, Russland

Geheimdienst	Methode	Anmerkungen
Vermutl. FSB	Gift	Kara-Mursa überlebte
GRU	Erschießen	
CIA, U.S. Air Force	Drohnenangriff	
Nordkorea	Gift	Halbbruder von Kim Jong-un
Vietnam	Entführung	
GRU	Gift	Skripal überlebte
FSB, SBU	Erschießen	Vorgetäuschter Mord zur Aufdeckung eines angebl. Mordkomplotts
GRU	Gift	Sturgess u. Rowley fanden Giftbehälter des Skripal-Anschlags; Sturgess starb, Rowley überlebte
MOIS, Iran	Sprengstoff	Kontaktmann für Sprengstoffanschlag auf iran. Exilanten-Veranstaltung; Anschlag verhindert
Vermutl. FSB	Gift	Wersilow überlebte
Saudi-Arabien	Unbekannt	Leiche nie gefunden
Vermutl. FSB	Gift	Bykow überlebte
FSB	Erschießen	»Tiergarten-Mord«, Täter verhaftet
Delta Force, U.S. Army	Erschießen	Selbst ernannter Anführer d. sog. »Islamischen Staats«
Iran	Erschießen	
Vermutl. FSB	Vermutl. Gift	Ungeklärter Fall, FSB-Offiziere aus der Nawalny-Vergiftung nachweislich vor Ort

Name	Täter/ Opfer	Datum/ Zeitraum	Ort
120. Qasem Soleimani	Opfer	3.1.2020	Bagdad
121. Abu Mohamed al-Masri	Opfer	August 2020	Teheran
122. Alexej Nawalny	Opfer	20.8.2020	Tomsk, Russland
123. Mohsen Fachrisadeh	Opfer	27.11.2020	Teheran

Geheimdienst	Methode	Anmerkungen
CIA, U.S. Air Force	Drohnenangriff	General d. iran. Revolutionsgarde
Vermutl. Mossad, CIA	Erschießen	Vizechef von al-Qaida
Vermutl. FSB, GRU	Gift	Nowitschokvergiftung; Nawalny überlebte
Mossad	Erschießen	Getötet mit ferngesteuertem Waffensystem

Personenverzeichnis

Nachweise

1 »If it Hadn't Been for the Prompt Work of the Medics«. FSB Officer Inadvertently Confesses Murder Plot to Navalny, in: bellingcat.com, 21.12.2020.

2 Adam Goldman, Eric Schmitt, Farnaz Fassihi, Ronen Bergman: Al Qaeda's No. 2, Accused in U.S. Embassy Attacks, Was Killed in Iran, in: New York Times, 13.11.2020.

3 Eliot Higgins: We Are Bellingcat. An Intelligence Agency for the People, London, 2021; Ivo Mijnssen: »Kriegsreporter in einem hybriden Konflikt«. Wie die Recherchegruppe Bellingcat dunkle Geheimnisse des Kremls aufdeckt, in: Neue Zürcher Zeitung, 8.3.2021.

4 Florian Flade, Georg Mascolo: Prozess zum »Tiergartenmord«. Der ungewöhnliche Zeuge G., in: tagesschau.de, 7.10.2020; Anna Kröning: »Die Person kann nur mit Beteiligung des russischen Staates erschaffen worden sein«, in: welt.de, 17.2.2021.

5 Andy Yen: Statement on the Attempted Phishing Attack Against Bellingcat, in: protonmail.com, 27.7.2019.

6 »If it Hadn't Been for the Prompt Work of the Medics«. FSB Officer Inadvertently Confesses Murder Plot to Navalny, in: bellingcat.com, 21.12.2020.

7 Richard Aldrich, Christopher Moran: Delayed Disclosure. National Security, Whistle-Blowers and the Nature of Secrecy, in: Political Science 2018, S. 1–18.

8 Vgl. Richard Aldrich, Rory Cormack: Grey Is the New Black. Covert Action and Implausible Deniability, in: International Affairs, 94/3 2018, S. 477–494.

9 Clila Magen: Media Strategies and Manipulations of Intelligence Services. The Case of Israel, in: The International Journal of Press/Politics Vol. 20(2) 2015, S. 256.

10 Philip Alston: Report of the Special Rapporteur of the United Nations Human Rights Council on Extrajudicial, Summary or Arbitrary Executions, New York, 2010, S. 4 f.

11 Martin Senn, Jodok Troy: The Transformation of Targeted Killing and International Order, in: Contemporary Security Policy, 38:2 2017, S. 175–211.

12 Amnesty International: 14-Punkte-Programm zur Verhinderung von extralegalen Hinrichtungen, in: www.amnesty.de, 2013.

13 Bundesamt für Verfassungsschutz: Begriffe und Hintergründe, in: https://www.verfassungsschutz.de/DE/themen/spionage-und-proliferationsabwehr/begriff-und-hintergruende/begriff-und-hintergruende_artikel.html, 1.10.2021.

14 Gillian Duncan, Orla Lynch, Gilbert Ramsay, Alison M. S. Watson: State Terrorism and Human Rights. International Responses Since the End of the Cold War, London und New York, 2013.

15 Bettina Koch: State Terror, State Violence. Global Perspectives, Wiesbaden, 2016.

16 Ronen Bergman: Der Schattenkrieg. Israel und die geheimen Tötungskommandos des Mossad, München, 2018, S. 599.

17 Oleg Kalugin, Fen Montaigne: Spymaster. My 32 Years in Intelligence and Espionage Against the West, Washington, 1994, S. 178 ff.

18 Christopher Nehring: Die Zusammenarbeit der DDR-Auslandsaufklärung mit der Aufklärung der Volksrepublik Bulgarien. Regionalfilialen des KGB?, Heidelberg, 2016, S. 292–303.

19 Christopher Nehring: Informationskrieg im Kalten Krieg. »Aktive Maßnahmen« der sozialistischen Aufklärungen gegen den Westen, in: Totalitarismus und Demokratie. Zeitschrift für internationale Diktatur- und Freiheitsforschung, 13/2016 Heft 2, S. 157–172.

20 Michael E. DeVine: Covert Action and Clandestine Activities of the Intelligence Community. Selected Definitions in Brief, Congressional Research Service, Washington, 2019.

21 United States Senate: Alleged Assassination Plots Involving Foreign Leaders. An Interim Report of the Select Committee to Study Governmental Operations with Respect to Intelligence Activities, Washington, 1975, S. 181–190.

22 Ebd., S. 182.

23 Alexis Albion: The Spy in All of Us. The Public Image of Intelligence, Harvard PhD Thesis, 2005.

24 Eva Horn: Der geheime Krieg. Verrat, Spionage und moderne Fiktion, Frankfurt am Main, 2007.

25 Zitiert nach: Christopher Nehring: »Gefahr, dass sich geheime Tötungen normalisieren«, dw.com, 17.1.2020.

26 Sigmund Freud: Jenseits des Lustprinzips, Wien, 1920.

27 Vgl. auch Jeffrey T. Richelson: When Kindness Fails. Assassination as a National Security Option, International Journal of Intelligence and CounterIntelligence, 15:2 2002, S. 243–274. Richelson schlägt fünf Kategorien vor (ausländische politische und militärische Anführer; Terroristen; Wissenschaftler; internationale Kriminelle; Überläufer und Doppelagenten).

28 United States Senate: Alleged Assassination Plots Involving Foreign Leaders, Washington, 1975, S. 13–180.

29 Ebd., S. 191–214.

30 Christopher Andrew, Wassili Mitrochin: Das Schwarzbuch des KGB. Moskaus Kampf gegen den Westen, Berlin, 1999, S. 446–450.

31 Ebd., S. 484 ff.

32 Boris Volodarsky: The KGB's Poison Factory. From Lenin to Litwinenko, London, 2009, S. 88–116.

33 Bundesanwalt erhebt Anklage gegen frühere syrische Geheimdienstler, in: zeit.de, 29.10.2019

34 Patrice McSherry: Predatory States. Operation Condor and Covert War in Latin America, Lanham u. a., 2005.

35 Gerhard Sälter: Phantome des Kalten Krieges. Die Organisation Gehlen und die Wiederbelebung des Gestapo-Feindbildes »Rote Kapelle«, Berlin, 2016.

36 Horst Möller (Hrsg.): Der Rote Holocaust und die Deutschen, München, 1999; Stéphane Courtois et al. (Hrsg.): Das Schwarzbuch des Kommunismus. Unterdrückung, Verbrechen und Terror, München, 1998.
37 Christopher Andrew, Wassili Mitrochin: Das Schwarzbuch des KGB, S. 129–132.
38 Boris Volodarsky: The KGB's Poison Factory, S. 251.
39 Schanna Nemzowa: Russland wachrütteln. Mein Vater Boris Nemzow und sein politisches Erbe, Berlin, 2016.
40 Hannes Heine: Pussy-Riot-Aktivist. Vergiftung wie durch Tollkirschen, in: Tagesspiegel, 18.9.2018.
41 OPCW Issues Report on Technical Assistance Requested by Germany, in: opcw.org, 6.10.2020.
42 Christopher Nehring: Umbrella or Pen? The Murder of Georgi Markow. New Facts and Old Questions, in: Journal for Intelligence History 15/2016, S. 1–11.
43 Norbert Siegmund: Der Mykonos-Prozess. Ein Terroristen-Prozess unter dem Einfluss von Außenpolitik und Geheimdiensten. Deutschlands unkritischer Dialog mit dem Iran, Münster, 2001.
44 Nicholas Dawidoff: The Catcher Was a Spy. The Mysterious Life of Moe Berg, New York, 1994, S. 199–207.
45 Paul Maddrell: Spying on Science. Western Intelligence in Divided Germany 1945–1961, Oxford, 2006.
46 Ronen Bergman: Der Schattenkrieg, S. 91–95.
47 Marian K. Leighton: The »Star Wars« Murders. Revisiting a Cold Case from the Cold War, in: International Journal of Intelligence and CounterIntelligence, 28/2 2015, S. 290–318, hier: 295 f.
48 Ronen Bergman: Der Schattenkrieg, S. 428.
49 Ebd., S. 708–729.
50 Ronen Bergman: Gunmen Assasinate Iran's Top Nuclear Scientist in Ambush, Provoking New Crisis, in: New York Times, 27.11.2020.
51 Yuval Harari: Special Operations in the Age of Chivalry, 1100–1550, Suffolk, 2007, S. 1–10 und 17–29.
52 Ronen Bergmann: Der Schattenkrieg, S. 679.
53 Drucksache 18/12850: Beschlussempfehlung und Bericht des 1. Untersuchungsausschusses gemäß Artikel 44 des Grundgesetzes (»Snowden-Untersuchungsausschuss«), Hrsg.: Deutscher Bundestag, Berlin, 2017, S. 1111–1191.
54 Alfred McCoy: A Question of Torture. CIA Interrogation, from the Cold War to the War on Terror, London, 2006; William Colby: Honorable Men. My Life in the CIA, New York, 1978.
55 Charlie Savage, Eric Schmitt, Michael Schwirtz: Russia Secretly Offered Afghan Militants Bounties, in: The New York Times, 27.6.2020; Trump über Kopfgeld Chinas auf amerikanische Soldaten unterrichtet, in: faz.de, 31.12.2020.
56 Pavel Sudoplatov: Special Tasks. The Memoirs of an Unwanted Witness, a Soviet Spymaster, Boston, 1994, S. 23 f.
57 Ebd., S. 534–546.

58 Adam Entous, Jessica Donati: How the U.S. Tracked and Killed the Leader of the Taliban, in: The Wall Street Journal, 25.5.2016.

59 Mathilde von Bülow: Myth or Reality? The Red Hand and French Covert Action in Federal Germany during the Algerian War, 1956–61, in: Intelligence and National Security 22/6 2007, S. 787–820.

60 How GRU Sabotage and Assassination Operations in Czechia and Bulgaria Sought to Undermine Ukraine, in: bellingcat.com, 26.4.2021.

61 Christo Grozev, Roman Lehberger, Fidelius Schmid: Mutmaßlicher Geheimdienstanschlag in Sofia. Auftrag: Mord, in: spiegel.de, 23.11.2019.

62 Vadim Birstein: SMERSH. Stalin's Secret Weapon. Soviet military counterintelligence in WW2, London, 2013.

63 Interview 2020; vgl. auch Jeffrey T. Richelson: When Kindness Fails.

64 Vgl. auch CIA: Soviet Use of Assassination and Kidnapping, Langley, 1964.

65 Interview 2020.

66 James Risen: An Extraordinary Link for Archenemies in Spying, in: Los Angeles Times, 31.12.1997.

67 Interview 2020.

68 Interview 2020.

69 »Lost weekend«, in: Der Spiegel 39/1964, 22.9.1964.

70 Andreas Hilger, Sabine Nowack: Südosteuropa, in: Die Auslandsaufklärung des BND. Operationen, Analysen, Netzwerke, Hrsg.: Wolfgang Krieger in Verbindung mit Andreas Hilger/Holger M. Meding, Berlin, 2021.

71 Ebd., S. 49–52.

72 Elisabeth Poretsky: Our Own People. A Memoir of »Ignace Reiss« and His Friends, London, 1969, S. 208–220.

73 Richards Heuer: Nosenko. Five Paths to Judgment, in: Studies in Intelligence 31/1987, S. 71–101.

74 Christopher Andrew, Wassili Mitrochin: Das Schwarzbuch des KGB, S. 481 f.

75 Oleg Kalugin: Spymaster, S. 152–159.

76 Interview 2020.

77 Robert Owen: The Litwinenko Inquiry Report Presented to the British Parliament, London, 2016.

78 Mark Urban: Die Akte Skripal. Der neue Spionagekrieg und Russlands langer Arm in den Westen, München, 2018.

79 Wladimir Kostow: Bylgarskijat tschadyr (»Der bulgarische Regenschirm«), Sofia, 1990.

80 Iranian Dissident in Turkey Killed like Khashoggi: Report, in: Daily Sabah, 31.3.2020.

81 Susanne Muhle: Auftrag: Menschenraub. Entführungen von Westberlinern und Bundesbürgern durch das Ministerium für Staatssicherheit der DDR, Göttingen, 2015.

82 Jeffrey M. Carney: Against All Enemies. An American's Cold War Journey, Scotts Valley, 2013.

83 Morten Freidel: Lange geplante Entführung. Die Liebesfalle für Trinh Xuan Thanh, in: faz.de, 25.4.2018.

84 Walter Schneir: Final Verdict. What Really Happened in the Rosenberg Case, New York, 2010.

85 Siegfried Mampel: Entführungsfall Dr. Walter Linse. Menschenraub und Justizmord als Mittel des Staatsterrors, Berlin, 2006.

86 Jerrold Schecter, Peter Deriabin: The Spy Who Saved the World. How a Soviet Colonel Changed the Course of the Cold War, New York, 1992.

87 Bernd Florath: Werner Teske, in: Das MfS-Lexikon, Hrsg.: Roger Engelmann et al., Berlin, 2016, S. 331.

88 Ryan Norwood: None Dare Call It Treason. The Constitutionality of the Death Penalty for Peacetime Espionage, in: 87 Cornell L. Rev. 820/2002.

89 Death Penalty Pursued for Alleged Would-Be Spy, in: ABC News, 9.8.2002.

90 Simon Reeve: One Day in September. The Full Story of the 1972 Munich Olympics Massacre and the Israeli Revenge Operation »Wrath of God«, New York, 2000.

91 Ronen Bergmann: Der Schattenkrieg, S. 613.

92 Maurice Vaïsse: Die »Rainbow Warrior«-Affäre, in: Geheimdienste in der Weltgeschichte. Spionage und verdeckte Aktionen von der Antike bis zur Gegenwart, Hrsg.: Wolfgang Krieger, Köln, 2007, S. 375–386.

93 Mark Urban: Die Akte Skripal, S. 331 ff.

94 Thorsten Teichmann: US-Drohnenangriffe in der Kritik, in: tagesschau.de, 28.9.2021.

95 Micah Zenko: Obama's Final Drone Strike Data, in: Council of Foreign Relations, Blog post, 20.1.2017.

96 Jessica Purkiss, Jack Serle: Zivile Opfer, in: Humanitäre Folgen von Drohnen. Eine völkerrechtliche, psychologische und ethische Betrachtung. IPPNW Report 2019, S. 15–20.

97 Ebd., S. 615.

98 House of Lords and House of Commons Joint Committee on Human Rights: The Government's Policy on the Use of Drones for Targeted Killing. Second Report of Session 2015–16, London, 10.5.2016, S. 63 f.

99 Vgl. Peter Wright, Paul Greengrass: Spycatcher. The Candid Autobiography of a Senior Intelligence Officer, Sydney, 1987; Richard Aldrich: The Hidden Hand. Britain, America and Cold War Secret Intelligence, London, 2001.

100 Nicholas Eckert: Fatal Encounter. The Story of the Gibraltar Killings, Dublin, 1999; Christopher Andrew: The Defence of the Realm. The Authorized History of MI5, London, 2009.

101 French Army Deploys Drone Strike for First Fime in Mali Operation, in: The Guardian, 23.12.2019.

102 Vincent Nouzille: Les tueurs de la République. Assassinats et opérations spéciales des services secrets, Paris, 2020.

103 Mathilde von Bülow: West Germany, Cold War Europe and the Algerian War, Cambridge, 2016.

104 Vgl. z. B.: UK Drone Strike Stats, in: dronewars.com, 1.10.2020.

105 Nicholas Eftimiades: Chinese Intelligence Operations. Espionage Damage Assessment Branch, DIA, London und New York, 2017.

106 Lennart Pfahler: Geheimdienst MIT. Erdogans Entführungs-Maschinen, in: Welt, 3.12.2019.

107 Jörg Diehl, Özlem Gezer, Fidelius Schmid: »Und Gott bewahre«, in: spiegel.de, 10.2.2014.

108 Vgl. z. B.: PKK Terrorist Killed by Turkish Intelligence in Northern Iraq, in: The Daily Sabbah with AA, 24.11.2020.

109 John Gentry: Intelligence Services and Special Operations Forces. Why Relationships Differ, International Journal of Intelligence and CounterIntelligence, 30:4 2017, S. 647–686.

110 Mark Owen, Kevin Maurer: No Easy Day. The Firsthand Account of the Mission That Killed Osama bin Laden, New York, 2012; Eric Schmitt, Helene Cooper: C.I.A. Got Tip on al-Baghdadi's Location From Arrest of a Wife and a Courier, in: The New York Times, 27.10.2019.

111 David Welna: Trump Restores CIA Power to Launch Drone Strikes, in: NPR, 22.9.2018.

112 Mark Galeotti: Putin's Hydra. Inside Russia's Intelligence Services, European Council on Foreign Relations, 2016.

113 United States Senate: Alleged Assassination Plots Involving Foreign Leaders, S. 181–190.

114 CIA: Soviet Use of Assassination and Kidnapping, Langley, 1964.

115 Christopher Nehring: Die Zusammenarbeit der DDR-Auslandsaufklärung mit der Aufklärung der Volksrepublik Bulgarien, S. 295 ff.

116 Mark Galeotti: Spetsnaz. Operational Intelligence, Political Warfare, and Battlefield Role, in: Security Insights Nr. 46, Februar 2020.

117 Michael Schwirtz: Top Secret Russian Unit Seeks to Destabilize Europe, Security Officials Say, in: The New York Times, 8.10.2019.

118 Eliot Higgins: We Are Bellingcat, S. 185.

119 Mark Hackard: KGB Spetsnaz and World War III, in: Espionage History Archive, 2015.

120 FSB's Magnificent Seven. New Links between Berlin and Istanbul Assassinations, in: bellingcat.com, 29.6.2020.

121 FSB Team of Chemical Weapon Experts Implicated in Alexey Navalny Novichok Poisoning, in: bellingcat.com, 14.12.2020.

122 Simon Reeve: One Day in September, New York, 2000.

123 Ronen Bergman: Der Schattenkrieg, S. 186; Yossi Melman: Kidon, the Mossad within the Mossad, in: Haaretz, 19.2.2010.

124 Lorenzo Franceschi-Bicchierai, Joseph Cox: Meet NSO Group, The New Big Player in The Government Spyware Business, in: VICE Magazine, 25.8.2016; Christian Baars, Florian Flade, Georg Mascolo: Trojaner »Pegasus«. Wie autoritäre Staaten ihre Gegner ausspähen, in: tagesschau.de, 18.7.2021; Christopher Nehring: Pegasus-Skandal. Kein System ist sicher!, in: Deutsche Welle, 30.7.2021.

125 »V« for »Vympel«. FSB's Secretive Department »V« Behind Assassination of Georgian Asylum Seeker in Germany, in: bellingcat.com, 17.2.2020.

126 Marten Kimberly: Russia's Use of Semi-State Security Forces. The Case of the Wagner Group, in: Post-Soviet Affairs 35, 2019.

127 Jeremy Scahill: Blackwater. The Rise of the World's Most Powerful Mercenary Army, New York, 2007.
128 Christopher Nehring: Umbrella or Pen?
129 United States Senate: Alleged Assassination Plots Involving Foreign Leaders, S. 74–82.
130 Boris Volodarsky: The KGB's Poison Factory, S. 182–188.
131 Ann Louise Bardach: The Story of Marita Lorenz. Mistress, Mother, C.I.A. Informant, and Center of Swirling Conspiracy Theories, in: Vanity Fair, 1.11.1993.
132 Skripal Poisoning Suspect Dr. Alexander Mischkin, Hero of Russia, in: bellingcat.com, 9.10.2018.
133 Anton Künzle, Gad Schimron: Der Tod des Henkers von Riga, Gerlingen, 1999; Stephan Talty: The Good Assassin. How a Mossad Agent and a Band of Survivors Hunted Down the Butcher of Latvia, New York, 2020.
134 Matthew Power: Confessions of a Drone Warrior, in: gq.com, 22.10.2013.
135 CIA: Soviet Use of Assassination and Kidnapping, Langley, 1964.
136 Seymour Hersh: Our Men in Iran?, in: The New Yorker, 5.4.2012; Ronen Bergman: Der Schattenkrieg, S. 728 f.
137 Steve Coll: Ghost Wars. The Secret History of the CIA, Afghanistan and Bin Laden, from the Soviet Invasion to September 10, 2001, New York, 2004.
138 Ion Mihai Pacepa: Disinformation. Former Spy Chief Reveals Secret Strategies for Undermining Freedom, Attacking Religion, and Promoting Terrorism, Washington, 2013; The Securitate Arsenal for Carlos, in: Ziua, Bucharest, 2004.
139 Thomas Riegler: The State as a Terrorist: France and the Red Hand, in: Perspectives on Terrorism 6/6 2012, S. 22–33.
140 Thomas Auerbach: Einsatzkommandos an der unsichtbaren Front, Berlin, 1999, S. 152–162.
141 Boris Volodarsky: The KGB's Poison Factory, S. 164–181.
142 Angela Schmole: Hauptabteilung VIII. Beobachtung, Ermittlung, Durchsuchung, Festnahme, Hrsg.: BStU, Berlin, 2011, S. 65–67.
143 »Wolken und Wind, jedoch kein Regen«, in: Welt am Sonntag Nr. 47, 19.11.2017, S. 13–16.
144 Ronen Bergman: Der Schattenkrieg, S. 716 ff.
145 Christopher Nehring: Gay & Female. Thoughts on Homosexuals and Women in Secret Services, in: Journal for Intelligence, Propaganda and Security Studies Vol. 11/Nr. 1 2017, S. 126–129.
146 Wilhelm Dietl: Spy Ladies. Frauen im Geheimdienst, Berlin, 2006.
147 William Stevenson: Spymistress. The Life of Vera Atkins, the Greatest Female Secret Agent of World War II, London, 2006.
148 Michael Jürgs: Codename Hélène. Churchills Geheimagentin Nancy Wake und ihr Kampf gegen die Gestapo in Frankreich, München, 2013.
149 Ram Oren, Moto Kfir: Sylvia Rafael. The Life and Death of a Mossad Spy, Lexington, 2014; Nissim Mishal, Michael Bar-Zohar: The Mossad Amazons, Tel Aviv, 2021.
150 Dominique Prieur: Agent secrète, Paris, 1995.

151 Maseena Ziegler: Why the Best Spies in Mossad and the CIA Are Women, in: Forbes, 30.12.2012.
152 Interview 2020; ebenso: Nissim Mishal, Michael Bar-Zohar: The Mossad Amazons.
153 United States Senate: Alleged Assassination Plots Involving Foreign Leaders, S. 74–82.
154 Christopher Andrew, Wassili Mitrochin: Das Schwarzbuch des KGB, S. 481.
155 »Das Objekt liquidieren«, in: Der Spiegel, 8.6.1992, S. 34–38.
156 Christopher Nehring: Umbrella or Pen?
157 Department of Defense Fiscal Year 2020 Budget Estimates, U.S. Air Force, March 2019, Vol. 1, S. 125.
158 Analysis of the Fiscal Year 2012 Pentagon Spending Request, National Priorities Project, 15.02.2011.
159 Full report: Skripal Poisoning Suspect Dr. Alexander Mischkin, Hero of Russia, in: bellingcat.com, 9.10.2018.
160 Vgl. z. B. Jeffrey T. Richelson: The Wizards of Langley. Inside the CIA's Directorate of Science and Technology, Boulder, 2001; Kristie Macrakis: Die Stasi-Geheimnisse. Methoden und Technik der DDR-Spionage, München, 2009; Keith Melton: Spycraft. The Secret History of the CIA's Spytechs, from Communism to Al-Qaeda, New York, 2008.
161 Keith Melton, Robert Wallace: Das einzig wahre Handbuch für Agenten. Tricks und Täuschungsmanöver aus den Geheimarchiven der CIA, München, 2009, S. 18.
162 Christian Axboe Nielsen: Yugoslavia and Political Assassinations. The History and Legacy of Tito's Campaign Against the Emigrés, London et al., 2020.
163 Sven Röbel, Andreas Wassermann: Die Killer vom Balkan. Jugoslawische Agenten jagten in Deutschland kroatische Separatisten, in: spiegel.de, 26.9.2015.
164 Norbert Siegmund: Der Mykonos-Prozess. Ein Terroristen-Prozess unter dem Einfluss von Außenpolitik und Geheimdiensten. Deutschlands unkritischer Dialog mit dem Iran, Münster, 2001.
165 Ronen Bergmann, Farnaz Fassihi: The Scientist and the A.I.-Assisted, Remote-Control Killing Machine, in: The New York Times, 18.9.2021; Jake Wallis Simons: Truth behind killing of Iran nuclear scientist Mohsen Fakhrizadeh revealed, in: Jewish Chronicle, 11.2.2021.
166 Peter Kornbluh: CIA Assassination Plot Targeted Cuba's Raul Castro, in: National Security Archives, 16.4.2021.
167 Boris Volodarsky: The KGB's Poison Factory Ten Years On, S. 27 ff.
168 Jutta Braun, Rene Wiese: Der mysteriöse Tod des Lutz Eigendorf, in: Sportler im »Jahrhundert der Lager«. Profiteure, Widerständler und Opfer, Hrsg.: Diethelm Blecking, Lorenz Peiffer, Göttingen, 2012, S. 299–304; Freya Klier: Unter mysteriösen Umständen. Die politischen Morde der Staatssicherheit, Freiburg, 2021.
169 Freya Klier: Unter mysteriösen Umständen.
170 Marian K. Leighton: The »Star Wars« Murders, S. 293.
171 Ebd., S. 292.

172 Victor Ostrovsky: Geheimakte Mossad. Die schmutzigen Geschäfte des israelischen Geheimdienstes, Gütersloh, 1994.
173 Tod des Kreml-Kritikers. Beresowski wurde mit Strang um Hals gefunden, in: spiegel.de, 28.03.2013.
174 Angela Schmole: Hauptabteilung VIII, S. 65–67.
175 Christopher Andrew, Wassili Mitrochin: Das Schwarzbuch des KGB. Moskaus Kampf gegen den Westen, Berlin, 1999, S. 129–132.
176 Jonathan Rugman: The Killing in the Consulate. Investigating the Life and Death of Jamal Khashoggi, London, 2020; Patrick Ernst Sensburg: Auftragsmord ohne Folgen. Wie Kronprinz Mohammed Bin Salman den Journalisten Jamal Khashoggi umbringen ließ. Ein Kommentar, in: JIPSS Vol. 14 2/2020, S. 142–147.
177 Steve Tsang: Target Zhou Enlai. The » Kashmir Princess« Incident of 1955, in: The China Quarterly 139, Sept. 1994, S. 766–782.
178 Ronen Bergman: Der Schattenkrieg, S. 264–276.
179 Ebd., S. 694–702.
180 United States Senate: Alleged Assassination Plots Involving Foreign Leaders, S. 85.
181 Chris Woods: The Story of America's Very First Drone Strike, in: The Atlantic, 30.5.2015.
182 Ronen Bergman: Der Schattenkrieg, S. 646 ff.
183 Livia Gerster: Ein Schurke weniger, viele Probleme mehr, in: Frankfurter Allgemeine Sonntagszeitung, 5.1.2020, S. 8.
184 Ben Emmerson: Report of the Special Rapporteur on the Promotion and Protection of Human Rights and Fundamental Freedoms While Countering Terrorism, 2014.
185 Matthew Power: Confessions of a Drone Warrior, in: gq.com, 22. Oktober 2013.
186 Christopher Nehring: Umbrella or Pen?
187 Ronen Bergman: Der Schattenkrieg, S. 261 ff.
188 Wolfgang Welsch: Der Stich des Skorpion. Ich war Staatsfeind Nr. 1., München und Zürich, 2004.
189 Ebd., S. 62–87, 137–163 und 189–223.
190 Mark Urban: Die Akte Skripal.
191 Christo Grozev, Roman Lehberger, Fidelius Schmid: Mutmaßlicher Geheimdienstanschlag in Sofia. Auftrag: Mord.
192 OPCW Issues Report on Technical Assistance Requested by Germany, in: opcw.org, 6.10.2020.
193 Vladimir Kara-Murza Tailed by Members of FSB Squad Prior to Suspected Poisonings, in: bellingcat.com, 11.2.2021.
194 Russian Poet Dmitry Bykov Targeted by Navalny Poisoners, in: bellingcat.com, 9.6.2021; Navalny Poison Squad Implicated in Murders of Three Russian Activists, in: bellingcat.com, 27.1.2021.
195 Warren Strobel: North Korean Leader's Slain Half Brother Was CIA Source, in: Wall Street Journal, 10.6.2019.

196 United States Senate: Alleged Assassination Plots Involving Foreign Leaders, S. 71–180.

197 Ebd., S. 13–70.

198 Elke Eikermann: Heilkundige Frauen und Giftmischerinnen. Eine pharmaziehistorische Studie aus forensisch-toxikologischer Sicht. Darlegung einzelner Giftmordfälle aus dem 19. und 20. Jahrhundert, Beschreibung der verwendeten Gifte und ihrer Geschichte, Bonn, 2004.

199 Oleg Kalugin: Spymaster, S. 180.

200 CIA: MKULTRA Briefing Book, Washington, 1976; United States Senate: Alleged Assassination Plots Involving Foreign Leaders, S. 72.

201 Keith Melton, Robert Wallace: Das einzig wahre Handbuch für Agenten.

202 Paul McGregor: Toxic Politics. The Secret History of the Kremlin's Poison Laboratory – from the Special Cabinet to the Death of Litwinenko, New York, 2011; Boris Volodarsky: The KGB's Poison Factory, S. 32–48.

203 Vil Mirzayanov: State Secrets. An Insider's Chronicle of the Russian Chemical Weapons Program, Denver, 2008.

204 Russia's Clandestine Chemical Weapons Programme and the GRU's Unit 29155, in: bellingcat.com, 23.10.2020; FSB Team of Chemical Weapon Experts Implicated in Alexey Navalny Novichok Poisoning, in: bellingcat.com, 14.12.2020.

205 Bernd Eisenfeld, Thomas Auerbach, Gudrun Weber, Sebastian Pflugbeil: Projektbericht »Strahlen«. Einsatz von Röntgenstrahlen und radioaktiven Stoffen durch das MfS gegen Oppositionelle – Fiktion oder Realität, Hrsg.: BStU, Berlin, 2002, S. 4 ff.

206 Georg Mascolo, Holger Stark: BND beschaffte Nervengift »Nowitschok« in den 90er Jahren, in: sueddeutsche.de, 16.5.2018.

207 Berndt Georg Tamm: Mehrzweckwaffe Rauschgift. Von Kampfgiften, Verhördrogen und Wahrheitsseren, Hilden/Rhld., 1994.

208 Ronen Bergman: Der Schattenkrieg, S. 263.

209 »If it Hadn't Been for the Prompt Work of the Medics«. FSB Officer Inadvertently Confesses Murder Plot to Navalny, in: bellingcat.com, 21.12.2020.

210 Ronen Bergman: Der Schattenkrieg, S. 448 f.

211 Ian Kenyon: The Chemical Weapons Convention and OPCW. The Challenges of the 21st Century, in: The CBW Conventions Bulletin, 2002, S. 47.

212 »Wolken und Wind, jedoch kein Regen«, in: Welt am Sonntag Nr. 47, 19.11.2017, S. 13–16.

213 Oleg Kalugin: Spymaster, S. 180.

214 Angela Schmole: Hauptabteilung VIII, S. 65–67.

215 Keith Melton, Robert Wallace: Das einzig wahre Handbuch für Agenten, S. 11–32.

216 FSB Team of Chemical Weapon Experts Implicated in Alexey Navalny Novichok Poisoning, in: bellingcat.com, 14.12.2020.

217 Interview 2020.

218 Anna Kröning: »Die Person kann nur mit Beteiligung des russischen Staates erschaffen worden sein«, in: welt.de, 17.2.2021.

219 Ronen Bergman: Der Schattenkrieg, S. 721–724.

220 Ebd., S.716 ff.

221 FSB Team of Chemical Weapon Experts Implicated in Alexey Navalny Novichok Poisoning, in: bellingcat.com, 14.12.2020.

222 »Wolken und Wind, jedoch kein Regen«, in: Welt am Sonntag Nr. 47, 19.11.2017, S. 13–16.

223 Ronen Bergman: Der Schattenkrieg, S.716 ff.

224 Mark Urban: Die Akte Skripal.

225 Vgl. z. B. Christina Nagel: »Der stärkste Gegner des Putin-Regimes«, in: tagesschau.de, 2.9.2020.

226 Ronen Bergman: Der Schattenkrieg, S. 694–702.

227 Ebd., S. 717.

228 FSB Team of Chemical Weapon Experts Implicated in Alexey Navalny Novichok Poisoning, in: bellingcat.com, 14.12.2020.

229 Christopher Nehring: Umbrella or Pen?

230 Christopher Andrew, Wassili Mitrochin: Das Schwarzbuch des KGB, S. 481 f.

231 Robert Owen: The Litwinenko Inquiry Report Presented to the British Parliament, S. 246.

232 Russland für Litwinenko-Mord verantwortlich, in: tagesschau.de, 21.9.2021.

233 FSB Team of Chemical Weapon Experts Implicated in Alexey Navalny Novichok Poisoning, in: bellingcat.com, 14.12.2020.

234 Office of the Director of National Intelligence: Assessing the Saudi Government's Role in the Killing of Jamal Khashoggi, Washington, 11.2.2021; Agnes Callamard: Annex to the Report of the Special Rapporteur on Extrajudicial, Summary or Arbitrary Executions. Investigation into the Unlawful Death of Mr. Jamal Khashoggi, New York, 2019.

235 Office of the Director of National Intelligence: Assessing the Saudi Government's Role in the Killing of Jamal Khashoggi, 11.2.2021.

236 United States Senate: Alleged Assassination Plots Involving Foreign Leaders, S. 260–280.

237 Loch Johnson: The Third Option. Covert Action and American Foreign Policy, Oxford, 2021.

238 Daniel Friedrich Sturm: Wie sich die Inszenierungen im Situation Room unterscheiden, in: welt.de, 27.10.2019.

239 »Wolken und Wind, jedoch kein Regen«, in: Welt am Sonntag Nr. 47, 19.11.2017, S. 13–16.

240 Ronen Bergman: Der Schattenkrieg, S. 429–431.

241 Ebd., S. 694–702.

242 Martha Peterson: The Widow Spy, Wilmington, 2012.

243 Michael Götschenberg: BND befürchtet Tötung des Täters, in: ARD Blog, 6.12.2019.

244 Silvia Stöber: Tiergartenmord-Prozess. »Ja, das ist er«, in: tagesschau.de, 27.10.2021.

245 Roman Dobrokhotov, Christo Grozev, Roman Lehberger, Fidelius Schmid: Russischer Geheimdienst versteckt offenbar Frau des mutmaßlichen Mörders, in: spiegel.de, 2.3.2021.

246 Kirk Hallahan, Derina Holtzhausen, Betteke van Ruler, Dejan Vericic, Krishnamurthy Sriramesh: Defining Strategic Communication, in: International Journal of Strategic Communication, 1/2007, S. 3–35.

247 Thomas Rid: Active Measures. The Secret History of Disinformation and Political Warfare, New York, 2020.

248 Roy Godson, Richard Shultz: Dezinformatsia. Active Measures in Soviet Strategy, Washington, 1984, S. 37 f.

249 Christopher Nehring, Douglas Selvage: Die AIDS-Verschwörung. Das Ministerium für Staatssicherheit und die AIDS-Desinformationskampagne des KGB, Berlin, 2014, S. 10–18.

250 Christopher Nehring: Umbrella or pen? The murder of Georgi Markov. New facts and old questions, Journal of Intelligence History, 16:1, S. 47—58, 2017, DOI: 10.1080/16161262.2016.1258248

251 Christopher Nehring: Kleine Brüder des KGB. Die Kooperation von DDR-Auslandsaufklärung und bulgarischer Staatssicherheit, Berlin, 2019, S. 89–97.

252 Dietmar Pieper: Mord an Olof Palme aufgeklärt: ein Einzeltäter, keine Verschwörung, in: spiegel.de, 10.6.2020.

253 Peter Pomerantsev: Das ist keine Propaganda. Wie unsere Wirklichkeit zertrümmert wird, München, 2020, S. 43–50.

254 Ebd., S. 177 ff.

255 Thomas Rid: Active Measures.

256 Eliot Higgins: We Are Bellingcat, S. 162 ff.

257 Ronen Bergman: Der Schattenkrieg, S. 670.

258 »If it Hadn't Been for the Prompt Work of the Medics«. FSB Officer Inadvertently Confesses Murder Plot to Navalny, in: bellingcat.com, 21.12.2020.

259 Ebd.

260 Paul Shin: The CIA's Secret History of the Phrase »Can Neither Confirm Nor Deny«, in: abcnews.com, 6.1.2014.

261 Roman Goncharenko, Mikhail Bushuev: Fall Skripal. Experten zweifeln an Darstellung der Verdächtigten, in: dw.com, 13.9.2018.

262 Joseph Usckinski: Five Things to Know About »False Flag« Conspiracy Theories, in: Washington Post, 27.10.2018.

263 Alexej Hock: Ein Giftanschlag und sieben russische Legenden, in: welt.de, 7.8.2018.

264 Georg Mascolo, Holger Stark: BND beschaffte Nervengift »Nowitschok« in den 90er Jahren, in: sueddeutsche.de, 16.5.2018.

265 Ausführlich in Mark Urban: Die Akte Skripal, S. 305–329.

266 Weder in Ronen Bergman: Der Schattenkrieg, das über 1000 Fälle geheimer israelischer Tötungsoperationen umfasst, noch in Boris Volodarsky: The Poison Factory oder Andrei Soldatov und Irina Borogan: The Compatriots. The Brutal and Chaotic History of Russia's Exiles, Émigrés, and Agents Abroad, New York, 2019, die jeweils Dutzende Fälle russischer politischer Morde untersuchen, konnte auch nur ein Beispiel für einen Geheimdienstmord unter falscher Flagge zur Diskreditierung eines anderen Staates gefunden werden.

267 Interview 2020.

268 Thomas Auerbach: Einsatzkommandos an der unsichtbaren Front, S. 152–162.

269 Inszenierte Tötung von Kreml-Kritiker. Drahtzieher in Scheinmord-Affäre verurteilt, in: tagesschau.de, 2.9.2018.
270 Arkady Babchenko: Ukraine Condemned for Faking Journalist's Murder, in: BBC, 31.5.2018.
271 French Intelligence Agents Charged with Attempted Murder, in: The Guardian, 5.8.2020.
272 Jonathan Rugman: The Killing in the Consulate.
273 Alessandra Stanley: To the Business Risks in Russia, Add Poisoning, in: The New York Times, 9.8.1995.
274 Yuri Felshtinsky, Vladimir Pribylovsky: The Corporation. Russia and the KGB in the Age of President Putin, London, 2009, S. 453–459.
275 Christopher Andrew, Wassili Mitrochin: Das Schwarzbuch des KGB, S. 461 f.
276 Philip Alston: Report of the Special Rapporteur of the United Nations Human Rights Council on Extrajudicial, Summary or Arbitrary Executions, S. 9.
277 Andrei Soldatov, Irina Borogan: The Compatriots, S. 273.
278 Nawalny zu Putins Spekulation: »Ich habe Nowitschok in der Küche gekocht«, in: welt.de, 23.9.2020.
279 Путин рассказал, как были вычислены российские шпионы, in: rosbalt.ru, 10.6.2010.
280 Präsident Putin nennt Ex-Spion Skripal einen »Verräter und Drecksack«, in: spiegel.de, 3.10.2018.
281 Tötung im Tiergarten. Putin nennt Mordopfer einen Banditen, in: tagesschau.de 10.12.2019.
282 Benjamin Bidder: Der Kreml und der Nemzow-Mord. Operation Desinformation, in: spiegel.de, 28.2.2015.
283 Andrei Soldatov, Irina Borogan: The Compatriots, S. 270–273.
284 Russland wirft Alexej Nawalny Zusammenarbeit mit CIA vor, in: zeit.de, 1.10.2020.
285 FSB's Magnificent Seven. New Links Between Berlin and Istanbul Assassinations, in: bellingcat.com, 29.6.2020.
286 Vgl. Peter Pomerantsev: Das ist keine Propaganda, S. 175 ff.
287 Z. B.: Russian Mission Poses Several Questions to EU over Navalny Affair, in: tass.com, 15.9.2020.
288 »Wenn wir das gewollt hätten, hätten wir's ja wohl auch zu Ende gebracht«, in: spiegel.de, 17.12.2020.
289 Mark Urban: Die Akte Skripal, S. 311 f.
290 Alexej Hock: Ein Giftanschlag und sieben russische Legenden, in: welt.de, 7.8.2018.
291 Anette Kammerer: Russische Verschwörungsmythen. Nawalny, Timoschenko und die Charité, in: tagesschau.de, 25.9.2020.
292 Mark Urban: Die Akte Skripal, S. 305 ff.
293 Vergiftung mit Plastikflasche. Kreml dementiert Darstellung Nawalnys, in: welt.de, 18.9.2020.
294 Mark Urban: Die Akte Skripal, S. 304–321.
295 Altkanzler verteidigt Russland. Schröder kritisiert im Fall Nawalny Debatte über Nord Stream 2, in: tagesspiegel.de, 30.9.2020.

296 Alexej Hock: Ein Giftanschlag und sieben russische Legenden, in: welt.de, 7.8.2018.

297 Alexander Göbel: Tötung Patrice Lumumbas. Stockende Aufarbeitung auch nach 60 Jahren, in: tagesschau.de, 17.1.2021.

298 Todesurteile für Khashoggi-Mord aufgehoben, in: tagesschau.de, 7.9.2020.

299 Yuval Harari: Special Operations in the Age of Chivalry, S. 1–10 und 17–29.

300 Ebd.

301 Ebd., S. 91–108.

302 Patrick Johnston: Does Decapitation Work? Assessing the Effectiveness of Leadership Targeting in Counterinsurgency Campaigns, in: International Security, 36(4) 2012, S. 47–79; Bryan Price: Targeting Top Terrorists. How Leadership Decapitation Contributes to Counterterrorism, in: International Security, 36(4) 2012, S. 9–46.

303 Pavel Sudoplatov: Special Tasks: The Memoirs of an Unwanted Witness, a Soviet Spymaster, Boston, 1994, S. 23f..

304 Don Bohning: The Castro Obsession: U.S. Covert Operations Against Cuba, 19591965, Washington, D.C., 2005.

305 Darioush Bayandor: Iran and the CIA. The Fall of Mosaddeq Revisited, New York, 2010.

306 Ronen Bergman: Der Schattenkrieg, S. 469–483.

307 Ebd., S. 17f.

308 David Gioe, Michael Goodman, David Frey: Unforgiven: Russian Intelligence Vengeance as Political Theatre and Strategic Messaging, in: Intelligence and National Security Nr. 34: 4 2019, S. 561–575.

309 Es wurden gezielt Menschen getötet, Interview von Kai Biermann und Ann-Kathrin Wetter, in: zeit.de, 8.10.2020.

310 Ronen Bergman: Der Schattenkrieg, S. 428.

311 Clila Magen: Media Strategies and Manipulations of Intelligence Services: The Case of Israel, in: The International Journal of Press/Politics Vol. 20(2) 2015, S. 256.

312 Ronen Bergman: Der Schattenkrieg, S. 694–702.

313 CIA: Soviet Use of Assassination and Kidnapping, Langley, 1964.

314 Mark Urban: Die Akte Skripal, S. 310.

315 Kara-Mursa über Giftanschlag »Ein beliebtes Mittel bei Geheimdiensten«, in: ARD 3.9.2020.

316 Zitiert nach: Ronen Bergman: Der Schattenkrieg, S. 781 Fn. 17.

317 Adrian Hänni, Miguel Grossmann: Death to traitors? The pursuit of intelligence defectors from the Soviet Union to the Putin era, in: Intelligence and National Security Nr. 35:3 2020, S. 403–423.

318 Jeffrey T. Richelson: When Kindness Fails, S. 246.

319 Gordon Thomas: We know where you live, in: Sunday Morning Herald, 14.1.2006; Ronen Bergmann: Schattenkrieg, S. 195–256.

320 Christopher Nehring: Umbrella or pen?

321 Christopher Andrew, Wassili Mitrochin: Das Schwarzbuch des KGB: Moskaus Kampf gegen den Westen, Berlin, 1999, S. 481.

322 Ebd., S. 511ff.

323 Путин рассказал, как были вычислены российские шпионы, in: Rosbalt.ru, 10.6.2010.

324 Präsident Putin nennt Ex-Spion Skripal einen »Verräter und Drecksack«, in: spiegel.de, 3.10.2018.

325 Death Penalty Pursued For Alleged Would-Be Spy, in: ABC News, 9.8.2002.

326 Zit. Nach: Ronen Bergman: Der Schattenkrieg, S. 449.

327 Ebd., S. 719.

328 Interview 2020.

329 Martin Senn, Jodok Troy: The Transformation of Targeted Killing and International Order; Richard Aldrich, Rory Cormack: Grey Is the New Black. Covert Action and Implausible Deniability; Andris Banka, Adam Quinn: Killing Norms Softly: US Targeted Killing, Quasi-secrecy and the Assassination Ban, in: Security Studies, 27:4 2018, S. 665–703.

330 Ronen Bergman: Der Schattenkrieg, S. 469–483.

331 Ebd., S. 616 Fn 19.

332 Jeffrey T. Richelson: When Kindness Fails, S. 251; Martin Senn, Jodok Troy: The Transformation of Targeted Killing and International Order, S. 177 f.

333 Christopher Nehring, Adrian Hänni: Wie erfolgreich sind geheimdienstliche Tötungsoperationen? Ein Vier-Ebenen-Modell, in: JIPSS Vol. 14 2/2020, S. 17–40.

334 Interview 2020.

335 Boris Volodarsky. The KGB's Poison Factory: From Lenin to Litwinenko, London, Barnsley, 2009, S. 166–181.

336 Simon Reeve: One Day in September: The Full Story of the 1972 Munich Olympics Massacre and the Israeli Revenge Operation »Wrath of God«, New York, 2000.

337 Rodric Braithwaite: Afgantsy. The Russians in Afghanistan, 1979–1989, Oxford, 2011.

338 Lindsey A. O'Rourke:: Covert Regime Change. America's Secret Cold War, Ithaca / London, 2018.

339 Jeffrey T. Richelson: When Kindness Fails, S. 253; Martin Senn, Jodok Troy: The Transformation of Targeted Killing and International Order, S. 177 f.

340 Christopher Nehring: Umbrella or Pen?

341 Ronen Bergman: Der Schattenkrieg, S. 426 ff.

342 Micah Zenko: Obama's Final Drone Strike Data, in: Council of Foreign Relations blog post, 20.1.2017; Jessica Purkiss, Jack Serle: Zivile Opfer, in: Humanitäre Folgen von Drohnen. Eine völkerrechtliche, psychologische und ethische Betrachtung, IPPNW Report 2019, S. 15–20.

343 Ronen Bergman: Der Schattenkrieg, S. 615.

344 Peter Bergen, Jennifer Rowland: Drone Wars, in: The Washington Quarterly 36:3 2013, S. 9 f.

345 Sarah Krebs: The democratic deficit on drones, in: Intelligence and National Security 32/4 2017, S. 417 ff.

346 Mohammed Hafez, Joseph Hatfield: Do Targeted Assassinations Work? A Multivariate Analysis of Israel's Controversial Tactic during Al-Aqsa Uprising, in: Studies in Conflict & Terrorism, 29/2006, S. 359–382; Jenna Jordan: When

Heads Roll. Assessing the Effectiveness of Leadership Decapitation, in: Security Studies, 18/2009, S. 719–755; ders.: Attacking the Leader, Missing the Mark. Why Terrorists Groups Survive Decapitation Strikes, in: International Security, 38(4)/2014, S. 7–38; Jesse Paul Lehrke, Rahel Schomaker: Kill, Capture, or Defend? The Effectiveness of Specific and General Counterterrorism Tactics Against the Global Threats of the Post-9/11 Era, in: Security Studies, 25/2016, S. 729–762.; Elke Schwarz: Pursuing Peace. The Strategic Limits of Drone Warfare, in: ebd., S. 422–425.

347 Christopher Andrew, Wassili Mitrochin: Das Schwarzbuch des KGB. Moskaus Kampf gegen den Westen, Berlin, 1999, S. 481.

348 Ronen Bergman: Der Schattenkrieg, S. 733.

349 Martin Senn, Jodok Troy: The Transformation of Targeted Killing and International Order, S. 178 f.

350 Philip Alston: Report, S. 10–21.

351 Ronen Bergman: Der Schattenkrieg, S. 598 ff.; Philip Alston: Report, S. 1–10.

352 Ronen Bergman: Der Schattenkrieg, S. 601; Gabriella Blum, Phillip Heymann: Law and Policy of Targeted Killing, in: Harvard National Security Journal, Vol. 1, No. 145, 2010, S. 1–26.

353 Philip Alston: Report, S. 1–10.

354 Ebd., S. 10–30; Gabriella Blum, Phillip Heymann: Law and Policy of Targeted Killing.

355 Philip Alston: Report, S. 25; ders.: The CIA and Targeted Killings Beyond Borders, in: Harvard National Security Journal 2011, S. 11–64.

356 Philip Alston: Report, S. 4 f.

357 Ders.: The CIA and Targeted Killings Beyond Borders.

358 Martin Senn, Jodok Troy: The Transformation of Targeted Killing and International Order; Richard Aldrich, Rory Cormack: Grey Is the New Black. Covert Action and Implausible Deniability; Andris Banka, Adam Quinn: Killing Norms Softly.

359 Philip Alston: The CIA and Targeted Killings Beyond Borders; Loch Johnson: Reflections on the Ethics and Effectiveness of America's ›Third Option‹. Covert Action and U.S. Foreign Policy, in: Intelligence and National Security 1/2020, S. 1–18.

360 Philip Alston: Report, S. 14–21.

361 Amos Barshad: Extraordinary Measures. Israel's Gabriella Blum Helped Write the Laws of Drone Warfare. Nearly Two Decades Later, She Has Regrets, in: The Intercepter, 7.10.2018; auch: Gabriella Blum, Phillip Heymann: Law and Policy of Targeted Killing.

362 Philip Alston: Report, S. 9.

363 Shlomo Sphiro: Eichmann und der Mossad, in: Geheimdienste in der Weltgeschichte. Von der Antike bis heute, hg.: Krieger, Wolfgang, München, 2007, S. 356–374.

364 Jeffrey M. Carney: Against All Enemies: An American's Cold War Journey, 2013.

365 Trinh Xuan Thanh: Prozess gegen verschleppten Vietnamesen beginnt, in: zeit.de, 8.1.2018.

366 Deutscher Bundestag (hg.): Drucksache 16/13400, Beschlussempfehlung und Bericht des 1. Untersuchungsausschusses nach Artikel 44 des Grundgesetzes, Berlin, 2009, S. 59–76.

367 Philip Alston: Report on extrajudicial, summary or arbitrary executions.

368 Ebd., S. 28f.

369 Martin Senn, Jodok Troy: The Transformation of Targeted Killing and International Order, S. 187f.

370 Yuval Harari: Special Operations, S. 8ff. und S. 29f.

371 Mark Lowenthal: Intelligence. From Secrets to Policy, Washington D.C., 2017, S. 268.

372 Vgl. Jeffrey T. Richelson: When Kindness Fails, S. 256.

373 Ronen Bergman: Der Schattenkrieg, S. 18.

374 Paul Maddrell: The Great Age of Assasinations, in: JIPSS Vol. 14 2/2020, S. 9-16; Ward Thomas: The New Age of Assassination, in: SAIS Review of International Affairs, 25/1 2005, S. 27–39.

375 Michael Sommer: Politische Morde. Vom Altertum bis zur Gegenwart, Darmstadt, 2005.

376 Tim Butcher: The Trigger. Hunting the Assassin who Brought the World to War, London, 2014.

377 Thomas Haldenwang: »Es wurden gezielt Menschen getötet«. Interview von Kai Biermann und Ann-Kathrin Wetter, in: zeit.de, 8.10.2020.

378 Charles Ruud, Sergei Stepanov: Fontanka 16: The Tsars' Secret Police, Toronto, 2002.

379 Ben Fischer: Okhrana. The Paris operations of the Russian Imperial Police, Washington DC, 1997.

380 Anna Geifman: Entangled in Terror. The Azef Affair and the Russian Revolution, Wilmington, 1999.

381 Christopher Andrew, Wassili Mitrokhin: Das Schwarzbuch des KGB, S. 38f.

382 Boris Volodarsky: The KGB's Poison Factory, S. 58 ff.

383 Elisabeth Poretsky: Our Own People: A Memoir of Ignace Reiss and His Friends, London, 1969, S. 208–220.

384 Siehe z. B. die Geschichtsdarstellung des FSB auf seiner Homepage: http://www.fsb.ru/fsb2019/history.html.

385 Saul Zadka: Blood in Zion. How the Jewish Guerrillas drove the British out of Palestine, London, 1995.

386 J. Bowyer Bell: Terror Out of Zion: Irgun Zvai Leumi, Lehi, and the Palestine Underground, 1929–1949, Avon, 1977.

387 Joseph Heller: The Stern Gang. Ideology, Politics, and Terror, 1940–1949, London, 1995.

388 Lawrence Joffe: Isser Harel. The Israeli Intelligence Chief Who Brought in the Nazi Mass Murderer Adolf Eichmann, in: The Guardian, 20.2.2003.

389 Michael Warner: The Office of Strategic Services. America's First Intelligence Agency, Washington, D. C., 2001.

390 Randall Woods: Shadow Warrior. William Egan Colby and the CIA, New York, 2013.

391 James Srodes: Allen Dulles. Master of Spies, Washington, D. C., 1999.

392 Tim Weiner: CIA. Die ganze Geschichte, Frankfurt am Main, 2007.

393 Martin Senn, Jodok Troy: The Transformation of Targeted Killing and International Order.

394 Sophie Eisentraut: Sicherheitsrat der Vereinten Nationen. Neue Reformdynamiken, Erfolgsaussichten und die Konsequenzen für Deutschland, in: SWP Aktuell 79, 12/2016.

395 »Maas hält Sicherheitsrat nur noch bedingt für handlungsfähig«, in: faz.net, 30.12.2020.

396 Weltweite Geheimdienste: Spione aktiv wie im Kalten Krieg, in: tagesschau.de, 29.6.2020.

397 Christopher Nehring: »Gefahr, dass sich geheime Tötungen normalisieren«, in: dw.com, 17.1.2020.

398 Yuval Noah Harari: Homo Deus. Eine Geschichte von Morgen, München, 2017, S. 28–38.

399 Yuval Noah Harari: 21 Lektionen für das 21. Jahrhundert, München, 2019, S. 224.

400 Andris Banka, Adam Quinn: Killing Norms Softly, S. 684 f.

401 George Tenet: »Written Statement for the Record of the Director of Central Intelligence before the National Commission on Terrorist Attacks Upon the United States«, National Commission on Terrorist Attacks Upon the United States, 24 March 2004, S. 16.

402 Martin Senn, Jodok Troy: The Transformation of Targeted Killing and International Order; Richard Aldrich, Rory Cormack: Grey Is the New Black. Covert Action and Implausible Deniability; Andris Banka, Adam Quinn: Killing Norms Softly.

403 Richard Aldrich, Christopher Moran: Delayed Disclosure.

404 Michael Warner: The Kaiser Sows Destruction. Protecting the Homeland the First Time Around, in: CIA Studies in Intelligence, 2008.

405 Bernhard Sauer: Schwarze Reichswehr und Fememorde. Eine Milieustudie zum Rechtsradikalismus in der Weimarer Republik, Berlin, 2004.

406 Michael Dobbs: Saboteurs: The Nazi Raid on America, New York, 2004.

407 Donal O'Sullivan: Dealing with the Devil. Anglo-Soviet intelligence cooperation in the Second World War. Lang, New York, 2010.

408 Martin Göllnitz: Gegenterror und politische Gewalt im »Musterprotektorat Dänemark«: Die Petergruppe als hochmobiles Gewaltunternehmen (1943–1945), in: Adrian Hänni /Daniel Rickenbacher/Thomas Schmutz (Hrsg.): Über Grenzen hinweg: Transnationale politische Gewalt im 20. Jahrhundert, Frankfurt/New York, 2020, S. 151–180.

409 Siegfried Mampel: Entführungsfall Dr. Walter Linse: Menschenraub und Justizmord als Mittel des Staatsterrors, Berlin, 2006.

410 Angela Schmole: Hauptabteilung VIII, S. 65–67.

411 Georg Mascolo, Joachim Preuß: Beim Sterben fehlt jedes Ziel, Teil 1 & 2, in: Der Spiegel 46 & 47/1992, 9. November 1992.

412 Bernd Florath: Werner Teske, in: Das MfS-Lexikon, hrsg.: Roger Engelmann et al., Berlin, 2016, S. 331.

413 Shlomo Shpiro (Hrsg.): The Champagne Spy: Israel's Master Spy Tells His Story, New York, 2006.

414 Boris Volodarsky: The KGB's Poison Factory, S. 49–52.

415 Mathilde von Bülow: West Germany, Cold War Europe and the Algerian War, Cambridge, 2016.

416 Ronen Bergman: Der Schattenkrieg, S. 91–95.

417 Georg Heil: Iranischer Geheimdienst spionierte SPD-Politiker aus, in: sueddeutsche.de, 7.1.2017.

418 Belgisches Gericht verurteilt iranischen Diplomaten zu 20 Jahren Haft, in: spiegel.de, 4.2.2021.

419 Matthias Gebauer, Fidelius Schmid: Mord im Kleinen Tiergarten Berlin. Generalbundesanwalt geht von russischem Auftragskiller aus, in: spiegel.de, 18.6.2020.

420 Karl Schlögel: Russische Emigration in Deutschland 1918 bis 1941. Leben im europäischen Bürgerkrieg, Berlin, 1995.

421 Sven Röbel, Andreas Wassermann: Die Killer vom Balkan.

422 Thomas Haldenwang: »Es wurden gezielt Menschen getötet«. Interview von Kai Biermann und Ann-Kathrin Wetter, in: zeit.de, 8.10.2020.

423 Weltweite Geheimdienste: Spione aktiv wie im Kalten Krieg, in: tagesschau.de 29.6.2020.

424 Bundesministerium des Inneren (hg.): Verfassungsschutzbericht 2019, Berlin, 2019, S. 232–305.

425 Sven Röbel, Andreas Wassermann: Die Killer vom Balkan.

426 Andreas Wassermann: Prozess gegen jugoslawische Geheimdienstler Mordopfer spionierte für den BND, in: spiegel.de, 8.10.2015.

427 Wolfgang Welsch: Der Stich des Skorpion.

428 Bericht des Untersuchungsausschusses zur Aufklärung möglicher Versäumnisse in den Sicherheitsbehörden im Zusammenhang mit dem Mordfall Mykonos. Abgeordnetenhaus Berlin DS 12/5949, Berlin, 1995.

429 Miguel Sanches: Die Thanh-Entführung: Ein Schurkenstück im Staatsauftrag, in: Berliner Morgenpost 28.1.2019.

430 Georg Heil: Iranischer Geheimdienst spionierte SPD-Politiker aus, in: sueddeutsche.de, 7.1.2017.

431 Silvia Stöber: Vergiftungsgefahr im Gefängnis?, in: tagesschau.de, 4.2.2021.

432 Florian Flade, Georg Mascolo: Prozess zum »Tiergartenmord«: Der ungewöhnliche Zeuge G., in: tagesschau.de, 22.10.2020.

433 Interview 2020.

434 Weltweite Geheimdienste: Spione aktiv wie im Kalten Krieg, in: tagesschau.de 29.6.2020.

435 Sorge vor Russland: BND baut Gegenspionage-Einheit auf, in: spiegel.de, 18.3.2018.

436 Interview mit Gerhard Schindler, in: Christopher Nehring: 77-Spionage-Mythen, München, 2018, S. 18f.

437 Deutscher Bundestag (hg.): Drucksache 18/12850: Beschlussempfehlung und Bericht des 1. Untersuchungsausschusses gemäß Artikel 44 des Grundgesetzes (»Snowden-Untersuchungsausschuss«), Berlin, 2017, S. 427ff